깨독
깨우자!
독해력!

중등 국어 어휘 1 종합편

WRITERS

미래엔콘텐츠연구회

COPYRIGHT

인쇄일 2023년 11월 1일(1판3쇄)
발행일 2022년 11월 21일

펴낸이 신광수
펴낸곳 ㈜미래엔
등록번호 제16-67호

교육개발1실장 하남규
개발책임 이충선
개발 황혜민, 장경주, 이은지

디자인실장 손현지
디자인책임 김기욱
디자인 윤지혜, 김단비

CS본부장 강윤구
CS지원책임 강승훈

ISBN 979-11-6841-425-9

“독해력을 깨울 시간!”

어휘는 어렵고, 지문은 길어서 읽기가 힘들어.
나, 이대로 괜찮을까?

걱정하지 마! 너희 선배들도 다 같은 고민을 했거든.
그런 고민이 하나하나 모여서 만들어진 게 바로,
깨독이야!

국어가 어렵다는 생각은 버려.
네 안의 독해력을 깨우면
국어가 이렇게 쉬웠다고? 소리가 저절로 나올 걸~

우리 함께 독해력을 깨울 시간이야!

1 어휘 알아보기 매일매일 다양한 주제의 어휘를 생생하게 익혀요.

배울 어휘를 확인하고 퀘스트를 수행하여 자신의 어휘 실력을 성장시켜요.

주제

주제별로 자주 나오는 어휘를 모아 함께 익혀요.

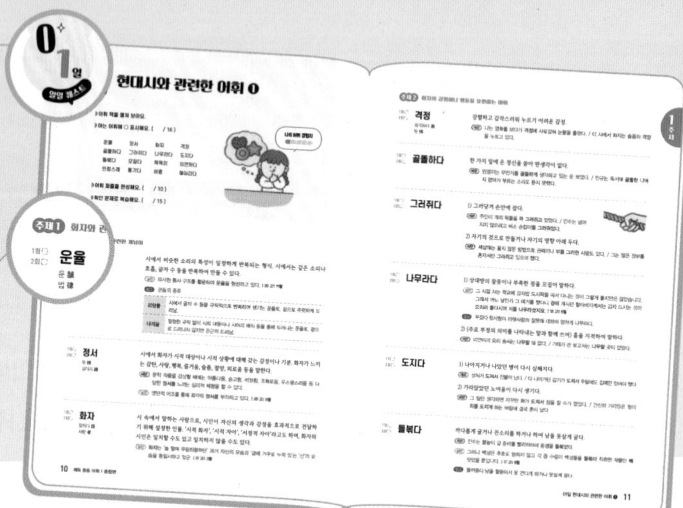

어휘 알아보기 속 표기 알아 두기

(예문) 어휘의 쓰임을 익힐 수 있도록 쉽고 풍부한 예문을 제시했어요.

(실전) 어휘력과 수능 감각을 동시에 기를 수 있는 고 1~ 2학년 연합학력평가 기출 예문을 제시했어요.

(유의) 뜻이 비슷한 어휘 (반의) 뜻이 반대인 어휘 (참고) 함께 익히면 좋은 개념이나 어휘

2 어휘 확인하기 여러 가지 문제를 해결하며 어휘 실력을 쌓아요.

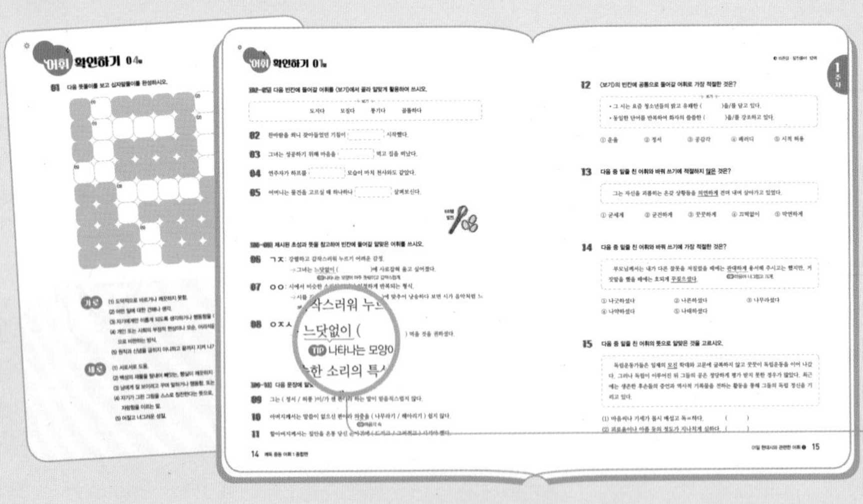

✦ 십자말풀이 또는 어휘 퍼즐을 풀며 익힌 어휘를 재미있게 점검해요.

(TIP) 문제 속 낯선 어휘의 뜻을 바로 확인해요.

중등 필수 어휘로

깨우자 독해 어휘력!

3 종합 문제

한 주간 배운 어휘를 복습하며 어휘 실력을 다져요.

❶ 어휘로 수능 연습하기

기출 지문이나 작품을 응용한 수능형 어휘 문제를 풀어 보며 수능 실전 감각을 깨워요.

❷ 어휘 더하기

간단한 퀴즈와 함께 독해에 도움이 되는 관용 표현을 익혀 탄탄한 어휘 실력을 완성해요.

모바일 진단 평가

+ '학습 전 – 학습 중간 – 학습 완료 후' **총 3회**의 모바일 진단 평가로 자신의 어휘 실력을 진단해요.
+ 수능 국어 **예상 등급**과 **학습 처방**을 통해 스스로 실력을 점검해요.

차례

진단 평가 1회

1주차

01일 현대시와 관련한 어휘 ❶ ········ 10
02일 현대시와 관련한 어휘 ❷ ········ 16
03일 현대시와 관련한 어휘 ❸ ········ 22
04일 고전 시가와 관련한 어휘 ········ 28
05일 수필과 관련한 어휘 ········ 34
06일 1주차 종합 문제 ········ 40

2주차

07일 현대 소설과 관련한 어휘 ❶ ········ 48
08일 현대 소설과 관련한 어휘 ❷ ········ 54
09일 현대 소설과 관련한 어휘 ❸ ········ 60
10일 고전 소설과 관련한 어휘 ········ 66
11일 극, 시나리오와 관련한 어휘 ········ 72
12일 2주차 종합 문제 ········ 78

진단 평가 2회

3주차

13일 매체와 관련한 어휘 ········ 86
14일 의사소통과 관련한 어휘 ❶ ········ 92
15일 의사소통과 관련한 어휘 ❷ ········ 98
16일 문법 개념어와 관련한 어휘 ❶ ········ 104
17일 문법 개념어와 관련한 어휘 ❷ ········ 110
18일 3주차 종합 문제 ········ 116

4주차

19일 사회 분야의 글과 관련한 어휘 ❶ ······ 124
20일 사회 분야의 글과 관련한 어휘 ❷ ······ 130
21일 사회 분야의 글과 관련한 어휘 ❸ ······ 136
22일 사회 분야의 글과 관련한 어휘 ❹ ······ 142
23일 예술 분야의 글과 관련한 어휘 ······ 148
24일 4주차 종합 문제 ······ 154

5주차

25일 과학 분야의 글과 관련한 어휘 ❶ ······ 162
26일 과학 분야의 글과 관련한 어휘 ❷ ······ 168
27일 과학 분야의 글과 관련한 어휘 ❸ ······ 174
28일 과학 분야의 글과 관련한 어휘 ❹ ······ 180
29일 기술 분야의 글과 관련한 어휘 ······ 186
30일 5주차 종합 문제 ······ 192

진단 평가 3회

부록

헷갈리기 쉬운 어휘 ······ 198
어휘 찾아보기 ······ 202

+ **쪽지 시험**
+ **바른답 · 알찬풀이**

30일 완성

복습할 어휘를 써요.

	1일	2일	3일	4일	5일	6일
1주	○ 월 일	○ 월 일	○ 월 일	○ 월 일	○ 월 일	○ 월 일
	10~15쪽	16~21쪽	22~27쪽	28~33쪽	34~39쪽	40~45쪽
	7일	8일	9일	10일	11일	12일
2주	○ 월 일	○ 월 일	○ 월 일	○ 월 일	○ 월 일	○ 월 일
	48~53쪽	54~59쪽	60~65쪽	66~71쪽	72~77쪽	78~83쪽
	13일	14일	15일	16일	17일	18일
3주	○ 월 일	○ 월 일	○ 월 일	○ 월 일	○ 월 일	○ 월 일
	86~91쪽	92~97쪽	98~103쪽	104~109쪽	110~115쪽	116~121쪽
	19일	20일	21일	22일	23일	24일
4주	○ 월 일	○ 월 일	○ 월 일	○ 월 일	○ 월 일	○ 월 일
	124~129쪽	130~135쪽	136~141쪽	142~147쪽	148~153쪽	154~159쪽
	25일	26일	27일	28일	29일	30일
5주	○ 월 일	○ 월 일	○ 월 일	○ 월 일	○ 월 일	○ 월 일
	162~167쪽	168~173쪽	174~179쪽	180~185쪽	186~191쪽	192~197쪽

나만의 학습 계획을 세워 보자!

15일 완성

	1일	2일	3일	4일	5일
1주	◯ 월 일	◯ 월 일	◯ 월 일	◯ 월 일	◯ 월 일
	10~21쪽	22~33쪽	34~45쪽	48~59쪽	60~71쪽
	6일	7일	8일	9일	10일
2주	◯ 월 일	◯ 월 일	◯ 월 일	◯ 월 일	◯ 월 일
	72~83쪽	86~97쪽	98~109쪽	110~121쪽	124~135쪽
	11일	12일	13일	14일	15일
3주	◯ 월 일	◯ 월 일	◯ 월 일	◯ 월 일	◯ 월 일
	136~147쪽	148~159쪽	162~173쪽	174~185쪽	186~197쪽

목표 달성!

깨독 어휘편을 완벽하게 사용하는 Tip

1. 필기 도구와 깨독 어휘 책 준비하기
2. 계획표에 날짜를 적으며 나만의 계획표 만들기
3. 계획표에 따라 공부하고 ◯에 ✓표 하기
4. 복습이 필요한 어휘를 메모하여 나만의 단어장 만들기

1주차

일차	학습 내용	학습 확인
01일	현대시와 관련한 어휘 ❶ 주제 1 화자와 관련한 개념어 주제 2 화자의 감정이나 행동을 표현하는 어휘	
02일	현대시와 관련한 어휘 ❷ 주제 1 표현과 관련한 개념어 주제 2 자연, 일상과 관련한 어휘	
03일	현대시와 관련한 어휘 ❸ 주제 1 감상과 관련한 개념어 주제 2 시 속의 분위기나 상태를 나타내는 어휘	
04일	고전 시가와 관련한 어휘 주제 1 고전 시가와 관련한 개념어 주제 2 옛 시를 배울 때 자주 만나는 어휘	
05일	수필과 관련한 어휘 주제 1 수필과 관련한 개념어 주제 2 삶, 깨달음과 관련한 어휘	
06일	1주차 종합 문제	

현대시와 관련한 어휘 ①

◗ 어휘 책을 펼쳐 보아요.

◗ 아는 어휘에 ○ 표시해요. (　　/ 16)

운율	정서	화자	격정
골똘하다	그러쥐다	나무라다	도지다
들볶다	모질다	묵묵히	의연하다
인정스레	퉁기다	허풍	헤아리다

◗ 어휘 퍼즐을 완성해요. (　　/ 10)

◗ 확인 문제로 복습해요. (　　/ 15)

주제 1 화자와 관련한 개념어

1회 □
2회 □

운율

운 韻
법 律

시에서 비슷한 소리의 특성이 일정하게 반복되는 형식. 시에서는 같은 소리나 호흡, 글자 수 등을 반복하여 만들 수 있다.

(실전) 유사한 통사 구조를 활용하여 **운율**을 형성하고 있다. | 20 고1 11월

(참고) 운율의 종류

외형률	시에서 글자 수 등을 규칙적으로 반복하여 생기는 운율로, 겉으로 뚜렷하게 드러남.
내재율	일정한 규칙 없이 시의 내용이나 시어의 배치 등을 통해 드러나는 운율로, 겉으로 드러나지 않지만 은근히 드러남.

1회 □
2회 □

정서

뜻 情
실마리 緖

시에서 화자가 시적 대상이나 시적 상황에 대해 갖는 감정이나 기분. 화자가 느끼는 감탄, 사랑, 행복, 즐거움, 슬픔, 절망, 외로움 등을 말한다.

(예문) 문학 작품을 감상할 때에는 아름다움, 숭고함, 비장함, 조화로움, 우스꽝스러움 등 다양한 **정서**를 느끼는 심미적 체험을 할 수 있다.

(실전) 영탄적 어조를 통해 화자의 **정서**를 부각하고 있다. | 20 고1 9월

1회 □
2회 □

화자

말하다 話
사람 者

시 속에서 말하는 사람으로, 시인이 자신의 생각과 감정을 효과적으로 전달하기 위해 설정한 인물. '시적 화자', '시적 자아', '서정적 자아'라고도 하며, 화자와 시인은 일치할 수도 있고 일치하지 않을 수도 있다.

(실전) **화자**는 '늘 떨며 우왕좌왕하던' 과거 자신의 모습과 '곁에 거꾸로 누워 있'는 '산'의 모습을 동일시하고 있군. | 21 고1 3월

주제 2 화자의 감정이나 행동을 표현하는 어휘

1회 ☐ 2회 ☐

격정
과격하다 **激**
뜻 **情**

강렬하고 갑작스러워 누르기 어려운 감정.

(예문) 나는 영화를 보다가 **격정**에 사로잡혀 눈물을 흘렸다. / 이 시에서 화자는 슬픔의 **격정**을 누르고 있다.

1회 ☐ 2회 ☐

골똘하다

한 가지 일에 온 정신을 쏟아 딴생각이 없다.

(예문) 민영이는 무언가를 **골똘하게** 생각하고 있는 듯 보였다. / 민규는 독서에 **골똘한** 나머지 엄마가 부르는 소리도 듣지 못했다.

1회 ☐ 2회 ☐

그러쥐다

1) 그러당겨 손안에 잡다.

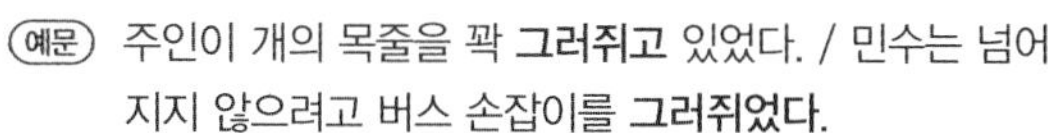

(예문) 주인이 개의 목줄을 꽉 **그러쥐고** 있었다. / 민수는 넘어지지 않으려고 버스 손잡이를 **그러쥐었다.**

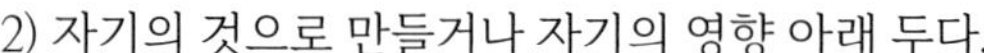

2) 자기의 것으로 만들거나 자기의 영향 아래 두다.

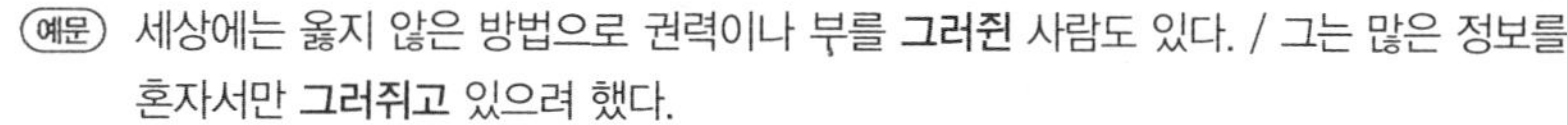

(예문) 세상에는 옳지 않은 방법으로 권력이나 부를 **그러쥔** 사람도 있다. / 그는 많은 정보를 혼자서만 **그러쥐고** 있으려 했다.

1회 ☐ 2회 ☐

나무라다

1) 상대방의 잘못이나 부족한 점을 꼬집어 말하다.

(실전) 그 시절 저는 학교에 감자밥 도시락을 싸서 다니는 것이 그렇게 좋지만은 않았습니다. 그래서 어느 날인가 그 얘기를 했더니 곁에 계시던 할아버지께서는 감자 드시는 것이 오히려 좋다시며 저를 **나무라셨지요.** | **18 고1 6월**

유의 꾸짖다 윗사람이 아랫사람의 잘못에 대하여 엄하게 나무라다.

2) (주로 부정의 의미를 나타내는 말과 함께 쓰여) 흠을 지적하여 말하다.

(예문) 미연이의 요리 솜씨는 **나무랄** 데 없다. / 기태가 쓴 보고서는 **나무랄** 곳이 없었다.

1회 ☐ 2회 ☐

도지다

1) 나아지거나 나았던 병이 다시 심해지다.

(예문) 상처가 **도져서** 진물이 났다. / 다 나아가던 감기가 **도져서** 주말에도 집에만 있어야 했다.

2) 가라앉았던 노여움이 다시 생기다.

(예문) 그 일만 생각하면 자꾸만 화가 **도져서** 잠을 잘 수가 없었다. / 간신히 가라앉은 형의 화를 **도지게** 하는 바람에 결국 혼이 났다.

1회 ☐ 2회 ☐

들볶다

까다롭게 굴거나 잔소리를 하거나 하여 남을 못살게 굴다.

(예문) 진수는 물놀이 갈 준비를 빨리하라며 동생을 **들볶았다.**

(실전) 그러나 백성은 추호도 범하지 않고 각 읍 수령이 백성들을 **들볶아** 착취한 재물만 빼앗았을 뿐입니다. | **17 고1 9월**

참고 물어뜯다 남을 헐뜯어서 못 견디게 하거나 못살게 굴다.

1회 ▢
2회 ▢

모질다

1) 마음씨나 기세가 몹시 매섭고 독하다.

(실전) **모진** 바람이 급하게 부니 불꽃을 잡을 길이 없었다. | 22 고2 6월

2) 참고 견디기 힘든 일을 잘 견디어 낼 만큼 강하고 끈질기다.

(예문) 주인공이 역경을 **모질게** 이겨 냈다. / 이 새싹은 궂은 날씨에도 **모질게** 살아남았다.

3) 괴로움이나 아픔 등의 정도가 지나치게 심하다.

(예문) 우리 민족은 **모진** 역사를 간직하고 있다. / **모진** 고생으로 할머니의 손이 부르텄다.

1회 ▢
2회 ▢

묵묵히

잠잠하다 默
잠잠하다 默

말없이 잠잠하게.

(예문) 그는 친구의 이야기를 **묵묵히** 듣고 있었다.

(실전) **묵묵히** 목표를 향해 나아가는 화자의 모습이 드러나 있다. | 19 고1 11월

1회 ▢
2회 ▢

의연하다

굳세다 毅
그러하다 然

의지가 굳세어서 끄떡없다.

(실전) 화자는 산을 바라보며 힘든 현실에도 **의연하게** 대처하려는 자세를 보여 주고 있어. | 14 고1 6월

(유의) 굳건하다 뜻이나 의지가 굳세고 건실하다.

(참고) 의연하다(依然) 전과 다름이 없다.

1회 ▢
2회 ▢

인정스레

사람 人
뜻 情

보기에 따뜻한 마음을 베푸는 데가 있게.

(예문) 우리나라에서는 집에 찾아온 사람이 식사를 하지 못했다고 하면 **인정스레** 밥을 차려 주는 풍속이 있다. / 할머니께서 **인정스레** 웃으시던 모습이 눈에 선하다.

1회 ▢
2회 ▢

퉁기다

1) 버티어 놓거나 잘 짜인 물건을 틀어지거나 쑥 빠지게 건드리다.

(예문) 지게 작대기를 **퉁기자** 지게가 넘어졌다. / 그는 현관문을 못 쓰게 **퉁겨** 놓았다.

2) 다른 사람의 요구나 의견을 거절하다.

(예문) 배만 **퉁기지** 말고 내 부탁을 들어줘. / 사장은 고객에게 보상해 주지 않겠다며 **퉁겼다.**

3) 기타, 하프와 같은 현악기의 현을 당겼다 놓아 소리가 나게 하다.

(예문) 가야금은 줄을 **퉁겨** 연주하는 현악기이다. / 연주자가 기타 줄을 **퉁기는** 모습이 멋지다.

1회 ▢
2회 ▢

허풍

비다 虛
바람 風

실제보다 지나치게 과장하여 믿음성이 없는 말이나 행동.

(예문) 그의 팔짓은 **허풍**일 뿐, 운동 실력은 형편없었다. / 친구는 낚시를 다녀오더니 사람만 한 물고기를 잡았다고 **허풍**을 떨어 댔다.

(유의) 과장 사실보다 지나치게 부풀려서 나타냄.

1회 ▢
2회 ▢

헤아리다

짐작하여 가늠하거나 미루어 생각하다.

(실전) 일상적으로 쓰는 물건들 일체를 삼분의 일 줄이십시오. 이런 방식으로 **헤아려서** 모든 팔도의 진상·공물들도 삼분의 일 줄이십시오. | 21 고1 3월

어휘 확인하기 01일

01 다음 뜻에 알맞은 어휘를 찾아 가로, 세로, 대각선으로 표시하시오.

몇	화	자	도	적	조	복	헤	군
함	년	몰	황	항	정	제	아	두
우	정	리	소	목	운	율	리	수
금	읍	서	머	그	러	쥐	다	국
책	식	임	선	들	볶	다	녀	조
의	연	하	다	감	원	묵	묵	히
유	남	배	그	히	나	허	알	롱
중	나	무	라	다	름	란	풍	래

(1) 말없이 잠잠하게.

(2) 의지가 굳세어서 끄떡없다.

(3) 짐작하여 가늠하거나 미루어 생각하다.

(4) 상대방의 잘못이나 부족한 점을 꼬집어 말하다.

(5) 자기의 것으로 만들거나 자기의 영향 아래 두다.

(6) 시에서 비슷한 소리의 특성이 일정하게 반복되는 형식.

(7) 실제보다 지나치게 과장하여 믿음성이 없는 말이나 행동.

(8) 까다롭게 굴거나 잔소리를 하거나 하여 남을 못살게 굴다.

(9) 시에서 화자가 시적 대상이나 시적 상황에 대해 갖는 감정이나 기분.

(10) 시 속에서 말하는 사람으로, 시인이 자신의 생각과 감정을 효과적으로 전달하기 위해 설정한 인물.

어휘 확인하기 01일

[02~05] 다음 빈칸에 들어갈 어휘를 〈보기〉에서 골라 알맞게 활용하여 쓰시오.

보기

도지다　　모질다　　퉁기다　　골똘하다

02 찬바람을 쐬니 잦아들었던 기침이 (　　　　) 시작했다.

03 그녀는 성공하기 위해 마음을 (　　　　) 먹고 집을 떠났다.

04 연주자가 하프를 (　　　　) 모습이 마치 천사와도 같았다.

05 어머니는 물건을 고르실 때 하나하나 (　　　　) 살펴보신다.

아이템 발견!

[06~08] 제시된 초성과 뜻을 참고하여 빈칸에 들어갈 알맞은 어휘를 쓰시오.

06 ㄱㅈ: 강렬하고 갑작스러워 누르기 어려운 감정.

→ 그녀는 느닷없이 (　　　　)에 사로잡혀 울고 싶어졌다.

TIP 나타나는 모양이 아주 뜻밖이고 갑작스럽게.

07 ㅇㅇ: 시에서 비슷한 소리의 특성이 일정하게 반복되는 형식.

→ 시를 감상할 때, 시의 (　　　　)에 맞추어 낭송하다 보면 시가 음악처럼 느껴진다.

08 ㅇㅈㅅㄹ: 보기에 따뜻한 마음을 베푸는 데가 있게.

→ 동네 어르신들은 내가 지나가면 (　　　　) 먹을 것을 권하셨다.

[09~11] 다음 문장에 알맞은 어휘를 고르시오.

09 그는 (정서 / 허풍)이/가 센 편이라 하는 말이 믿음직스럽지 않다.

10 아버지께서는 말씀이 없으신 편이라 의중을 (나무라기 / 헤아리기) 쉽지 않다.

TIP 마음의 속

11 할아버지께서는 집안을 온통 당신 손아귀에 (도지고 / 그러쥐고) 사셔야 했다.

12 〈보기〉의 빈칸에 공통으로 들어갈 어휘로 가장 적절한 것은?

보기

- 그 시는 요즘 청소년들의 밝고 유쾌한 (   )을/를 담고 있다.
- 동일한 단어를 반복하여 화자의 쓸쓸한 (   )을/를 강조하고 있다.

① 운율 ② 정서 ③ 공감각 ④ 패러디 ⑤ 시적 허용

13 다음 중 밑줄 친 어휘와 바꿔 쓰기에 적절하지 <u>않은</u> 것은?

그는 자신을 괴롭히는 온갖 상황들을 <u>의연하게</u> 견뎌 내며 살아가고 있었다.

① 굳세게 ② 굳건하게 ③ 꿋꿋하게 ④ 끄떡없이 ⑤ 막연하게

14 다음 중 밑줄 친 어휘와 바꿔 쓰기에 가장 적절한 것은?

부모님께서는 내가 다른 잘못을 저질렀을 때에는 관대하게 용서해 주시고는 했지만, 거짓말을 했을 때에는 호되게 <u>꾸짖으셨다</u>.

TIP 관대하게: 마음이 너그럽고 크게.

① 나긋하셨다 ② 나른하셨다 ③ 나무라셨다
④ 나약하셨다 ⑤ 나태하셨다

15 다음 중 밑줄 친 어휘의 뜻으로 알맞은 것을 고르시오.

독립운동가들은 일제의 <u>모진</u> 학대와 고문에 굴복하지 않고 꿋꿋이 독립운동을 이어 나갔다. 그러나 독립이 이루어진 뒤 그들의 공은 정당하게 평가받지 못한 경우가 많았다. 최근에는 생존한 후손들의 증언과 역사적 기록물을 전하는 활동을 통해 그들의 독립 정신을 기리고 있다.

(1) 마음씨나 기세가 몹시 매섭고 독하다. (   )
(2) 괴로움이나 아픔 등의 정도가 지나치게 심하다. (   )

현대시와 관련한 어휘 ❷

▶ 어휘 책을 펼쳐 보아요.

▶ 아는 어휘에 ○ 표시해요. (　　/ 17)

비유	상징	시어	녹음	단
막역지간	못자리	아무개	여울	
윗목	유년	일다	자	
제철	한기	한철	후일	

▶ 십자말풀이를 완성해요. (　　/ 10)

▶ 확인 문제로 복습해요. (　　/ 13)

주제 1 표현과 관련한 개념어

1회 ☐
2회 ☐

비유
견주다 比
깨닫다 喩

표현하고자 하는 대상을 이미 알고 있는 다른 현상이나 사물의 모습에 빗대어 표현하는 방법.

(실전) '공명'을 '해진 신'에 **비유**한 것에서 화자가 세속적 삶의 가치를 멀리하고 있음이 드러나는군. | 19 고1 9월

(참고) **직유** '-처럼', '-같이' 등의 연결어를 사용하여 표현하려는 대상과 빗대는 대상을 직접 연관 지어 표현하는 방법. 예 복숭아 같은 얼굴
은유 표현하려는 대상과 빗대는 대상을 'A는 B이다.'의 형식으로 마치 두 대상이 동일한 것처럼 나타내거나 암시적으로 연결하는 표현 방법. 예 내 마음은 고요한 물결

1회 ☐
2회 ☐

상징
형상 象
부르다 徵

추상적인 사물이나 관념 또는 사상을 구체적인 사물로 나타내는 것.

(실전) 찢어진 청바지는 개인만의 고유한 특성을 드러내는 수단이자 젊은 세대의 일원이라는 기호를 **상징**하는 것일 수 있겠군. | 22 고1 3월

(참고) **관습적 상징** 어떤 집단이나 문화 안에서 동일한 의미로 받아들여지는 상징. 예를 들어, 조선 시대에 대나무는 지조, 절개를 상징한다.
원형적 상징 인류 보편적으로 유사한 의미나 정서를 불러일으키는 상징. 예를 들어, 물은 보편적으로 생명, 탄생, 풍요를 상징한다.
개인적 상징 시인의 독창적 체험에 의해 특별한 의미를 지니게 되는 상징.

1회 ☐
2회 ☐

시어
시 詩
말씀 語

시에 쓰는 말. 또는 시에 있는 말.

(예문) 시골에서 자란 시인은 아름다운 꽃 이름을 **시어**로 많이 사용하였다.

(실전) **시어**의 반복을 통해 리듬감을 형성하고 있다. | 21 고1 6월

1회 ☐ 2회 ☐

녹음

초록빛 綠
응달 陰

푸른 잎이 우거진 나무나 수풀. 또는 그 나무의 그늘.

(예문) 여름은 **녹음**이 짙어지는 계절이다. / 이 수목원은 **녹음**이 우거져 관람하기가 좋다.

(실전) 지금은 **녹음**과 향기로운 풀이 꽃보다 좋은 봄이라. | **15 고1 9월**

1회 ☐ 2회 ☐

단

짚, 땔나무, 채소 등의 묶음을 세는 단위.

(예문) 형은 아우 집에 몰래 볏짚 한 **단**을 가져다 놓았다. / 아버지는 대파 두 **단**을 다듬어 두셨다.

1회 ☐ 2회 ☐

막역지간

없다 莫　거스르다 逆
가다 之　사이 間

서로 거스르지 않는 사이라는 뜻으로, 허물없는 아주 친한 사이를 이르는 말.

(예문) 그녀와 나는 언니 동생 하던 **막역지간**이다. / 주말에 **막역지간**인 친구들과 경주로 여행을 다녀왔다.

(유의) **수어지교(水魚之交)** 물고기와 물의 관계라는 뜻으로, 물이 없으면 살 수 없는 물고기처럼 아주 친밀하여 떨어질 수 없는 사이를 비유적으로 이르는 말.
관포지교(管鮑之交) 관중과 포숙의 사귐이란 뜻으로, 우정이 아주 돈독한 친구 관계를 이르는 말.

1회 ☐ 2회 ☐

못자리

볍씨를 뿌리어 모를 기르는 곳.

(예문) **못자리**에 실패하면 모내기를 할 수 없어 한 해 농사를 망치게 된다. / **못자리** 설치 기간을 4월 15일부터 4월 30일까지로 정했다.

1회 ☐ 2회 ☐

아무개

어떤 사람을 구체적인 이름 대신 이르는 인칭 대명사.

(예문) 그러나 늘 서러운 것은 아버지를 아버지라 부르지 못하고 형을 형이라 부르지 못하는 신세이옵니다. 하인들까지 모두 천하게 보며, 친지와 친구조차도 **아무개**의 천생이라 고 이릅니다. 이런 원통한 일이 어디 있겠습니까?

(실전) 저는 시중 **아무개**의 딸입니다. | **16 고2 6월**

1회 ☐ 2회 ☐

여울

강이나 바다 등의 바닥이 얕거나 폭이 좁아 물살이 세게 흐르는 곳.

(예문) **여울**은 얕아 보였지만 강 안쪽은 꽤 깊어 발이 닿지 않을 것 같았다.

(실전) 나는 당신을 안으면 깊으나 얕으나 급한 **여울**이나 건너갑니다. | **09 고1 6월**

1회 ☐ 2회 ☐

윗목

온돌방에서 아궁이로부터 먼 쪽의 방바닥. 불길이 잘 닿지 않아 아랫목보다 상대적으로 차가운 쪽이다.

(예문) **윗목**에 앉았더니 엉덩이가 시렸다. / 할머니는 **윗목**까지 따뜻해질 수 있도록 아궁이에 땔감을 가득 넣으셨다.

(반의) **아랫목** 온돌방에서 아궁이 가까운 쪽의 방바닥.

1회 ☐ 2회 ☐

유년

어리다 **幼**
해 **年**

어린 나이나 때. 또는 어린 나이의 아이.

(실전) '놀이공원에 가고, 엑스포에 가는 것'과 같은 '평범한 **유년**의 프로그램'은, 엄마가 자녀에게 마련해 주고 싶었던 환경의 일부이겠군. | **21 고1 3월**

(유의) 동년 어린 나이.

1회 ☐ 2회 ☐

일다

1) 없던 현상이 생기다.

(실전) 죽는 날까지 하늘을 우러러 / 한 점 부끄럼이 없기를 / 잎새에 **이는** 바람에도 / 나는 괴로워했다. | **17 고1 9월**

2) 희미하거나 약하던 것이 왕성하여지다.

(예문) 장작을 던져 넣자 꺼져 가던 불길이 **일어** 따뜻해지기 시작했다. / 의기소침하던 화가의 마음에 다시 그림을 그리고자 하는 열정이 **일었다.**

3) 겉으로 부풀거나 위로 솟아오르다.

(예문) 보풀이 **일어** 옷이 낡아 보인다. / 병뚜껑을 열자 거품이 **일었다.**

1회 ☐ 2회 ☐

자

길이의 단위. 한 자는 한 치의 열 배로 약 30.3cm에 해당한다.

(예문) 그는 키가 여섯 **자**나 되는 거구였다. / 옷감 넉 **자**를 준비해라.

(유의) 척 길이의 단위. 1척은 한 치의 열 배로 약 30.3cm에 해당한다.

1회 ☐ 2회 ☐

제철

알맞은 시절.

(예문) 담백한 맛이 매력적인 갈치가 **제철**을 맞았다. / **제철** 과일 바구니를 선물했다.

(유의) 철 알맞은 시절.

1회 ☐ 2회 ☐

한기

차다 **寒**
기운 **氣**

추운 기운.

(예문) 스케이트장에서는 한여름에도 **한기**가 느껴지니 긴 옷을 입어야 한다. / 방에 불을 안 땐 지 오래라 **한기**가 느껴졌다.

(유의) 냉기 찬 기운.

1회 ☐ 2회 ☐

한철

한창 성한 때.

(예문) 수박은 여름이 **한철**이다. / 젊은 **한철**에 그 정도 힘이야 누구나 있지.

(유의) 한창 어떤 일이 가장 활기 있고 왕성하게 일어나는 때. 또는 어떤 상태가 가장 무르익은 때.
성수기 상품이나 서비스의 수요가 많은 시기.

1회 ☐ 2회 ☐

후일

뒤 **後**
날 **日**

시간이 지나 뒤에 올 날.

(실전) 책을 다 읽은 후에 성인이라 해도 부족하게 여기는 바가 있으므로 잘 보관하였다가 **후일**에 다시 읽어야 합니다. | **14 고2 3월**

(반의) 전날 이전의 어느 날. 또는 얼마 전.

어휘 확인하기 02일

01 다음 뜻풀이를 보고 십자말풀이를 완성하시오.

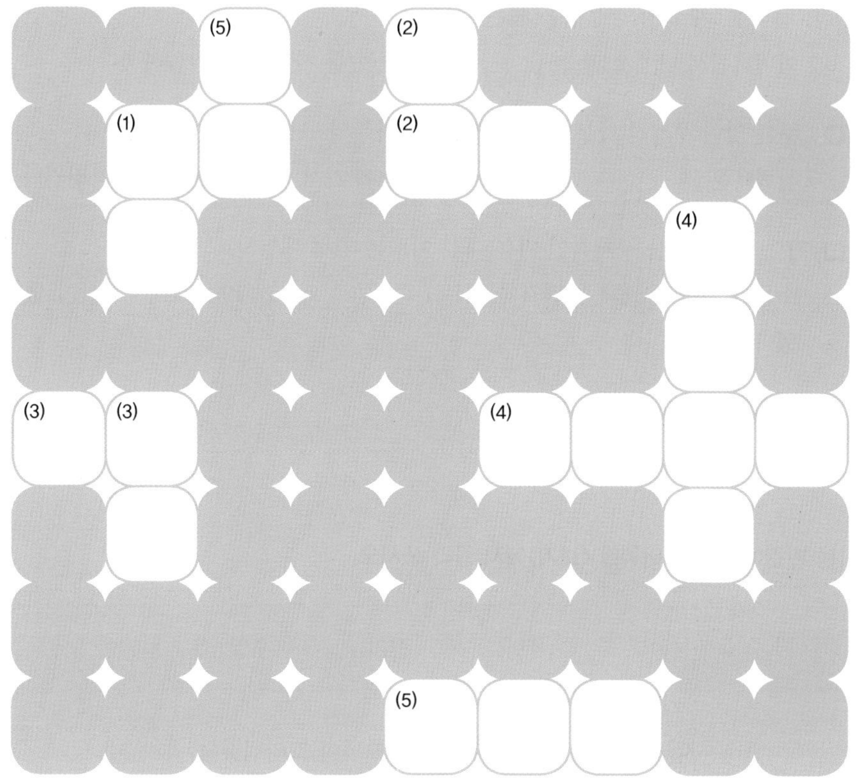

(1) 한창 성한 때.
(2) 없던 현상이 생기다.
(3) 표현하고자 하는 대상을 이미 알고 있는 다른 현상이나 사물의 모습에 빗대어 표현하는 방법.
(4) 서로 거스르지 않는 사이라는 뜻으로, 허물없는 아주 친한 사이를 이르는 말.
(5) 볍씨를 뿌리어 모를 기르는 곳.

세로

(1) 추운 기운.
(2) 시간이 지나 뒤에 올 날.
(3) 어린 나이나 때. 또는 어린 나이의 아이.
(4) 물고기와 물의 관계라는 뜻으로, 물이 없으면 살 수 없는 물고기처럼 아주 친밀하여 떨어질 수 없는 사이를 비유적으로 이르는 말.
(5) 알맞은 시절.

[02~04] 제시된 초성과 뜻을 참고하여 빈칸에 들어갈 알맞은 어휘를 쓰시오.

02 ㄷ: 짚, 땔나무, 채소 등의 묶음을 세는 단위.
→ 어머니께서 나에게 파 한 (　　　　　)을/를 사 오라고 말씀하셨다.

03 ㄴㅇ: 푸른 잎이 우거진 나무나 수풀. 또는 그 나무의 그늘.
→ 산림욕은 (　　　　　)이/가 우거진 숲에 가서 기운을 쐬는 일을 가리킨다.

04 ㅇㅁㄱ: 어떤 사람을 구체적인 이름 대신 이르는 인칭 대명사.
→ 소문이 얼마나 크게 났던지 이제는 (　　　　　) 하면 모르는 사람이 없을 정도였다.

[05~08] 다음 빈칸에 들어갈 어휘를 〈보기〉에서 골라 쓰시오.

보기

시어　유년　한기　후일

05 [　　　] 시절의 추억이 아련히 떠올라 부모님이 그리워졌다.
TIP 기억이나 생각 등이 또렷하지 않고 희미하게.

06 여행은 [　　　](으)로 미루고 지금은 건강부터 회복하도록 하자.
TIP 아프거나 약해졌던 몸을 다시 예전의 상태로 돌이킴.

07 유진이는 시를 쓰며 자신의 감정을 표현할 [　　　]을/를 고민했다.

08 방 안에 [　　　]이/가 너무 심해서 아무리 옷을 두껍게 입어도 이가 덜덜 떨렸다.

[09~10] 다음 중 밑줄 친 어휘의 뜻으로 알맞은 것을 고르시오.

09 <u>여울</u>에 도달한 종이배는 물살에 휩쓸려 빠르게 흘러가기 시작했다.
→ 강이나 바다 등의 바닥이 얕거나 폭이 좁아 물살이 (세게 / 약하게) 흐르는 곳.

10 추운 겨울밤 <u>윗목</u>에 자리를 폈는데도 어찌나 피곤했는지 바로 잠들었다.
→ 온돌방에서 아궁이로부터 (먼 / 가까운) 쪽의 방바닥.

11 〈보기〉의 빈칸에 공통으로 들어갈 어휘로 가장 적절한 것은?

보기

- 일제강점기에 지어진 시에는 '해'라는 시어가 광복을 (　　　　)하는 경우가 많다.
- 시에 나타난 '푸른 하늘'은 작가의 이상과 꿈을 (　　　　)하는 소재로 볼 수 있다.
- 김소월의 「진달래꽃」에서 '꽃'은 임에 대한 변함없는 사랑, 또는 자기 희생을 통한 사랑의 승화를 (　　　　)한다.

① 비유　　② 상상　　③ 상징　　④ 추상　　⑤ 해석

12 다음 중 밑줄 친 어휘와 같은 길이를 의미하는 단위로 적절한 것은?

나는 두 <u>자</u> 정도 되는 깊이로 땅을 팠다.

① 리　　② 척　　③ 촌　　④ 치　　⑤ 마장

13 다음 중 밑줄 친 어휘의 뜻으로 알맞은 것을 고르시오.

민들레가 피고 까치가 날고
아가씨가 지나고 바람이 <u>일고</u>

나의 길은 언제나 새로운 길
오늘도…… 내일도……

– 윤동주, 「새로운 길」 중에서

(1) 없던 현상이 생기다. (　　　　)
(2) 겉으로 부풀거나 위로 솟아오르다. (　　　　)
(3) 희미하거나 약하던 것이 왕성하여지다. (　　　　)

현대시와 관련한 어휘 ③

◗ 어휘 책을 펼쳐 보아요.

◗ 아는 어휘에 ○ 표시해요. (　　/ 16)

반어	역설	함축	득득
무성하다	부산하다	분분하다	아득히
어리다	역겹다	잘다	지천
진동하다	칠칠하다	하롱하롱	흉물

◗ 어휘 퍼즐을 완성해요. (　　/ 10)

◗ 확인 문제로 복습해요. (　　/ 12)

주제 1 감상과 관련한 개념어

1회 ▢ 2회 ▢

반어

돌이키다 反
말씀 語

말하고자 하는 바를 반대로 표현하는 것. 어질러진 방을 보고 '참 깨끗하네.'라고 말하는 것처럼, 느끼는 마음을 반대로 표현하여 전달하려는 의미를 강조한다. 시에서는 화자나 대상이 처한 상황과 표현이 반대되는지를 살펴야 한다.

(실전) **반어**적 표현을 사용하여 숨은 의미를 나타내고 있다. | 20 고1 6월
반어적 진술을 통해 대상에 대한 태도를 드러내고 있다. | 22 고1 6월

1회 ▢ 2회 ▢

역설

거스르다 逆
말씀 說

겉으로 드러나는 의미를 살펴보면 그 뜻이 모순되거나 논리에 맞지 않지만 그 속에 중요한 진리를 담고 있는 표현.

(실전) '아름다운 상처'에서는 표면적으로 모순이 되는 두 시어를 연결하는 **역설**의 방법을 사용함으로써 시련을 겪고 피어나는 것의 아름다움을 강조하고 있군. | 21 고1 9월

(참고) 역설(力說) 자기의 뜻을 힘주어 말함. 또는 그런 말.

1회 ▢ 2회 ▢

함축

머금다 含
쌓다 蓄

말이나 글이 많은 뜻을 담고 있음. 시에서는 표현의 의미가 문맥을 통하여 여러 가지 뜻을 암시하거나 담고 있는 것을 가리킨다.

(실전) '별'은 화자가 지향하는 가치를 **함축**하고 있다 | 15 고1 3월
함축적 언어로 정서를 드러낸다. | 15 고1 9월

(유의) 내포 어떤 성질이나 뜻 등을 속에 품음.

1회 □ 2회 □

득득

작고 단단한 물건을 세게 자꾸 긁을 때 나는 소리. 또는 그 모양.

(예문) 배가 고파 밥그릇을 **득득** 긁어 싹 비웠다. / 바가지 안쪽을 긁으니 **득득** 소리가 났다.

1회 □ 2회 □

무성하다

우거지다 茂
성하다 盛

1) 풀이나 나무 등이 자라서 우거져 있다.

(실전) 날카로운 칼날에 **무성하던** 잔디가 모두 깎였다. | 20 고1 11월

2) 털이나 뿌리 등이 엉킬 정도로 마구 자라 있다.

(예문) 머리카락이 **무성하게** 자랐다. / 아버지의 턱에 **무성한** 수염이 생겼다.

3) 생각이나 말, 소문 등이 마구 뒤섞이거나 퍼져서 많다.

(예문) 그 사람의 비밀에 대한 소문만 **무성하다**. / 추측만 **무성할** 뿐 진실을 아는 사람은 없다.

1회 □ 2회 □

부산하다

급하게 서두르거나 시끄럽게 떠들어 어수선하다.

(예문) 명절은 맞은 시장은 아침부터 **부산하였다**. / 그곳은 행사 준비로 매우 **부산했다**.

(유의) 분주하다 이리저리 바쁘고 수선스럽다.

1회 □ 2회 □

분분하다

어지럽다 紛
어지럽다 紛

1) 여럿이 한데 뒤섞여 어수선하다.

(예문) 하얀 눈이 **분분하여** 앞이 잘 보이지 않았다. / 꽃잎이 **분분하게** 떨어진다.

2) 소문, 의견 등이 많아 갈피를 잡을 수 없다.

(예문) 정부의 이번 발표를 두고 해석이 **분분하다**. / 의견이 **분분하여** 결정이 어려웠다.

1회 □ 2회 □

아득히

1) 보이는 것이나 들리는 것이 희미하고 매우 멀게.

(예문) 멀리 바다가 **아득히** 보였다. / 고요한 새벽에 종소리가 **아득히** 들려온다.

2) 까마득히 오래된 상태로.

(예문) 그것은 **아득히** 먼 옛날의 일이다. / 옛 추억이 **아득히** 떠오른다.

1회 □ 2회 □

어리다

1) 눈에 눈물이 조금 괴다.

(실전) 갑순이의 두 눈에 어느덧 눈물이 **어리고** 있었다. | 17 고1 6월

2) 어떤 현상, 기운, 추억 등이 배어 있거나 은근히 드러나다.

(실전) 과연 석벽 틈 사이에서 붉은 안개가 일어나고 독기가 **어려** 있었다. | 21 고1 9월

3) 빛이나 그림자, 모습 등이 희미하게 비치다.

(예문) 촛불을 켜니 벽에 그림자가 **어렸다**. / 창에 **어리는** 내 얼굴을 바라보았다.

4) 연기, 안개, 구름 등이 한곳에 모여 나타나다.

(예문) 샤워를 하니 욕실에 김이 **어렸다**. / 구름이 **어리는** 것을 보니 곧 비가 쏟아지겠다.

1회 □ 2회 □

역겹다
거스르다 逆

언짢거나 못마땅하여 성이 나거나 속에 거슬리게 싫다.

예문 체하는 바람에 음식의 맛이 **역겹게** 느껴졌다. / 돈 좀 벌었다고 거들먹거리는 것을 보니 **역겨워서** 못 견디겠다.

유의 **매스껍다** 태도나 행동 등이 비위에 거슬리게 아니꼽다.

1회 □ 2회 □

잘다

1) 알곡이나 과일, 모래 등의 둥근 물건이나 글씨의 크기가 작다.

예문 마늘을 **잘게** 다졌다. / 돌이 **잘아서** 공깃돌로나 써야겠다.

반의 **굵다** 부피가 크다.

2) 생각이나 성질이 대담하지 못하고 좀스럽다.

예문 내 짝은 마음이 **잘아** 치사하게 군다. / 그는 됨됨이가 **잘아서** 큰일을 맡기기는 어렵다.

1회 □ 2회 □

지천
이르다 至
천하다 賤

매우 흔함.

예문 봄이면 앞산에는 진달래가 **지천**으로 핀다. / 숲에 버섯이 **지천**으로 널려 있다.

1회 □ 2회 □

진동하다
떨치다 振
움직이다 動

1) 흔들려 움직이다.

예문 배가 **진동하여** 멀미가 났다. / 휴대 전화가 **진동하는** 소리가 들렸다.

2) 냄새 따위가 아주 심하게 나다.

예문 거리에 빵 냄새가 **진동했다**. / 악취가 **진동해서** 미간이 저절로 찌푸려졌다.

1회 □ 2회 □

칠칠하다

1) 주로 '못하다', '않다'와 함께 쓰여 옷차림이나 모양새가 깨끗하고 단정하다.

예문 그의 **칠칠하지** 못한 옷차림에 그의 사정을 짐작할 수 있었다.

2) (주로 '못하다', '않다'와 함께 쓰여) 성질이나 일 처리가 반듯하고 야무지다.

예문 그는 **칠칠하지** 못해서 상사에게 야단을 맞았다. / 매사에 **칠칠하지** 못하다.

반의 **칠칠찮다** 1) 옷차림이나 모양새가 깨끗하고 단정하지 아니하다.
2) 성질이나 일 처리가 반듯하고 야무지지 아니하다.

1회 □ 2회 □

하롱하롱

작고 가벼운 물체가 떨어지면서 잇따라 흔들리는 모양.

예문 꽃잎이 **하롱하롱** 떨어지고 있다. / 4월은 **하롱하롱** 꽃잎이 지는 달이다.

1회 □ 2회 □

흉물
흉하다 凶
만물 物

1) 성질이 음흉한 사람.

예문 그 **흉물**이 또 나를 속였다. / 뉴스에 나온 연쇄 살인범은 희대의 **흉물**이었다.

2) 모양이 흉하게 생긴 사람이나 동물.

예문 더러워진 조각상은 **흉물** 취급을 당했다. / 어떤 문화에서는 뱀을 **흉물**로 여긴다.

어휘 확인하기 03일

01 다음 뜻에 알맞은 어휘를 찾아 가로, 세로, 대각선으로 표시하시오.

그	함	릇	이	성	역	제	부	무
서	축	진	반	어	균	설	설	성
가	운	맹	목	사	아	랑	사	하
분	분	하	다	파	득	리	맨	다
이	우	밭	모	틀	히	발	리	베
석	칠	어	리	다	별	역	겹	다
녹	하	구	잘	암	소	흉	처	달
음	머	름	다	청	섬	춘	물	결

(1) 여럿이 한데 뒤섞여 어수선하다.

(2) 말이나 글이 많은 뜻을 담고 있음.

(3) 모양이 흉하게 생긴 사람이나 동물.

(4) 풀이나 나무 등이 자라서 우거져 있다.

(5) 말하고자 하는 바를 반대로 표현하는 것.

(6) 생각이나 성질이 대담하지 못하고 좀스럽다.

(7) 보이는 것이나 들리는 것이 희미하고 매우 멀게.

(8) 언짢거나 못마땅하여 성이 나거나 속에 거슬리게 싫다.

(9) 어떤 현상, 기운, 추억 등이 배어 있거나 은근히 드러나다.

(10) 겉으로 드러나는 의미를 살펴보면 그 뜻이 모순되거나 논리에 맞지 않지만 그 속에 중요한 진리를 담고 있는 표현.

어휘 확인하기 03일

[02~05] 다음 빈칸에 들어갈 어휘를 〈보기〉에서 골라 알맞게 활용하여 쓰시오.

> 보기
>
> 역겹다 부산하다 진동하다 칠칠하다

02 비린내가 [ ] 것을 보니 근처에 생선 가게가 있나 보다.

03 위선적인 그가 나를 보며 웃자 [ ] 생각이 들어 견딜 수 없었다.

TIP 위선: 겉으로만 착한 체함. 또는 그런 짓이나 일.

04 어머니께서는 혼자서 제사상을 차리시느라 매우 [ ] 움직이고 계셨다.

05 그는 어려서부터 매사에 [ ] 못해서 어디를 가든 자주 넘어지고는 했다.

[06~07] 제시된 초성과 뜻을 참고하여 빈칸에 들어갈 알맞은 어휘를 쓰시오.

06 **ㄷㄷ**: 작고 단단한 물건을 세게 자꾸 긁을 때 나는 소리. 또는 그 모양.

→ 가마솥에서 누룽지를 (   ) 긁어 먹는 게 얼마나 맛있는지 모른다.

07 **ㅎㄹㅎㄹ**: 작고 가벼운 물체가 떨어지면서 잇따라 흔들리는 모양.

→ 어느새 벚꽃이 질 때가 되어서 꽃비가 (   ) 내리고 있었다.

TIP 꽃비: 꽃잎이 비가 내리듯 가볍게 흩뿌려지는 것을 비유적으로 이르는 말.

[08~09] 다음 밑줄 친 어휘의 뜻으로 알맞은 것을 골라 ○표 하시오.

08

> 그 건에 대해서는 결정된 것도 없이 논의만 무성할 뿐이다.

(1) 풀이나 나무 등이 자라서 우거져 있다. (   )

(2) 털이나 뿌리 등이 엉킬 정도로 마구 자라 있다. (   )

(3) 생각이나 말, 소문 등이 마구 뒤섞이거나 퍼져서 많다. (   )

09

> 그분의 정성 어린 선물에 정말 감동 받았습니다.

(1) 눈에 눈물이 조금 괴다. (   )

(2) 빛이나 그림자, 모습 등이 희미하게 비치다. (   )

(3) 어떤 현상, 기운, 추억 등이 배어 있거나 은근히 드러나다. (   )

10 〈보기〉의 빈칸에 공통으로 들어갈 어휘로 가장 적절한 것은?

보기

• 이 시는 마지막 연에 주제가 (   )되어 있다.
• '두 손 모아'라는 시어에는 정성과 공경의 의미가 (   )되어 있다.
• 그 시에서 '그네'는 소망에 이르기 위한 수단의 의미를 (   )하고 있다.

① 함구 ② 함락 ③ 함몰 ④ 함유 ⑤ 함축

11 다음 중 밑줄 친 어휘와 바꿔 쓸 수 있는 어휘로 적절하지 않은 것은?

① 마을 뒷산에는 산나물이 지천이다. → 매우 드물다
② 차가 산길에 들어서자 심하게 진동했다. → 흔들려 움직였다
③ 벼슬을 좀 한다고 거들먹거리는 꼴이 역겨워 못 보겠다. → 매스꺼워
④ 차창에 어리는 불빛을 보고 있자니 외로운 마음이 들었다. → 비치는
⑤ 공장은 주문받은 물건들을 만들어 내느라 부산스러웠다. → 분주했다

경험치 획득!

12 다음 밑줄 친 어휘의 뜻으로 알맞은 것을 고르시오.

"존객은 선인이요 나는 속세 사람이라. 어찌 인간 세상 사람이 선인과 혼인을 의논하리까?"
처사가 답했다.
TIP 벼슬을 하지 아니하고 초야에 묻혀 살던 선비.
"상공은 아국 재상이요 나는 미천한 인물이라. 미천한 인물이 귀댁에 청혼함이 극히 불가하오나 버리시지 아니하오면 한이 없을까 하나이다."
공이 즐겨 즉시 혼인을 허락했다.
이때, 상공이 친척들을 모아 정혼한 일을 이야기하니 부인이 의아해하며 말했다.
"혼인은 인륜대사라. 어찌 재상가에서 의논도 없이 근본도 모르는 집안과 경솔히 혼약을 하시나이까?"
TIP 사람이 살아가면서 치르게 되는 큰 행사.
하고 의논이 분분하자 공이 말했다.
"내 들으니 처사의 딸이 재덕을 겸비했다 하기에 혼약했으니 괜한 시비 마시오."

– 작자 미상, 「박씨전」

(1) 여럿이 한데 뒤섞여 어수선하다. (   )
(2) 소문, 의견 등이 많아 갈피를 잡을 수 없다. (   )

고전 시가와 관련한 어휘

▶ 어휘 책을 펼쳐 보아요.

▶ 아는 어휘에 ○ 표시해요. (　　/ 18)

시조	관념	풍자	덕성	두엄
매다	부정부패	상부상조	아전인수	아첨
안위	유배	자화자찬	절개	
지조	탐관오리	허세	혼비백산	

▶ 십자말풀이를 완성해요. (　　/ 10)

▶ 확인 문제로 복습해요. (　　/ 15)

나의 어휘 경험치

주제 1 고전 시가와 관련한 개념어

1회 □
2회 □

시조

때 時
고르다 調

고려 말기부터 발달하여 온 우리나라 고유의 정형시. 3장(초장, 중장, 종장) 6구 4음보의 기본 형태를 가진 평시조와 파격적인 형식으로 이루어진 엇시조, 사설시조로 나뉜다.

(예문) **시조**에는 사대부들이 지향하는 삶이 잘 나타나 있다.

(실전) **시조**는 **시조**가 지니는 형식미 때문에 조선 전기 사대부들의 미의식과 정신세계를 표현하는 데 적합한 갈래로 자리 잡았다. | **17 고1 9월**

(참고) 정형시 일정한 규칙에 따라 지어지는 시.
사설시조 초장·중장이 제한 없이 길며, 종장도 길어진 시조. 주로 서민적인 내용이 많다.

1회 □
2회 □

관념

보다 觀
생각하다 念

1) 어떤 일에 대한 견해나 생각.

(실전) 맹순사의 모습에서 맹순사가 도덕적 **관념**을 회복하는 과정을 확인할 수 있겠군. | **19 고1 11월**

2) 현실과는 차이가 있는 추상적이고 공상적인 생각.

(예문) 이 시조는 농사일을 소재로 삼아 추상적인 **관념**에서 벗어난 사실적인 농촌의 모습을 나타내고 있다. / 조선 전기에는 사대부들이 **관념**적인 시조를 많이 창작했다.

1회 □
2회 □

풍자

외다 諷
찌르다 刺

개인 또는 사회의 부정적 현상이나 모순, 어리석음 등을 과장하거나 왜곡하거나 비꼬아 우스꽝스럽게 표현함으로써 간접적으로 비판하는 방식.

(실전) 인물 간의 대화를 통해 특정 인물을 **풍자**하고 있다. | **21 고1 9월** / **풍자**적 서술을 통해 인물의 행위를 비판하고 있다. | **21 고1 11월**

1회 ☐ 2회 ☐

덕성

덕 德 / 성품 性

어질고 너그러운 성질.

(실전) 민심을 받들어 백성을 보살피는 자로서 군주가 **덕성**을 갖추는 것이 중요하다고 보았다. | 21 고1 3월

1회 ☐ 2회 ☐

두엄

풀, 짚 또는 가축의 배설물 등을 썩힌 거름.

(예문) 두꺼비가 파리를 물고 **두엄** 위에 앉았다. / 외양간 옆에 쌓인 **두엄**에서 구린내가 났다.

1회 ☐ 2회 ☐

매다

논밭에 난 잡풀을 뽑다.

(예문) 그 텃밭의 잡초를 호미로 **매어도** 다음날이 되면 무성해졌다. / 김을 **매러** 나간 것이 새벽이었는데, 어느새 점심때가 되었다.

1회 ☐ 2회 ☐

부정부패

아니다 不 / 바르다 正 / 썩다 腐 / 패하다 敗

도덕적으로 바르거나 깨끗하지 못함.

(예문) 이몽룡은 지방 관리의 **부정부패**를 감찰하는 암행어사가 되었다. / 사설시조에는 양반들의 **부정부패**를 풍자하는 내용이 많다.

(반의) 청렴결백(淸廉潔白) 마음이 맑고 깨끗하며 탐욕이 없음.

1회 ☐ 2회 ☐

상부상조

서로 相 / 돕다 扶 / 서로 相 / 돕다 助

서로서로 도움.

(실전) 조선 시대에는 옳은 일의 실천, 어른 공경, **상부상조**, 부녀자의 덕목과 같은 가르침을 전달하고자 하는 작품들이 있었다. | 20 고1 11월

(유의) 공생 서로 도우며 함께 삶.

1회 ☐ 2회 ☐

아전인수

나 我 / 밭 田 / 끌다 引 / 물 水

자기 논에 물 대기라는 뜻으로, 자기에게만 이롭게 되도록 생각하거나 행동함을 이르는 말.

(실전) **아전인수(我田引水)**의 논리로 자신의 행위를 정당화하고 있다. | 18 고2 11월

(유의) 견강부회(牽强附會) 이치에 맞지 않는 말을 억지로 끌어 붙여 자기에게 유리하게 함.

1회 ☐ 2회 ☐

아첨

언덕 阿 / 아첨하다 諂

남에게 잘 보이려고 꾸며 말하거나 행동함. 또는 그런 말이나 행동.

(실전) 나비는 허랑방탕한 놈일 뿐 분단장을 하여 세상을 속이고 번화함을 좋아하여 좇으며 흰 꽃에 **아첨**하고 붉은 꽃에 아양 떤다. | 18 고1 9월

(유의) 아부 다른 사람의 마음에 들기 위하여 비위를 맞추며 말하거나 행동함.

1회 ☐ 2회 ☐

안위

편안하다 安 / 위태하다 危

편안함과 위태함을 아울러 이르는 말.

(예문) 일부 관리들은 부패한 권력에 붙어서 자신들의 **안위**만을 챙겼다. / 충직한 관료들은 백성들의 **안위**를 소홀히 하지 않는다.

1회 □ 2회 □

유배

흐르다 流
짝 配

옛날에 죄인을 처벌하던 다섯 가지 형벌 가운데 죄인을 귀양 보내던 일. 그 죄의 가볍고 무거움에 따라 멀고 가까운 등급이 있었다.

(실전) '빈 강'에서 쓸쓸해하는 모습에서 **유배**되었다 풀려나도 '득 찾는 무리'로부터 벗어나기 어려운 화자의 현실이 드러나는군. | 19 고1 9월

(유의) 귀양 고려·조선 시대에, 죄인을 먼 시골이나 섬으로 보내어 일정한 기간 동안 제한된 곳에서만 살게 하던 형벌.

1회 □ 2회 □

자화자찬

스스로 自 그림 畫
스스로 自 기리다 讚

자기가 그린 그림을 스스로 칭찬한다는 뜻으로, 자기가 한 일을 스스로 자랑함을 이르는 말.

(예문) 상공은 심혈을 기울여 그린 자신의 그림을 보며 **자화자찬**을 늘어놓았다. / 사또는 공정하지 않은 자신의 판결을 **자화자찬**하여 백성들의 비난을 샀다.

1회 □ 2회 □

절개

마디 節
대개 槪

신념, 신의 등을 굽히지 아니하고 굳게 지키는 꿋꿋한 태도.

(실전) 수양산에서 고사리 캐 먹다 죽은 백이의 높은 **절개**를 본받고 동고에서 시를 읊은 도잠의 기풍을 따랐습니다. | 21 고1 3월

(참고) 기개 씩씩한 기상과 굳은 절개.

1회 □ 2회 □

지조

뜻 志
잡다 操

원칙과 신념을 굽히지 아니하고 끝까지 지켜 나가는 꿋꿋한 의지. 또는 그런 기개.

(예문) 성삼문은 단종에 대한 **지조**를 지키기 위해 목숨도 아까워하지 않았다.

(실전) 서리를 이겨 내고 가을에 피는 국화는 **지조**와 절개를 상징합니다. | 17 고2 9월

1회 □ 2회 □

탐관오리

탐하다 貪 벼슬 官
더럽다 汚 벼슬아치 吏

백성의 재물을 탐내어 빼앗는, 행실이 깨끗하지 못한 관리.

(예문) 홍길동은 동에 번쩍 서에 번쩍 나타나 **탐관오리**를 벌하였다. / 지방의 **탐관오리**들은 백성에게 억지로 곡식을 빌려주고 높은 이자를 받아 내었다.

(반의) 청백리 재물에 대한 욕심이 없이 곧고 깨끗한 관리.

1회 □ 2회 □

허세

비다 虛
기세 勢

실속이 없이 겉으로만 드러나 보이는 기세.

(실전) 담 구멍에 걸려 있는 상황에서도 '죽어도 문자는 쓰'는 배비장의 모습을 통해 지배 계층의 **허세**에 대한 풍자를 엿볼 수 있겠군. | 18 고1 3월

(참고) 허장성세(虛張聲勢) 실속은 없으면서 큰소리치거나 허세를 부림.

1회 □ 2회 □

혼비백산

넋 魂 날다 飛
넋 魄 흩다 散

혼백이 어지러이 흩어진다는 뜻으로, 몹시 놀라 넋을 잃음을 이르는 말.

(예문) 마을 한복판에 호랑이가 나타나자 사람들은 **혼비백산**해서 도망쳤다. / 사또가 엄하게 묻자 장쇠는 **혼비백산**하여 자신이 저지른 일을 사실대로 말하였다.

(유의) 기절초풍 정신을 잃고 쓰러질 만큼 심하게 놀람.

1 주차

01 다음 뜻풀이를 보고 십자말풀이를 완성하시오.

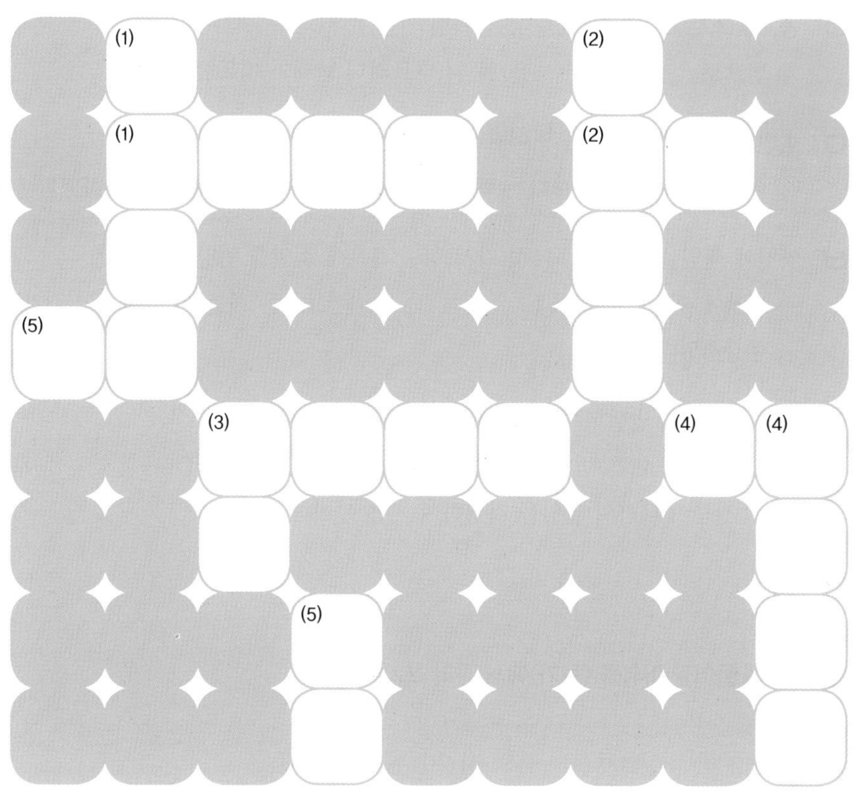

가로

(1) 도덕적으로 바르거나 깨끗하지 못함.

(2) 어떤 일에 대한 견해나 생각.

(3) 자기 논에 물 대기라는 뜻으로, 자기에게만 이롭게 되도록 생각하거나 행동함을 이르는 말.

(4) 개인 또는 사회의 부정적 현상이나 모순, 어리석음 등을 우스꽝스럽게 표현함으로써 간접적으로 비판하는 방식.

(5) 원칙과 신념을 굽히지 아니하고 끝까지 지켜 나가는 꿋꿋한 의지. 또는 그런 기개.

세로

(1) 서로서로 도움.

(2) 백성의 재물을 탐내어 빼앗는, 행실이 깨끗하지 못한 관리.

(3) 남에게 잘 보이려고 꾸며 말하거나 행동함. 또는 그런 행동.

(4) 자기가 그린 그림을 스스로 칭찬한다는 뜻으로, 자기가 한 일을 스스로 자랑함을 이르는 말.

(5) 어질고 너그러운 성질.

어휘 확인하기 04일

[02~05] 제시된 초성과 뜻을 참고하여 빈칸에 들어갈 알맞은 어휘를 쓰시오.

02 ㄷㅇ: 풀, 짚 또는 가축의 배설물 등을 썩힌 거름.
→ 밭으로 (　　　　　　)을/를 져 나르려니 냄새가 지독했다.

03 ㅇㅇ: 편안함과 위태함을 아울러 이르는 말.
→ 이순신 장군은 자신보다는 백성들의 (　　　　　　)을/를 우선시하였다.

04 ㅇㅂ: 옛날에 죄인을 처벌하던 다섯 가지 형벌 가운데 죄인을 귀양 보내던 일.
→ 당쟁에 휘말려 죄없이 (　　　　　　)된 관료들은 시를 써서 자신이 죄가 없음을 주장하였다.

05 ㅅㅈ: 고려 말기부터 발달하여 온 우리나라 고유의 정형시.
→「한산섬 달 밝은 밤에~」는 3장 6구 4음보 형태를 갖춘 (　　　　　　)로, 이순신 장군이 나라의 앞일을 걱정하며 지은 것이다.

[06~08] 다음 빈칸에 들어갈 어휘를 〈보기〉에서 골라 쓰시오.

보기

덕성　　　아첨　　　지조

06 김 교수는 성품이 강직하여 [　　　　]하는 사람들을 달가워하지 않았다.
TIP 성품: 사람의 성질이나 됨됨이.

07 금세 태도를 바꾸는 정치인의 [　　　　]이/가 없는 모습에 국민들이 실망하였다.

08 머리만 좋고 그에 어울리는 [　　　　]을/를 갖추지 못한 사람은 교만해지기 쉽다.
TIP 교만: 잘난 체하며 뽐내고 건방짐.

[09~11] 다음 문장에 알맞은 어휘를 고르시오.

09 농부는 쪼그리고 앉아 밭을 (매다 / 메다)가 한 번씩 일어나서 하늘을 보았다.

10 적군의 장수는 우리 군대를 전멸시키겠다고 (지조 / 허세)를 부리더니 살그머니 도망쳤다.
TIP 전멸: 모조리 죽거나 망하거나 하여 없어짐.

11 조선 시대 사대부들은 자신의 뜻을 굽히지 않는 굳은 (아첨 / 절개)을/를 상징하는 사군자를 많이 그렸다.

12 다음 중 밑줄 친 어휘와 바꿔 쓸 수 있는 어휘로 적절하지 않은 것은?

① 품앗이는 상부상조하는 정신에서 비롯된 것이다. → 공생
② 그는 벼슬아치들에게 빌붙어 온갖 아첨하는 말을 늘어놓기 시작했다. → 아부
③ 그 양반은 자신이 한 일을 자화자찬했지만 아무도 귀 기울이지 않았다. → 허장성세
④ 섬으로 유배를 간 선비는 좌절하지 않고 그 섬의 자연을 탐구하며 시간을 보냈다. → 귀양
⑤ 한 사건을 두고 그들은 서로 아전인수 격으로 자신들에게 유리하게 해석했다. → 견강부회

13 다음 중 빈칸에 들어갈 어휘로 가장 적절한 것은?

「춘향전」에서 이몽룡이 "암행어사 출두야!"를 외치며 자신의 정체를 밝히자 변 사또와 그의 측근들은 깜짝 놀라 (   )하여 줄행랑을 쳤다.
TIP 피하거나 쫓기어 달아남.

① 부정부패 ② 아전인수 ③ 자화자찬 ④ 허장성세 ⑤ 혼비백산

14 〈보기〉의 빈칸에 공통으로 들어갈 어휘로 가장 적절한 것은?

보기
- 「토끼전」은 토끼의 꾀에 속은 용왕을 통해 권력층을 (   )한 우화 소설이다.
- 「양반전」은 조선 후기 몰락한 양반의 모습을 통해 신분 제도를 (   )한 소설이다.

① 반어 ② 역설 ③ 직유 ④ 풍자 ⑤ 함축

15 〈보기〉의 빈칸에 들어갈 어휘를 순서대로 바르게 제시한 것은?

보기
임금은 암행어사를 시켜 백성들을 괴롭히고 재물을 탐하던 (   )들을 찾아내고 그들이 저지른 (   )을/를 낱낱이 알리게 했다. 한편 임금은 욕심 없이 깨끗하게 살아가며 (   )을/를 실천하는 벼슬아치들을 칭찬하고 그 뜻을 널리 알리기도 했다.

① 부정부패 – 탐관오리 – 청백리
② 청백리 – 탐관오리 – 부정부패
③ 탐관오리 – 청렴결백 – 청백리
④ 탐관오리 – 부정부패 – 청렴결백
⑤ 청렴결백 – 부정부패 – 탐관오리

수필과 관련한 어휘

- 어휘 책을 펼쳐 보아요.
- 아는 어휘에 ○ 표시해요. (　　/ 16)

수필	가치관	성찰	낙담하다
덧없다	돈독하다	망연자실	무궁무진
불현듯	사유	은연중	정신문화
지극하다	천방지축	철학	편성하다

- 어휘 퍼즐을 완성해요. (　　/ 10)
- 확인 문제로 복습해요. (　　/ 14)

주제 1 수필과 관련한 개념어

1회□ 2회□

수필

따르다 隨
붓 筆

일정한 형식을 따르지 않고 인생이나 자연 또는 일상생활에서의 느낌이나 체험을 생각나는 대로 쓴 산문 형식의 글. 글쓴이의 성품, 생각, 말투, 태도, 개성 등이 글에 직접 드러난다.

실전 **수필**은 글쓴이가 생활 주변에서 찾은 글감을 바탕으로 자신의 주관적 정서를 드러내는 글입니다. | 21 고1 9월

참고 수필의 종류

경수필	생활 주변에서 일어나는 사소한 일을 소재로 가볍게 쓴 수필.
중수필	주로 사회적 문제 등의 무거운 내용을 담고 있는 논리적이고 객관적인 수필.

1회□ 2회□

가치관

값 價
값 値
보다 觀

사람이 어떤 것의 가치에 대하여 가지는 태도나 판단의 기준.

실전 자신의 삶이 눈부시기보다 담담한 인생이기를 바란다는 것에서 글쓴이의 삶에 대한 **가치관**을 엿볼 수 있어요. | 21 고1 9월

참고 **인생관** 인생의 의의, 가치, 목적 등에 대한 관점이나 견해.

1회□ 2회□

성찰

살피다 省
살피다 察

자기의 마음을 반성하고 살핌.

실전 심리적 문제를 해결할 때는 자신이 어떤 상태인지 **성찰**하는 게 중요하다고 해. | 22 고1 3월 / 화자가 현실을 관조하며 스스로를 **성찰**하는 공간이다. | 22 고1 3월

유의 **반성** 자기 언행에 대하여 잘못이나 부족함이 없는지 돌이켜 봄.

1회 ☐ 2회 ☐

낙담하다

떨어지다 **落**
쓸개 **膽**

바라던 일이 뜻대로 되지 않아 마음이 몹시 상하다.

(실전) 옥단춘은 이혈룡이 자신의 당부를 듣지 않아 **낙담하였다.** | 21 고2 6월

(유의) 낙심하다 바라던 일이 이루어지지 아니하여 마음이 상하다.

1회 ☐ 2회 ☐

덧없다

1) 알지 못하는 가운데 지나가는 시간이 매우 빠르다.

(예문) **덧없는** 세월 앞에서는 부귀영화도 부질없다. / 아버지는 자신의 흰머리를 보며 세월이 **덧없다**고 하셨다.

2) 보람이나 쓸모가 없어 헛되고 허전하다.

(실전) 우리의 삶이란 **덧없는** 것이고, 우리가 만나는 대상들도 **덧없는** 것이다. 하지만 이 작품은 그 **덧없음**을 슬퍼하지 말고 순순히 받아들이며 삶을 즐길 것을 제안하고 있다. | 20 고1 9월

(유의) 무상하다 모든 것이 덧없다.

1회 ☐ 2회 ☐

돈독하다

도탑다 **敦**
도탑다 **篤**

도탑고 성실하다.

(실전) 글쓴이는 사업에 실패해서 낙향한 친구와 함께 시골에서 **돈독한** 우정을 나누었다. | 17 고1 6월

(유의) 도탑다 서로의 관계에 사랑이나 인정이 많고 깊다.

1회 ☐ 2회 ☐

망연자실

아득하다 **茫** 그러하다 **然**
스스로 **自** 잃다 **失**

멍하니 정신을 잃음.

(예문) 순식간에 상대팀에 역전 당한 친구들은 **망연자실** 넋이 나간 표정을 지었다. / 버스가 떠나는 모습을 **망연자실** 바라만 보고 있었다.

1회 ☐ 2회 ☐

무궁무진

없다 **無** 다하다 **窮**
없다 **無** 다하다 **盡**

끝이 없고 다함이 없음.

(예문) 민영이는 모둠 영상 만들기 회의에서 새로운 아이디어를 **무궁무진**으로 내놓았다. / 할머니가 들려주시는 **무궁무진**한 이야기 속에 빠져들곤 했다.

(유의) 무진장 다함이 없이 굉장히 많음.

1회 ☐ 2회 ☐

불현듯

불을 켜서 불이 일어나는 것과 같다는 뜻으로, 갑자기 어떠한 생각이 걷잡을 수 없이 일어나는 모양.

(예문) **불현듯** 옛 기억이 떠오른다. / 나는 **불현듯** 불안한 예감이 들었다.

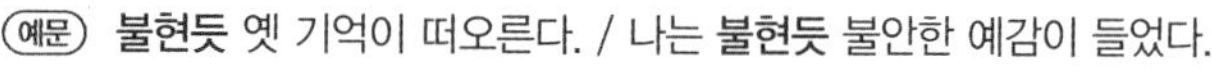

(유의) 느닷없이 나타나는 모양이 아주 뜻밖이고 갑작스럽게.
돌연 예기치 못한 사이에 급히.

1회 ☐ 2회 ☐

사유

생각 **思**
생각하다 **惟**

대상을 두루 생각하는 일.

(실전) 성장 소설은 대개 성인의 입장에서 자신의 어린 시절의 체험을 재평가하고, 반성적으로 **사유**한 결과물을 고백의 담론 방식을 택하고 있다. | 20 고1 6월

(유의) 사고 생각하고 궁리함.

1회 □
2회 □

은연중

숨다 隱
그러하다 然
가운데 中

남이 모르는 가운데.

예문 나는 그가 **은연중**에 긴장하고 있는 것을 이제야 깨달았다. / 이미 지역 사회에 감염자들이 **은연중** 퍼져 있을 가능성도 있다.

유의 **암암리** 남이 모르는 사이.

1회 □
2회 □

정신문화

정하다 精 귀신 神
글월 文 되다 化

학술, 사상, 종교, 예술, 도덕 등 인간의 정신적 활동으로 이룬 문화.

예문 우리는 민족의 **정신문화**를 계승해야 한다. / 인간의 지극한 **정신문화**가 담긴 책을 읽는 것은 즐거운 일이다.

반의 **물질문화** 기계, 도구, 건조물, 교통 통신 수단 등 인간이 자연환경에 적응하며 생활해 나가기 위하여 물질을 바탕으로 이루어 놓은 문화.

1회 □
2회 □

지극하다

이르다 至
지극하다 極

더할 수 없이 극진하다.

실전 정성이 **지극하여** 꿈에 임을 보니 / 옥 같던 얼굴이 반이 넘게 늙었어라 | 22 고1 6월

참고 **간절하다** 1) 정성이나 마음 씀씀이가 더없이 정성스럽고 지극하다.
2) 무엇을 바라는 마음이 아주 강하다.

1회 □
2회 □

천방지축

하늘 天 모 方
땅 地 굴대 軸

1) 못난 사람이 종잡을 수 없이 덤벙이는 일. 또는 그러한 모양.

예문 **천방지축**인 동생을 보살피느라 정신이 하나도 없다. / 지원이는 아직 모든 게 서툴다 보니 **천방지축**으로 사고를 내는 일이 많다.

2) 너무 급하여 허둥지둥 함부로 날뜀. 또는 그러한 모양.

예문 그는 **천방지축**으로 비탈길을 내려갔다. / **천방지축**으로 도망가다가 그만 미끄러지고 말았다.

1회 □
2회 □

철학

밝다 哲
배우다 學

1) 인간과 세계에 대한 근본 원리와 삶의 본질 등을 연구하는 학문.

실전 '전통 **철학**'에서는 인간이 선천적인 원리에 의해 미리 규정된 '특성'과 '본질'을 갖는다고 보았다. | 21 고1 9월

2) 자신의 경험에서 얻은 인생관, 세계관, 신조 등을 이르는 말.

예문 매사에 최선을 다해야 한다는 것이 바로 나의 **철학**이다. / 그는 회사를 운영하며 자신만의 **철학**을 가지게 되었다.

참고 **사상** 지역, 사회, 인생 등에 관한 일정한 인식이나 견해.

1회 □
2회 □

편성하다

엮다 編
이루다 成

1) 엮어 모아서 책·신문·영화 등을 만들다.

예문 방송국에서는 추석을 맞아 특집 프로를 **편성하였다**. / 작가는 그동안 쓴 일기를 하나의 책으로 **편성했다**.

2) 예산·조직·대오 등을 짜서 이루다.

예문 학급을 **편성하기** 위한 시험을 보았다. / 올해 쓴 예산을 바탕으로 내년 예산을 **편성했다**.

어휘 확인하기 05일

01 다음 뜻에 알맞은 어휘를 찾아 가로, 세로, 대각선으로 표시하시오.

정	한	문	성	글	화	가	치	관
수	연	대	체	찰	제	유	창	낙
필	표	단	성	여	닥	덧	보	담
재	공	은	연	중	남	곰	없	하
환	지	룡	망	연	자	실	송	다
리	극	하	기	영	듬	천	축	상
고	하	아	편	성	하	다	방	의
단	다	인	중	견	정	신	문	화

(1) 남이 모르는 가운데.

(2) 멍하니 정신을 잃음.

(3) 더할 수 없이 극진하다.

(4) 자기의 마음을 반성하고 살핌.

(5) 보람이나 쓸모가 없어 헛되고 허전하다.

(6) 엮어 모아서 책 · 신문 · 영화 등을 만들다.

(7) 바라던 일이 뜻대로 되지 않아 마음이 몹시 상하다.

(8) 사람이 어떤 것의 가치에 대하여 가지는 태도나 판단의 기준.

(9) 학술, 사상, 종교, 예술, 도덕 등 인간의 정신적 활동으로 이룬 문화.

(10) 일정한 형식을 따르지 않고 인생이나 자연 또는 일상생활에서의 느낌이나 체험을 생각나는 대로 쓴 산문 형식의 글.

어휘 확인하기 05일

[02~05] 다음 빈칸에 들어갈 어휘를 〈보기〉에서 골라 알맞게 활용하여 쓰시오.

보기

덧없다　　낙담하다　　돈독하다　　지극하다

02 휴가가 취소되자 매우 (　　　　) 동생은 울상이 되었다.

03 그렇게 효성이 (　　　　) 부부는 세상에 또 없을 것이다.

04 우리는 그동안 희로애락을 함께하며 우정이 더욱 (　　　　).

TIP 기쁨과 노여움과 슬픔과 즐거움.

05 그녀는 살아온 날들이 한순간의 꿈처럼 (　　　　) 느껴졌다.

[06~08] 제시된 초성과 뜻을 참고하여 빈칸에 들어갈 알맞은 어휘를 쓰시오.

06 **ㅁㄱㅁㅈ**: 끝이 없고 다함이 없음.

→ 너는 재주가 (　　　　)하게 많으니 무엇이든 될 수 있다.

07 **ㅂㅎㄷ**: 불을 켜서 불이 일어나는 것과 같다는 뜻으로, 갑자기 어떠한 생각이 걷잡을 수 없이 일어나는 모양.

→ 밤이 늦었는데도 그가 돌아오지 않자, 나는 (　　　　) 좋지 않은 예감이 들었다.

08 **ㅊㅂㅈㅊ**: 못난 사람이 종잡을 수 없이 덤벙이는 일. 또는 그런 모양.

→ 어릴 때는 (　　　　)이더니 이제 다 자라서 제법 의젓하게 일도 하고 참 대견하구나.

[09~10] 다음 중 밑줄 친 어휘의 뜻으로 알맞은 것을 고르시오.

09 책을 읽고 그 내용을 이해하는 과정에서 <u>사유</u>의 폭이 확장된다.

→ 대상을 두루 (생각 / 소유)하는 일.

10 사람은 누구나 자신만의 체험과 사색을 통하여 저마다의 <u>철학</u>을 가지고 살아간다.

→ 자신의 경험에서 얻은 (쉽게 바뀌는 생각 / 인생관, 세계관, 신조) 등을 이르는 말.

11 〈보기〉의 빈칸에 공통으로 들어갈 어휘로 가장 적절한 것은?

보기

- 「심청전」에는 효를 중시하는 주인공의 (   )이 드러난다.
- 같은 글이라도 독자의 (   )에 따라 주제가 다르게 전달될 수 있다.
- 이 소설은 주인공이 현실에 용기 있게 맞서는 데서 윤리적 (   )과 비범함이 드러나며 더욱 흥미진진해진다.

① 가치관 ② 경제관 ③ 내세관 ④ 문학관 ⑤ 종교관

12 다음 중 밑줄 친 어휘와 바꿔 쓰기에 가장 적절한 것은?

이 수필은 무언가 얻고자 한다면 그만한 대가가 필요하다는 뜻을 <u>은연중</u>에 전달하고 있다.

① 대거리 ② 망중한 ③ 부재중 ④ 암암리 ⑤ 시나브로

13 다음 중 밑줄 친 어휘와 바꿔 쓰기에 적절하지 <u>않은</u> 것은?

정류장에서 버스를 기다리던 중, 혹시 가스 밸브를 잠그지 않은 것은 아닌가 하는 불안이 <u>불현듯</u> 몰려와 다시 집으로 돌아오고 말았다.

① 돌연 ② 갑자기 ③ 느닷없이 ④ 예상되듯 ⑤ 걷잡을 수 없이

14 다음 밑줄 친 어휘의 쓰임이 문맥에 적절하지 <u>않은</u> 것은?

누구나 ①<u>덧없는</u> 일들과 실패를 경험하고 ②<u>낙담하지만</u>, 주변 사람들의 위로로 힘을 얻는 경우가 많다. ③<u>천방지축인</u> 나를 이해해 주는 ④<u>돈독한</u> 친구들의 위로에 힘입어 내일부터는 씩씩하게 밖에 나가 ⑤<u>망연자실하며</u> 알차게 시간을 보내리라 결심했다.

06일 1주차 종합 문제 01일~05일

01 〈보기〉의 뜻을 참고하여, 다음 표현과 관련 있는 어휘를 고르시오.

보기

반어 말하고자 하는 바를 반대로 표현하는 것.

역설 겉으로 드러나는 의미를 살펴보면 그 뜻이 모순되거나 논리에 맞지 않지만, 그 속에 중요한 진리를 담고 있는 표현.

풍자 개인 또는 사회의 부정적 현상이나 모순, 어리석음 등을 과장하거나 왜곡하거나 비꼬아 우스꽝스럽게 표현함으로써 간접적으로 비판하는 방식.

(1) 나는 아직 기다리고 있을 테요 찬란한 슬픔의 봄을. (반어 / 역설)

(2) 나 보기가 역겨워 가실 때에는 죽어도 아니 눈물 흘리오리다. (반어 / 풍자)

[02~03] 다음 밑줄 친 부분의 상황에 어울리는 한자 성어로 적절한 것은?

02

조선 시대의 '향약'은 마을 단위의 자치 규약이다. 이 규약에는 마을 주민들이 어려울 때 서로 돕고 의지하며 함께 살아가자고 한 약속을 담아 두었다. 나라의 개입 없이 주민들 스스로가 공동체적 삶을 꾸리기 위해 서로 돕는 정신을 담은 규약이라고 볼 수 있다.

① 견강부회 ② 무궁무진 ③ 부정부패
④ 상부상조 ⑤ 수어지교

03

'비대면 진료'에 대한 논의는 많은데, 각자 다른 주제에 대해 하고 싶은 얘기만 한다는 생각이 든다. 서로가 생각하는 '비대면'과 '진료'의 정의가 다르다. 한쪽에서는 의사와 환자 간의 정보 교류를 비대면 진료라고 하고, 다른 쪽에서는 처방약을 배달하는 것만을 비대면 진료 범주에 넣는다. 이렇듯 서로 생각하고 있는 비대면 진료의 정의가 다르고, 각자에게 유리한 방향으로만 해석하고 있기 때문에 상호 간에 합의가 되지 못하고 있다.

① 관포지교 ② 막역지간 ③ 아전인수
④ 청렴결백 ⑤ 혼비백산

04 다음을 참고할 때 비유 의 표현 방법이 사용되지 않은 것은?

비유 는 표현하고자 하는 대상을 이미 알고 있는 다른 현상이나 사물의 모습에 빗대어 표현하는 방법이다. 비유에는 '-처럼', '-같이' 등의 연결어를 사용하여 표현하고자 하는 대상과 빗대는 대상을 직접 연관 지어 표현하는 방법인 '직유', 표현하고자 하는 대상과 빗대는 대상을 연결어로 직접 연결하지 않고 'A는 B이다.'의 형식으로 마치 두 대상이 동일한 것처럼 나타내거나 암시적으로 연결하는 방법인 '은유', 또한 사람이 아닌 것을 사람처럼 표현하는 방법인 '의인' 등이 있다.

① 가르마 같은 논길
② 내 마음은 호수요
③ 호박 같은 내 얼굴
④ 나는 나룻배, 당신은 행인
⑤ 먼 훗날 당신이 찾으시면 그때에 내 말이 '잊었노라.'

05 다음 빈칸에 들어갈 어휘로 가장 적절한 것은?

할머니께서는 평생 동안 자식들에게 (   ) 정성을 쏟으셨다. 삼시 세끼 모두 새 밥을 지어서 상을 차리시는 것은 기본이고, 속옷까지 말끔히 다림질하여 입히셨다고 한다.

① 무성한 ② 부산한 ③ 분분한 ④ 의연한 ⑤ 지극한

06 〈보기〉의 빈칸에 공통으로 들어갈 어휘로 가장 적절한 것은?

보기

- 어느새 어머니의 두 눈엔 눈물이 (   ) 있었다.
- 승낙을 받은 그의 얼굴에는 미소가 (   ) 있었다.
- 방 안에는 촛불의 희미한 빛이 (   ) 있어서 아늑한 분위기가 느껴졌다.

① 매고 ② 모질고 ③ 어리고
④ 퉁기고 ⑤ 무성하고

1주차 종합 문제 01일~05일

07 다음 글의 ㉠~㉤에 들어갈 어휘로 적절하지 않은 것은?

> 삼촌은 무슨 일에서든 (㉠)이/가 좀 심한 편이었다. (㉡) 같은 버섯을 캐고는 괴상하게 생긴 버섯이 귀한 거라며 으스대시지를 않나, 나이를 생각하지도 않고 아이들과 (㉢) 놀다가 아이들의 부모님에게 항의를 당하지 않나. 더욱이 누가 (㉣)에라도 자신에게 쓴소리를 하면 대번 (㉤)에 휩싸여 화를 내시고는 한다.

① ㉠: 허풍　　② ㉡: 흉물　　③ ㉢: 천방지축
④ ㉣: 은연중　　⑤ ㉤: 덕성

[08~09] 다음 문장의 밑줄 친 어휘와 같은 뜻으로 쓰인 것을 찾아 ○표 하시오.

08

> 열매가 너무 잘아서 제값을 받기는 글렀다.

(1) 사람이 그렇게 잘아서야 큰일을 맡기는 어렵겠다. (　　)
(2) 글씨가 깨알처럼 잘게 써 있는 쪽지를 읽으려니 눈이 아팠다. (　　)

09

> 그녀는 위생에 대한 관념이 매우 철저한 편이다.

(1) 남녀의 역할에 대한 잘못된 관념을 고쳐야 한다. (　　)
(2) 그는 관념에만 사로잡혀서 현실을 제대로 보지 못하고 있다. (　　)

10 다음 중 밑줄 친 어휘의 쓰임이 적절한 것은?

① 그는 칠칠하게도 옷에 음료를 쏟았다.
② 봄이 되니 거리에 꽃 향기가 진동한다.
③ 아이를 계속 들볶으니 아이가 활짝 웃었다.
④ 양쪽의 의견이 모두 맞다고 하는 짝꿍은 절개가 있다.
⑤ 그는 1분 1초를 열심히 살며 덧없이 보내야겠다고 생각했다.

11 다음 중 밑줄 친 어휘의 쓰임이 적절하지 않은 것은?

① 이 일이 얼마나 복잡하고 고된 작업인지 헤아려 주었으면 하는 바람이다.
② 창밖을 멍한 눈빛으로 내다보는 환자는 아무 생각 없이 골똘하게 쉬고 있는 것 같았다.
③ 더할 나위 없이 가난한 형편이었지만 아내는 불평 없이 묵묵히 살림을 꾸려 나가고 있었다.
④ 그는 아무리 가라앉히려 해도 자꾸만 치밀어 오르는 격정 때문에 차분히 말할 수가 없었다.
⑤ 임금님의 총애를 한몸에 받아 권력을 그러쥐고 있던 그는 천하를 마음대로 할 수 있을 것처럼 굴었다.

12 다음 중 **굳건하게** : **의연하게** 와 같은 의미 관계로 짝지어지지 않은 것은?

'구름 가고 구름 오되, 산은 다투지 않음이라.'라는 구절은 상황에 따라 변하는 대상인 '구름'과 **굳건하게** 변하지 않는 대상인 '산'을 대조하여 세상 인정의 변덕스러움 속에서도 '산'과 같이 **의연하게** 살아가야 한다는 의미를 전하고 있다.

① 동년 : 유년　② 윗목 : 아랫목　③ 들볶다 : 물어뜯다
④ 꾸짖다 : 나무라다　⑤ 부산하다 : 분주하다

13 다음 중 **전날** : **후일** 과 같은 의미 관계로 짝지어진 것은?

아침에 눈을 뜨자마자 **전날** 녀석과 신나게 놀았던 일을 떠올린 나는, 아침밥은 먹는 둥 마는 둥 하고 눈곱만 뗀 채 녀석의 집을 찾아갔다. 녀석은 어디 갔는지 없고 녀석의 아버지만 소에게 먹이를 주고 계셨다. 내 소개를 하고 녀석의 행방을 묻자, 녀석은 벌써 소에게 줄 풀을 베러 나갔다는 것이 아닌가! 나 역시 미루었던 집안일이 떠올라 마음속으로 **후일** 을 기약하고 돌아올 수밖에 없었다.

① 과장 : 허풍　② 기개 : 절개　③ 내포 : 함축
④ 냉기 : 한기　⑤ 잘다 : 굵다

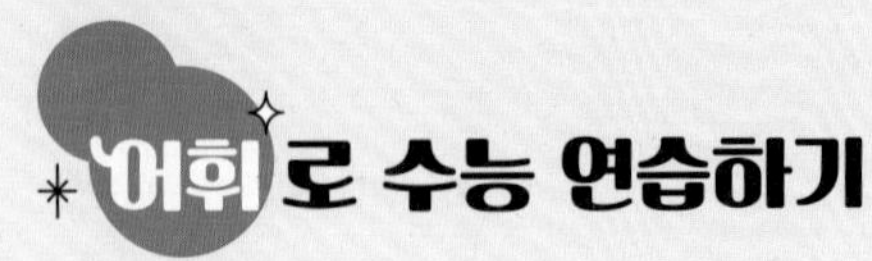

[14~15] 다음 글을 읽고, 물음에 답하시오. | 10 고1 9월

▶ 어휘 체크 ☐ 그리다 ☐ 뫼 ☐ 항구 ☐ 메마른 ☐ 쓰디쓰다

고향에 고향에 돌아와도 / 그리던 고향은 아니러뇨.

산꿩이 알을 품고 / 뻐꾸기 ㉠제철에 울건만,

마음은 제 고향 지니지 않고 / 머언 항구로 ⓐ떠도는 구름.

오늘도 ⓑ뫼 끝에 홀로 오르니 / 흰 점 꽃이 ⓒ인정스레 웃고,

어린 시절에 불던 풀피리 소리 아니 나고 / ⓓ메마른 입술에 ⓔ쓰디쓰다.

고향에 고향에 돌아와도 / 그리던 하늘만이 높푸르구나.

– 정지용, 「고향」

14 다음 중 밑줄 친 어휘의 의미가 ㉠과 다른 것은?

① 건강에는 제철 음식이 좋다.
② 제철을 만난 메뚜기가 논을 점령했다.
③ 제철에 비가 오지 않으면 그해 농사는 망치게 된다.
④ 철광석을 제철하여 선철을 뽑아내는 일은 쉽지 않다.
⑤ 제철을 모르고서는 제대로 된 농사를 짓기 어렵다고 보아야 한다.

15 문맥상 ⓐ~ⓔ를 바꿔 쓴 것으로 가장 적절한 것은?

① ⓐ: 부유하는 ② ⓑ: 지붕 ③ ⓒ: 냉정하게
④ ⓓ: 빠진 ⑤ ⓔ: 달디달다

빈칸에 공통으로 들어갈 어휘는 무엇일까요? 마음을 표현하는 관용 표현들을 알아보세요.

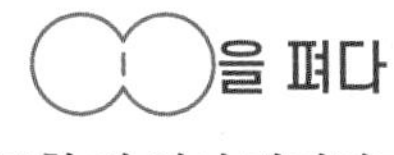

굽힐 것 없이 당당하다.

마음을 들뜨게 하거나 설레게 한다.

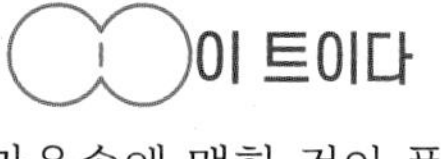

마음속에 맺힌 것이 풀리어 환해지다.

몹시 가엾거나 측은하여 마음이 알알하게 찌르는 것처럼 아프다.

슬픔이나 걱정으로 마음이 아리다.

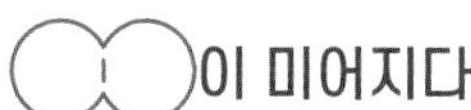

마음이 슬픔이나 고통으로 가득 차 견디기 힘들게 되다.

답 가슴

2주차

일차	학습 내용	학습 확인
07일	현대 소설과 관련한 어휘 ❶ 주제 1 서술자와 관련한 개념어 주제 2 인물의 반응, 성격과 관련한 어휘	
08일	현대 소설과 관련한 어휘 ❷ 주제 1 사건과 관련한 개념어 주제 2 모습이나 정도를 표현하는 어휘	
09일	현대 소설과 관련한 어휘 ❸ 주제 1 태도와 관련한 개념어 주제 2 소설 속 사물, 배경과 관련한 어휘	
10일	고전 소설과 관련한 어휘 주제 1 고전 소설과 관련한 개념어 주제 2 고전 소설에 자주 나오는 어휘	
11일	극, 시나리오와 관련한 어휘 주제 1 극, 시나리오와 관련한 개념어 주제 2 갈등 상황과 관련한 어휘	
12일	2주차 종합 문제	

현대 소설과 관련한 어휘 ❶

◗ 어휘 책을 펼쳐 보아요.

◗ 아는 어휘에 ○표 해요. (　　/ 17)

서술자　시점　인칭　겸연쩍다　고깝다
느물거리다　대거리　멋쩍다　생색
성마르다　손이 맞다　쌩이질　알은체
앙갚음　잔망스럽다　쭈뼛거리다　황공하다

◗ 십자말풀이를 완성해요. (　　/ 10)

◗ 확인 문제로 복습해요. (　　/ 14)

주제 1 서술자와 관련한 개념어

1회 □
2회 □

서술자

주다 敍
짓다 述
사람 者

소설 속에서 작가를 대신하여 이야기를 전달해 주는 존재. 서술자는 작가가 만들어 낸 존재로, 책 속 등장인물일 수도 있고 아닐 수도 있다.

실전 이야기의 외부의 **서술자**가 특정 인물의 관점에서 사건을 해석하고 있다. | 21 고1 3월
서술자가 특정 인물의 관점에서 사건과 인물의 심리를 전달하고 있다. | 22 고1 3월

참고 **화자** 시 속에서 이야기하는 사람. '시적 화자'라고도 한다.
청자 시 속에서 화자의 이야기를 듣는 사람. '시적 청자'라고도 한다.

1회 □
2회 □

시점

보다 視
점 點

소설에서 이야기를 서술하여 나가는 방식이나 관점.

실전 **시점**의 이동을 통해 인물 간의 관계를 입체적으로 조명하고 있다. | 15 고2 11월
서술의 **시점**을 달리하여 사건의 의미를 다각적으로 조명하고 있다. | 18 고2 6월

참고 **시점(時點)** 시간의 흐름 가운데 어느 한 순간.

1회 □
2회 □

인칭

사람 人
일컫다 稱

어떤 동작의 주체가 말하는 이, 듣는 이, 제삼자 중 누구인가를 구별하는 말. 문학 작품 속 인물이 '나'로 등장하여 이야기를 서술하면 일인칭 서술자, 작품 밖의 존재가 이야기를 서술하면 삼인칭 서술자라고 한다.

실전 일**인칭** 화자를 직접 노출시켜 주제 의식을 나타내고 있다. | 16 고1 3월

참고 **일인칭** '나', '우리' 등과 같이 말하는 사람이 자신이나 자신이 포함된 무리를 가리키는 말.
삼인칭 이야기를 하는 사람과 듣는 사람을 제외한 다른 사람이나 물건을 가리키는 말.

1회 ☐ 2회 ☐

겸연쩍다

찐덥지 않다 慊
그러하다 然

쑥스럽거나 미안하여 어색하다.

(실전) 노마는 **겸연쩍은** 듯, 그러나 일변 반갑기도 한 듯 싱글싱글 웃으면서, "이렇게 됐습니다, 나리. 많이 점 가르켜 줍쇼, 나리." | 19 고1 11월

1회 ☐ 2회 ☐

고깝다

섭섭하고 야속하여 마음이 언짢다.

(예문) 안타까워서 하는 말이니 **고깝게** 듣지 말기를 바란다. / 이장은 쓴소리를 하는 마을 사람에게 **고까운** 생각이 들었다.

1회 ☐ 2회 ☐

느물거리다

말이나 행동을 자꾸 능글맞게 하다.

(예문) 오랜 경력을 가진 그는 긴장하지 않고 **느물거리는** 태도로 일을 처리해 나갔다. / 그가 낯선 사람들 앞에서도 **느물거리며** 여유롭게 행동하는 것을 보니 안심이 되었다.

(참고) **능글맞다** 태도가 음흉하고 능청스러운 데가 있다.

1회 ☐ 2회 ☐

대거리

대답하다 對

1) 상대편에게 맞서서 대듦. 또는 그런 말이나 행동.

(예문) 배신감을 느낀 그는 한바탕 **대거리**를 벌이며 소리를 질러 댔다. / 욕을 그렇게 먹으면서도 **대거리** 한 마디를 못하다니 분할 따름이다.

2) 서로 상대의 행동이나 말에 응하여 행동이나 말을 주고받음.

(예문) 시골 버스 기사와 할머니는 시내버스 안에서 종종 유쾌한 **대거리**를 이어 갔다. / 그의 진지한 표정으로 보아 그의 말은 실없이 건네는 **대거리**로 들리지 않았다.

1회 ☐ 2회 ☐

멋쩍다

1) 하는 짓이나 모양이 격에 어울리지 않다.

(예문) 동생 친구들과 어울려 노는 것은 **멋쩍은** 행동이다. / 비싼 양복을 차려입고 구걸을 하는 모습이 **멋쩍기** 그지없었다.

2) 어색하고 쑥스럽다.

(예문) 그는 우리를 다시 보기가 **멋쩍은지** 고개를 돌렸다. / 혼자 밥 먹기가 **멋쩍어서** 식당 주변을 배회했다.

1회 ☐ 2회 ☐

생색

나다 生
빛 色

다른 사람 앞에 당당히 나설 수 있거나 자랑할 수 있는 체면.

(예문) 동생은 처음으로 생일 선물을 챙겨 주고 실컷 **생색**을 냈다. / 그는 자신이 생각해 낸 일인 양 요란하게 **생색**을 냈다.

(유의) **공치사** 남을 위하여 수고한 것을 생색내며 스스로 자랑함.

(참고) **생색내다** 다른 사람 앞에 당당히 나서거나 지나치게 자랑하다.

1회 ☐ 2회 ☐

성마르다

성품 性

참을성이 없고 성질이 조급하다.

(예문) 그의 **성마른** 성격이 실수의 여지를 만들었다. / 봄을 기다리는 마음에 **성마르게** 피어난 꽃이 추위에 떨고 있다.

(유의) **조급하다** 참을성이 없이 몹시 급하다.

1회 ☐ 2회 ☐

손이 맞다

함께 일할 때 생각·방법 등이 서로 잘 어울리다.

예문 그와 나는 **손이 맞아서** 무슨 일이든 금방 해낼 수 있다. / 그 사람이 아무리 적극적이어도 **손이 맞아야** 함께 일을 하지.

참고 **손발을 맞추다** 함께 일을 하는 데에 마음이나 의견, 행동 방식 등을 서로 맞게 하다.

1회 ☐ 2회 ☐

쌩이질

한창 바쁠 때에 쓸데없는 일로 남을 귀찮게 구는 짓.

예문 혼자 일하니 **쌩이질**하는 사람이 없어 편하다. / 자기 할 일은 미뤄 두고 공연히 청소부에게 **쌩이질**이나 하고 있으니 한심할 따름이다.

1회 ☐ 2회 ☐

알은체

1) 어떤 일에 관심을 가지는 듯한 태도를 보임.

예문 남의 일에 **알은체**를 하는 그가 얄미웠다. / 그는 일마다 **알은체**를 하고 사사건건 큰소리를 치는 버릇이 있다.

2) 사람을 보고 인사하는 표정을 지음.

예문 두 사람은 서로 **알은체**도 하지 않는다. / 그는 나를 발견하고는 **알은체**를 하며 뛰어왔다.

1회 ☐ 2회 ☐

앙갚음

남이 저에게 해를 준 대로 저도 그에게 해를 줌.

예문 경찰은 신고자에게 **앙갚음**하는 범죄가 일어나지 않도록 적절한 조치를 취해야 한다.

실전 '점순'은 씨암탉을 괴롭혀 '나'에게 **앙갚음**을 하고 있다. | **17시행 고입 선발**

유의 **복수** 원수를 갚음.
보복 남이 저에게 해를 준 대로 저도 그에게 해를 줌.

1회 ☐ 2회 ☐

잔망스럽다

잔약하다 孱
허망하다 妄

얄밉도록 맹랑한 데가 있다.

예문 그 꼬마는 아이답지 않게 **잔망스러웠다.** / 녀석은 **잔망스러운** 면이 있어서 쉽게 기죽지 않았다.

참고 **맹랑하다** 하는 짓이 만만히 볼 수 없을 만큼 똘똘하고 깜찍하다.

1회 ☐ 2회 ☐

쭈뼛거리다

어줍거나 부끄러워서 자꾸 머뭇거리거나 주저주저하다.

예문 교실에 들어온 전학생은 **쭈뼛거리며** 인사를 했다. / 그는 사진을 찍자는 말에 **쭈뼛거리며** 포즈를 취했다.

유의 **주저거리다** 자꾸 머뭇거리며 망설이다.

1회 ☐ 2회 ☐

황공하다

두려워하다 惶
두렵다 恐

위엄이나 지위 등에 눌리어 두렵다.

예문 그는 **황공한** 듯 얼른 허리를 숙이며 방을 빠져나갔다.

실전 **황공하오나** 근본을 묻자오니 실상을 아뢰나이다. | **18 고1 11월**

참고 **황송하다** 분에 넘쳐 고맙고도 송구하다.

2 주차

01 다음 뜻풀이를 보고 십자말풀이를 완성하시오.

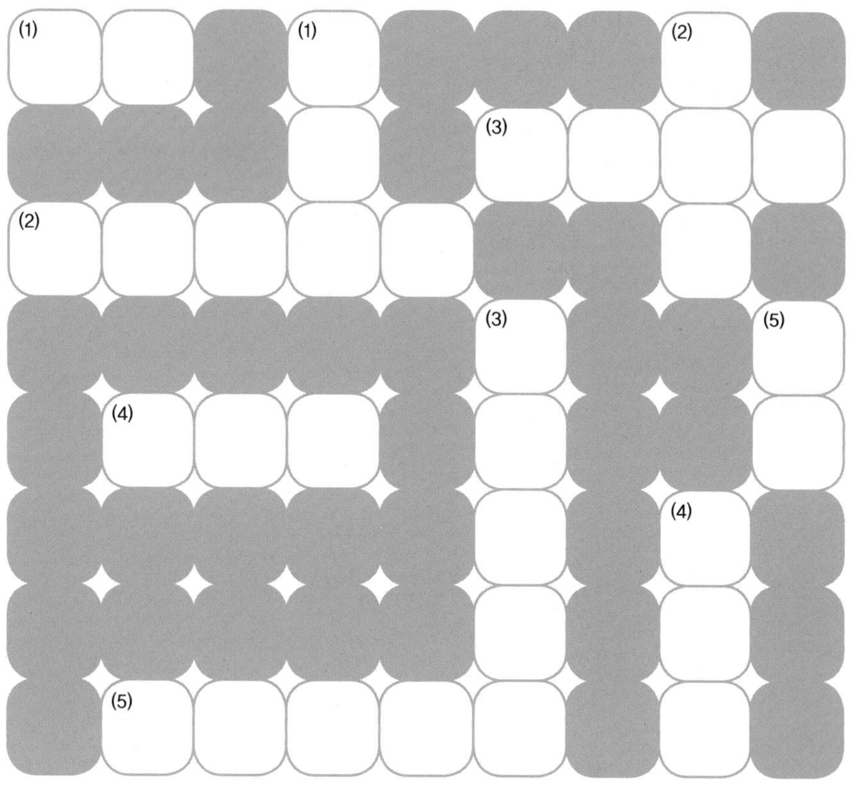

가로

(1) 소설에서 이야기를 서술하여 나가는 방식이나 관점.

(2) 말이나 행동을 자꾸 능글맞게 하다.

(3) 쑥스럽거나 미안하여 어색하다.

(4) 소설 속에서 작가를 대신하여 이야기를 전달해 주는 존재.

(5) 어줍거나 부끄러워서 자꾸 머뭇거리거나 주저주저하다.

세로

(1) 상대편에게 맞서서 대듦. 또는 그런 말이나 행동.

(2) 하는 짓이나 모양이 격에 어울리지 않다.

(3) 얄밉도록 맹랑한 데가 있다.

(4) 한창 바쁠 때에 쓸데없는 일로 남을 귀찮게 구는 짓.

(5) 다른 사람 앞에 당당히 나설 수 있거나 자랑할 수 있는 체면.

어휘 확인하기 07일

[02~05] 다음 빈칸에 들어갈 어휘를 〈보기〉에서 골라 알맞게 활용하여 쓰시오.

보기

고깝다　　성마르다　　느물거리다　　잔망스럽다

02 점원은 내가 싫은 내색을 하는데도 (　　　) 수작을 걸었다.

03 나이 많은 내가 어린 너에게 반말을 한다고 (　　　) 여기지는 마라.

04 그가 (　　　) 성격에 못 이겨 재촉하자 그녀는 모든 것을 사실대로 말하고 말았다.

05 아이가 어찌나 (　　　) 짓을 하는지 보고 있자니 깜찍하기도 하고 얄밉기도 하더라.

TIP 생각보다 태도나 행동이 영악하다.

[06~08] 제시된 초성과 뜻을 참고하여 빈칸에 들어갈 알맞은 어휘를 쓰시오.

06 ㅅㅅ: 다른 사람 앞에 당당히 나설 수 있거나 자랑할 수 있는 체면.

→ 도움을 받은 사람이 고마워하지를 않으니 아무 (　　　　)도 안 나는 헛수고가 아닌가 싶어 맥이 빠졌다.

TIP 기운이나 힘.

07 ㅇㄱㅇ: 남이 저에게 해를 준 대로 저도 그에게 해를 줌.

→ 예전에 그가 나를 무시했던 일을 잊지 않고 있다가 이번에 (　　　　)을/를 해 주었다.

08 ㅆㅇㅈ: 한창 바쁠 때에 쓸데없는 일로 남을 귀찮게 구는 짓.

→ 예선에서 탈락한 그는 공연히 다른 선수들에게 (　　　　)을/를 하며 훼방을 놓고 다녔다.

[09~11] 다음 문장에 알맞은 어휘를 고르시오.

09 그녀와 나는 (손이 맞아 / 머리가 맞아)이/가 맞아 함께 일하기 편하다.

10 소설 속 (청자 / 서술자)는 과거를 회상하는 방식으로 이야기를 전달하고 있다.

11 소설 속에 '나'로 등장하여 이야기를 전달하는 서술자를 일(시점 / 인칭) 서술자라고 한다.

12 다음 중 밑줄 친 어휘의 쓰임이 적절하지 않은 것은?

① 격식에 맞게 차려입은 그는 당당하고 멋쩍게 웃었다.
② 그는 좀 쑥스러웠는지 겸연쩍게 입을 벌리며 웃고 있었다.
③ 임금님께서 이렇게 누추한 곳까지 행차하시니 황공하기 그지없습니다.
④ 이 소설의 서술자는 전통적인 여인의 시각에서 이야기를 전달하고 있다.
⑤ 그가 언성을 높이자 이번에는 지지 않고 대거리를 한 번 하고야 말리라 결심했다.

13 다음 중 밑줄 친 어휘의 뜻이 다른 하나는?

① 이 시점에서 우리가 주목해야 할 것은 사건의 결과보다는 원인이다.
② 우리들은 지금 겨레의 앞길을 올바로 내다보아야 할 시점에 서 있다.
③ 사건 당시가 아니라 성인이 된 현재의 시점에서 생각해 보는 것이 좋다.
④ 전지적 작가 시점에서 서술자가 사건의 전후 맥락을 요약하여 제시하고 있다.
⑤ 위험한 시점에 이를 때까지 기다렸다가 도움의 손길을 내미는 것은 비겁한 일이다.

14 다음 중 밑줄 친 어휘의 뜻으로 알맞은 것을 고르시오.

버스에서 내려 걸어가는데 갑자기 소나기가 쏟아져 어느 상가 입구에서 비를 피하고 있었다. 그때 우산을 들고 걸어가던 한 아이가 멀리서 나를 보고 고개를 꾸벅이며 알은체를 하기에 자세히 보니 옆집 중학생이었다. 우산이 없던 차에 우산을 가진 사람을 만나니 반갑기는 했지만, 아이가 가지고 있는 우산은 함께 쓰기에는 너무 작았다. 나는 아이에게 어서 먼저 가라는 손짓을 하고는, 그곳에 그냥 서 있기 민망하여 마치 볼일이라도 생각난 듯 급히 상가 안으로 걸어 들어갔다.

(1) 사람을 보고 인사하는 표정을 지음. (　　　)
(2) 어떤 일에 관심을 가지는 듯한 태도를 보임. (　　　)

현대 소설과 관련한 어휘 ❷

◗ 어휘 책을 펼쳐 보아요.

◗ 아는 어휘에 ○표 해요. (/ 17)

사건	재구성	모티프	곱절	교묘하다
남루하다	누추하다	비단	뻐드러지다	
생경하다	서슬	속절없이	실팍하다	
포효하다	하릴없이	홉뜨다	흉흉하다	

◗ 어휘 퍼즐을 완성해요. (/ 10)

◗ 확인 문제로 복습해요. (/ 16)

주제 1 사건과 관련한 개념어

1회 ▢ 2회 ▢

사건

일 事
사건 件

소설 구성의 3요소 중 하나로, 작품 속에서 인물들이 겪거나 벌이는 일.

(실전) 빈번하게 장면을 전환하여 **사건** 전개의 긴박감을 드러내고 있다. | 22 고1 3월

1회 ▢ 2회 ▢

재구성

다시 再
얽다 構
이루다 成

한 번 구성하였던 것을 다시 새롭게 구성함.

(실전) 여러 개의 이야기를 나열하여 다양한 관점에서 사건을 **재구성**하고 있다. | 18 고1 6월

(참고) 구성 구체적인 문학 작품으로 나타내기 위해 여러 부분들이 서로 밀접하게 관련을 맺도록 배열하는 일.
패러디 특정 작품의 소재나 작가의 문체를 흉내 내어 익살스럽게 표현하는 서술 방식.

1회 ▢ 2회 ▢

모티프

motif

예술 작품을 표현하는 동기가 된 작가의 중심 사상·주제·소재를 이르는 말.

(실전) 서사적 **모티프**란 전체 이야기를 구성하는 작은 이야기 단위이다. | 22 고1 3월
서사적 **모티프**는 작품을 읽는 독자에게 서사 이해의 실마리를 제공함으로써 작품의 전개 방향을 예측하게 한다. | 22 고1 3월

(참고) 고전 소설의 주요 모티프

금기 위반	어떤 일을 해서는 안 된다는 '금기'를 어긴다는 내용.
혼사 장애	다양한 요인에 의해 사랑하는 남녀의 혼사가 방해 받는 내용.
적강	주인공이 원래 천상의 존재인데 죄를 지어 지상으로 내려와 인간으로 태어난다는 내용.

1회 ☐
2회 ☐

곱절

1) 어떤 수나 양을 두 번 합한 만큼.

(실전) 그리워하는 정이 지난날보다 **곱절**이 되어 버틸 수 없을 지경이었고, 답장을 보내고자 하나 전할 방도가 없는지라 홀로 수심에 잠겨 탄식할 뿐이었지요. | 17 고1 3월

(유의) **갑절** 어떤 수나 양을 두 번 합한 만큼.

2) 흔히 고유어 수 뒤에 쓰여, 일정한 수나 양이 그 수만큼 거듭됨을 이르는 말.

(예문) 6은 2의 세 **곱절**이다. / 노트북의 판매량이 작년보다 몇 **곱절** 늘었다.

1회 ☐
2회 ☐

교묘하다

교묘하다 **巧**
묘하다 **妙**

1) 솜씨나 재주 등이 재치 있게 약삭빠르고 묘하다.

(예문) 녀석은 **교묘한** 수를 써서 나를 속였다. / 범인은 경찰에게 **교묘하게** 거짓말을 했다.

2) 짜임새나 생김새 등이 아기자기하게 묘하다.

(예문) 그 공예품은 **교묘하게** 생겼다. / 그녀는 **교묘한** 바느질 솜씨로 인기를 얻었다.

(참고) **기묘하다** 생김새 따위가 이상하고 묘하다.

1회 ☐
2회 ☐

남루하다

헌 누더기 **襤**
헌 누더기 **褸**

옷 따위가 낡아 해지고 차림새가 너저분하다.

(예문) 차림이 **남루하다**고 해서 무시 받아 마땅한 것은 아니다. / 그 부자는 돈이 많으면서도 **남루한** 옷을 입고 있었다.

(유의) **너절하다** 허름하고 지저분하다.

1회 ☐
2회 ☐

누추하다

좁다 **陋**
추하다 **醜**

지저분하고 더럽다.

(실전) **누추한** 집에 들어간들 잠이 와서 누웠으랴 | 18 고1 6월

(참고) **너저분하다** 질서가 없이 마구 널려 있어 어지럽고 깨끗하지 않다.

1회 ☐
2회 ☐

비단

아니다 **非**
다만 **但**

부정하는 말 앞에서 '다만', '오직'의 뜻으로 쓰이는 말.

(실전) 검은색을 일러 어둡다고 하는 것은 **비단** 까마귀만 알지 못하는 것이 아니라 검은색이 무엇인지조차도 모르는 것이다. | 22 고2 6월

1회 ☐
2회 ☐

삐드러지다

1) 끝이 밖으로 벌어져 나오다.

(예문) **삐드러진** 앞니가 보기 흉했다. / 강아지의 **삐드러진** 이빨이 더 귀여운 인상을 주었다.

2) 굳어서 뻣뻣하게 되다.

(예문) 강추위에 손과 발이 **삐드러졌다**. / 하루가 지난 빵은 **삐드러져서** 먹기가 힘들다.

1회 ☐
2회 ☐

생경하다

나다 **生**
굳다 **硬**

익숙하지 않아 어색하다.

(예문) 외국의 **생경한** 풍경이 낯설게만 느껴졌다. / 오래된 책에는 **생경한** 어휘가 많다.

(반의) **익숙하다** 어떤 대상을 자주 보거나 겪어서 처음 대하지 않는 느낌이 드는 상태에 있다.

1회□ 2회□

서슬

강하고 날카로운 기세.

(예문) 그들은 학생 시절 **서슬** 퍼런 군사 정권에 맞서 싸웠다. / 맹수가 먹잇감을 향해 돌진하는 모습을 보고 있자니 그 **서슬**에 기가 죽어 옴짝달싹할 수 없었다.

(참고) **서슬이 푸르다** 권세나 기세 등이 아주 대단하다.

1회□ 2회□

속절없이

단념할 수밖에 달리 어찌할 도리가 없이.

(예문) 눈물이 **속절없이** 쏟아지고 말았다. / **속절없이** 빠르게 흐르는 세월에 흰머리만 늘어날 뿐이다.

1회□ 2회□

실팍하다

사람이나 물건 등이 보기에 매우 실하다.

(예문) 겉으로 보기에 알이 **실팍해** 보이는 포도가 시지 않고 맛있다. / 갈비라고 구워서 나온 것이 **실팍한** 살점이 별로 없고 뼈 사이 고기가 거의 전부다.

1회□ 2회□

포효하다

으르렁거리다 **咆**
으르렁거리다 **哮**

1) 사나운 짐승이 울부짖다.

(예문) 산속에서 호랑이의 **포효**가 들리면 사람들은 두려움에 떨었다.

2) (비유적으로) 사람, 기계, 자연물 등이 세고 거칠게 소리를 내다.

(예문) 댐에서 거대한 물살이 **포효하며** 떨어졌다. / 숲은 바람에 우렁차고 비통하게 **포효했다**.

1회□ 2회□

하릴없이

1) 달리 어떻게 할 도리가 없이.

(실전) 부지깽이로 흥부를 흠씬 때려 놓으니, 흥부 아프단 말도 못하고 **하릴없이** 통곡하며 돌아오니 천지가 망망하더라. | **14 고1 9월**

2) 조금도 틀림이 없이.

(예문) 큰 키에 엉거주춤한 모습이 **하릴없이** 김 씨였다. / 그 사람의 말투와 행동 습관으로 보아 **하릴없이** 선원임이 분명했다.

1회□ 2회□

홉뜨다

눈알을 위로 굴리고 눈시울을 위로 치뜨다.

(예문) 그는 더위를 먹었는지 눈을 **홉뜨고** 까무룩 널브러졌다. / 그녀는 눈을 **홉뜨고** 무언가를 물어뜯으려는 듯 달려들었다.

(유의) **치뜨다** 눈을 위쪽으로 뜨다.

1회□ 2회□

흉흉하다

물결 세차다 **洶**
물결 세차다 **洶**

1) 물결이 세차고 물소리가 매우 시끄럽다.

(예문) 별안간 세찬 바람이 불어서 **흉흉한** 파도가 일어났다. / 시뻘건 흙탕물이 **흉흉하게** 물결을 치며 넘실댔다.

2) 분위기가 술렁술렁하여 매우 어수선하다.

(예문) 요즘 마을에 **흉흉한** 소문이 돌고 있다. / 사상 최악의 가뭄에 농민들의 민심이 **흉흉해지고** 있다.

어휘 확인하기 08일

01 다음 뜻에 알맞은 어휘를 찾아 가로, 세로, 대각선으로 표시하시오.

사	실	팍	하	다	뻐	숭	생	산
건	서	술	시	실	드	고	경	직
삼	모	티	프	팍	러	자	하	지
교	량	함	구	하	지	단	다	송
섭	묘	량	홉	뜨	다	하	모	안
금	주	하	명	소	속	절	없	이
남	루	하	다	유	실	비	고	많
부	시	동	내	어	태	장	단	디

(1) 익숙하지 않아 어색하다.

(2) 끝이 밖으로 벌어져 나오다.

(3) 단념할 수밖에 달리 어찌할 도리가 없이.

(4) 사람이나 물건 등이 보기에 매우 실하다.

(5) 눈알을 위로 굴리고 눈시울을 위로 치뜨다.

(6) 옷 따위가 낡아 해지고 차림새가 너저분하다.

(7) 솜씨나 재주 등이 재치 있게 약삭빠르고 묘하다.

(8) 부정하는 말 앞에서 '다만', '오직'의 뜻으로 쓰이는 말.

(9) 소설 구성의 3요소 중 하나로, 작품 속에서 인물들이 겪거나 벌이는 일.

(10) 예술 작품을 표현하는 동기가 된 작가의 중심 사상·주제·소재를 이르는 말.

어휘 확인하기 08일

[02~04] 다음 빈칸에 들어갈 어휘를 〈보기〉에서 찾아 그 기호를 쓰시오.

보기

㉠ 비단 ㉡ 모티프 ㉢ 하릴없이

02 오늘날 사라지고 있는 것은 (   ) 이웃 간의 정만이 아니다.

03 창밖에 내리는 폭풍우 때문에 (   ) 집에만 있을 수밖에 없었다.

04 단군 신화의 변신 (   )은/는 동서양에 전해 오는 신화 속에서 끊임없이 변용되어 나타나고 있다.

TIP 모습이나 형태가 바뀌다.

[05~08] 다음 빈칸에 들어갈 어휘를 〈보기〉에서 골라 알맞게 활용하여 쓰시오.

보기

홉뜨다 실팍하다 포효하다 흉흉하다

05 (   ) 소문이 돌더니 결국 사고가 나고야 말았다.

06 아버지는 (   ) 몸집에 어울리지 않게 기운을 못 쓰셨다.

07 언니가 매섭게 눈을 (   ) 있어서 나는 집 밖에 나가지 못했다.

08 뭇짐승들이 일제히 (   ) 소리를 들으니 천지가 아우성치는 것 같았다.

TIP 여러 짐승.

[09~11] 제시된 초성과 뜻을 참고하여 빈칸에 들어갈 알맞은 어휘를 쓰시오.

09 ㅈㄱㅅ : 한 번 구성하였던 것을 다시 새롭게 구성함.

→ 소설의 장면을 영화의 한 장면으로 (   )하였다.

10 ㄱㅈ : 일정한 수나 양이 그 수만큼 거듭됨을 이르는 말.

→ 평소 먹던 양보다 몇 (   )이나 많은 음식을 먹었더니 배탈이 났다.

11 ㅅㅅ : 남이 맞서지 못할 만큼 강하고 날카로운 기세.

→ 경찰들의 (   )에 기가 죽은 마을 사람들은 한마디도 대꾸하지 못했다.

[12~14] 다음 문장에 알맞은 어휘를 고르시오.

12 낯선 나라의 풍경이 (생경하여 / 익숙하여) 자꾸만 두리번거렸다.

13 긴 통화를 마치고 보니 치킨이 식어서 (뻐드러져 / 흉흉하게) 있었다.

14 공부해야 할 것이 산더미같이 쌓였는데 (누추하게 / 속절없이) 시간만 가니 조바심이 났다.

TIP 조마조마하여 마음을 졸임.

15 **다음 중 글의 빈칸에 들어갈 어휘로 적절하지 않은 것은?**

> 집의 외관이며 안에 들여놓은 가구들이며 모두 (　　　　) 모습이 그의 가난한 처지를 증명하고 있었다.

① 교묘한　② 남루한　③ 너절한
④ 누추한　⑤ 너저분한

16 **다음 중 밑줄 친 어휘의 뜻으로 알맞은 것을 고르시오.**

> "여봐라 별주부야. 토공을 모시고 세상을 나가 간을 주거들랑 속히 가지고 오도록 하여라."
> 명을 내리노니 별주부 기가 막혀,
> "토끼란 놈이 본시 간사하야 뱃속에 달린 간 아니 내고 보며는 누구라도 빈정거릴 터이요 맹획을 칠종칠금(마음대로 잡았다 놓아 주었다 함을 이르는 말.)하던 제갈량의 재주 아니어든 한번 놓아 보낸 토끼를 어찌 다시 구하리까. 당장에 배를 따 보아 간이 들었으면 좋으려니와 만일에 간이 없고 보면 소신의 구족을 멸하여 주옵고 소신을 능지처참하더라도 여한이 없사오니 당장 따 보시오." (중략)
> "왜 이리 잔말이 심한고. 어서 빨리 나가도록 해라."
> 별주부가 <u>하릴없이</u> 토끼를 업고 세상을 나가는데 세상 경개가 장히 좋던가 보더라.
>
> – 작자 미상, 「수궁가」 중에서

(1) 조금도 틀림이 없이.　(　　　)
(2) 달리 어떻게 할 도리가 없이.　(　　　)

현대 소설과 관련한 어휘 ③

◗ 어휘 책을 펼쳐 보아요.

◗ 아는 어휘에 ○표 해요. (　　/ 17)

갈등　관점　배경　도랑　도시
뒤꼍　들창　모종　목　삭정이
생채기　양상　어귀　여비
을씨년스럽다　자초지종　지경

◗ 어휘 퍼즐를 완성해요. (　　/ 10)

◗ 확인 문제로 복습해요. (　　/ 16)

주제 1 태도와 관련한 개념어

1회 □
2회 □

갈등

칡 **葛**
등나무 **藤**

1) 칡과 등나무가 서로 얽히는 것과 같이 개인이나 집단 사이에 목표나 이해관계가 달라 서로 충돌함. 또는 그런 관계.

(실전) 학교 구성원 간의 **갈등**을 부추겨 통합을 방해함으로써 정신적인 피해를 줄 수 있습니다. | 19 고1 11월

2) 소설이나 희곡에서, 등장인물 사이에 일어나는 대립과 충돌 또는 등장인물과 환경 사이의 모순과 대립을 이르는 말.

(실전) 서술자가 교체되면서 인물 간의 **갈등**을 다각적으로 조명하고 있다. | 21 고1 3월

참고 **내적 갈등** 한 인물의 마음속에 두 가지 이상의 생각이 일어나 대립하는 갈등.
외적 갈등 인물이 다른 인물이나 인물을 둘러싸고 있는 사회, 환경 등과 대립하는 갈등.

1회 □
2회 □

관점

보다 **觀**
점 **點**

사물이나 현상을 관찰할 때, 그 사람이 보고 생각하는 태도나 방향, 처지. 시의 말하는 화자, 소설에서 이야기를 전달하는 서술자의 상황이나 태도 등을 말한다.

(실전) 사건에 개입되지 않은 인물의 **관점**을 통해 사건을 객관적으로 전달하고 있다. | 21 고1 3월

참고 **시점** 소설에서 서술자의 위치와 사건 및 인물에 대한 태도.

1회 □
2회 □

배경

등 **背**
경치 **景**

문학 작품에서 주제를 뒷받침하는 시대적·사회적 환경이나 장소. 등장인물들이 행동하거나 사건이 일어나는 시간·공간·상황 등을 말한다.

(실전) 특정 도시가 작품 속 공간으로 설정된 **배경**을 드러내고 있다. | 22 고1 3월

참고 **계절적 배경** 작품 속에서 사건이 일어나는 구체적인 계절.
시대적·사회적 배경 작품에 반영된 시대, 역사, 사회적 상황.

1회 ▢ 2회 ▢

도랑

매우 좁고 작은 개울.

(예문) 등산을 하다가 **도랑**에 빠졌다. / 집 앞 **도랑**에서 물고기를 잡았다.

(참고) 개천 시내보다는 크지만 강보다는 작은 물줄기.
시내 골짜기나 평지에서 흐르는 자그마한 내.

1회 ▢ 2회 ▢

도시

도읍 **都**
옳다 **是**

1) (주로 부정을 나타내는 말과 함께 쓰여) 아무리 해도.

(예문) 그녀는 **도시** 믿을 수 없었다. / 문제를 어떻게 해결해야 할지 **도시** 모르겠다.

2) (주로 부정을 나타내는 말과 함께 쓰여) 이러니저러니 할 것 없이 아주.

(예문) **도시** 입맛이 나지 않았다./ 그의 재촉에도 그녀는 **도시** 입을 열지 않고 그의 눈만 쳐다보았다.

(유의) 도무지 1) (주로 부정을 나타내는 말과 함께 쓰여) 아무리 해도.
2) (주로 부정을 나타내는 말과 함께 쓰여) 이러니저러니 할 것 없이 아주.

1회 ▢ 2회 ▢

뒤꼍

집 뒤에 있는 뜰이나 마당.

(예문) 시골집 **뒤꼍**에 장독대가 있었다. / 할머니는 **뒤꼍**에 텃밭을 일구어 채소를 기르셨다.

(유의) 뒤뜰 집채의 뒤에 있는 뜰.

1회 ▢ 2회 ▢

들창

창문 **窓**

들어서 여는 창.

(예문) **들창** 여는 소리에 참새가 놀라 날아갔다. / 보름밤이면 **들창**을 열고 달빛을 즐겼다.

(참고) **여닫이** 문이나 창을 앞뒤로 밀거나 당겨서 열고 닫고 하는 방식. 또는 그런 방식의 문이나 창을 통틀어 이르는 말.
미닫이 문이나 창 등을 옆으로 밀어서 열고 닫는 방식. 또는 그런 방식의 문이나 창을 통틀어 이르는 말.

1회 ▢ 2회 ▢

모종

씨 **種**

옮겨 심으려고 가꾼, 벼 이외의 온갖 어린 식물. 또는 그것을 옮겨 심음.

(예문) 농부들은 사과나무 **모종**을 하느라 바빴다. / 우리는 토마토 **모종**을 구해서 큰 화분에 옮겨 심었다.

(유의) 모 1) 옮겨 심기 위하여 기른 벼의 싹.
2) 옮겨 심으려고 가꾼, 벼 이외의 온갖 어린 식물. 또는 그것을 옮겨 심음.

1회 ▢ 2회 ▢

목

자리가 좋아 장사가 잘되는 곳이나 길 등.

(예문) 이 건물은 **목**이 좋아서 가격이 비싸다. / 이 가게는 **목이** 좋은 곳에 자리 잡고 있다.

1회 ▢ 2회 ▢

삭정이

살아 있는 나무에 붙어 있는, 말라 죽은 가지.

(예문) 불을 피우게 **삭정이**를 모아 오너라. / 산에 가서 지게에 **삭정이**를 한가득 담아 왔다.

1회 □
2회 □
생채기

손톱 따위로 할퀴이거나 긁히어서 생긴 작은 상처.

(예문) 고양이가 할퀴어서 손등에 **생채기**가 났다. / 아기 얼굴에 난 **생채기**를 치료하기 위해 반창고를 붙였다.

(유의) 상처 몸을 다쳐서 부상을 입은 자리.

1회 □
2회 □
양상
모양 樣
서로 相

사물이나 현상의 모양이나 상태.

(예문) 이 병의 증상은 환자에 따라 여러 **양상**으로 나타날 수 있습니다.

(실전) 사물에 대한 욕구는 사람마다 제각기 다른 **양상**을 보인다. | 22 고1 3월

1회 □
2회 □
어귀

드나드는 목의 첫머리.

(예문) 마을 **어귀**마다 장승이 서 있다. / 골목 **어귀**에 아이들 서너 명이 모여 놀고 있었다.

(참고) 동구 동네 어귀.

1회 □
2회 □
여비
나그네 旅
쓰다 費

여행하는 데에 드는 비용.

(예문) 그는 여행에서 쓸 **여비**를 마련하느라 아르바이트를 했다. / 휴가를 떠나는 직원들에게 **여비**를 보태 주었다.

(참고) 노잣돈 먼 길을 오가는 데 드는 돈.

1회 □
2회 □
을씨년스럽다

보기에 날씨나 분위기 등이 몹시 스산하고 쓸쓸한 데가 있다.

(예문) 날씨가 **을씨년스러운** 것이 비라도 내릴 모양이다. / 사람이 거의 없는 새벽의 거리는 **을씨년스럽기만** 하다.

(참고) 스산하다 1) 몹시 어수선하고 쓸쓸하다.
2) 날씨가 흐리고 으스스하다.
으스스하다 차거나 싫은 것이 몸에 닿았을 때 크게 소름이 돋는 느낌이 있다.

1회 □
2회 □
자초지종
스스로 自　처음 初
이르다 至　마치다 終

처음부터 끝까지의 과정.

(예문) 목격자가 사건의 **자초지종**을 설명하였다. / 잘못을 했으면 **자초지종**을 밝히고 용서를 구하도록 해라.

(유의) 경위 일이 진행되어 온 과정.

1회 □
2회 □
지경
땅 地
지경 境

'경우'나 '형편', '정도'의 뜻을 나타내는 말.

(예문) 나는 스트레스로 병이 날 **지경**이었다.

(실전) 대개 사람의 마음이란 변덕스러운 것이어서, 평탄한 땅을 디디면 느긋해지고, 험한 **지경**에 처하면 두려워 조심하는 법이다. | 22 고1 6월

(참고) 형편 일이 되어 가는 상태나 경로 또는 결과.

01 다음 뜻에 알맞은 어휘를 찾아 가로, 세로, 대각선으로 표시하시오.

가	도	랑	지	비	흉	곽	망	학
재	게	농	도	단	여	정	부	지
임	손	자	시	성	행	비	석	경
허	들	배	유	감	모	자	수	나
물	창	뒤	자	초	지	종	말	아
다	들	것	기	대	하	손	어	귀
리	판	문	방	갈	등	분	여	장
을	씨	년	스	럽	다	삼	고	초

(1) 들어서 여는 창.

(2) 매우 좁고 작은 개울.

(3) 드나드는 목의 첫머리.

(4) 처음부터 끝까지의 과정.

(5) 여행하는 데에 드는 비용.

(6) '경우'나 '형편', '정도'의 뜻을 나타내는 말.

(7) (주로 부정을 나타내는 말과 함께 쓰여) 아무리 해도.

(8) 보기에 날씨나 분위기 등이 몹시 스산하고 쓸쓸한 데가 있다.

(9) 옮겨 심으려고 가꾼, 벼 이외의 온갖 어린 식물. 또는 그것을 옮겨 심음.

(10) 소설이나 희곡에서, 등장인물 사이에 일어나는 대립과 충돌 또는 등장인물과 환경 사이의 모순과 대립을 이르는 말.

2 주차

어휘 확인하기 09일

[02~05] 다음 빈칸에 들어갈 어휘를 〈보기〉에서 골라 알맞게 쓰시오.

보기

목 관점 배경 지경

02 그 가게는 (　　　)이 좋아서 장사가 정말 잘된다.

03 두 사람은 피해자의 (　　　)에서 사건을 바라보고 있다.

04 감독은 1900년대 초를 (　　　)으로 하여 야구 영화를 만들었다.

05 오래달리기를 완주하였더니 숨이 턱까지 차고 심장이 터질 (　　　)이었다.

[06~08] 제시된 초성과 뜻을 참고하여 빈칸에 들어갈 알맞은 어휘를 쓰시오.

06 **ㅇㅅ**: 사물이나 현상의 모양이나 상태.
→ 이 작품을 감상할 때는 인물의 죽음 이후 벌어지는 사건의 전개 (　　　　　)에 주목해야 합니다.

07 **ㅅㅊㄱ**: 손톱 따위로 할퀴이거나 긁히어서 생긴 작은 상처.
→ 날카로운 풀잎에 스쳐서 종아리에 (　　　　　)이/가 났다.

08 **ㄱㄷ**: 칡과 등나무가 서로 얽히는 것과 같이 개인이나 집단 사이에 목표나 이해관계가 달라 서로 충돌함. 또는 그런 관계.
→ 층간 소음 때문에 위층에 사는 사람과 (　　　　　)이/가 생겼다.

[09~11] 다음 문장에 알맞은 어휘를 고르시오.

09 산에 가서 땔감으로 쓸 (모종 / 삭정이)을/를 모아 오렴.
TIP 불을 때는 데 쓰는 재료.

10 오래전에 내가 살던 시골집 (뒤꼍 / 들창)에는 깊은 우물이 있었다.

11 장에 가신 아버지를 빨리 만나고 싶어 마을 (목 / 어귀)에서 서성거렸다.

[12~13] 다음 밑줄 친 어휘와 바꿔 쓸 수 있는 어휘를 찾아 연결하시오.

12 먼 길을 떠나는 친구에게 노잣돈을 쥐어 주었다. • • ㉠ 경위

13 그는 흥분을 가라앉히고 일의 자초지종을 설명하였다. • • ㉡ 여비

14 **다음 중 밑줄 친 어휘의 쓰임이 적절하지 않은 것은?**

① 예상 독자의 반응 양상을 추측해 본다.
② 햇살이 따스하니 을씨년스럽게 느껴진다.
③ 인물의 대립과 갈등 상황을 행동을 통해 제시하고 있다.
④ 들창을 여니 골목에서 아이들이 뛰어노는 소리가 들렸다.
⑤ 돈을 버는 것에만 신경을 쓰다가 가족과 사이가 멀어지는 지경에 이르렀다.

[15~16] 다음 글을 읽고, 물음에 답하시오.

한 편의 작품을 해석하는 ㉠관점은 다양하다. 작가에 초점을 맞추어 감상하거나, 작품이 독자에게 미치는 영향에 초점을 두고 감상할 수도 있고, 작품의 (   )이/가 되는 시대적 상황과 연관 지어 작품을 해석할 수도 있다. 그리고 제목, 표현 방법, 주제 등 작품 자체에 집중할 수도 있다.

15 **다음 중 글의 빈칸에 들어갈 어휘로 가장 적절한 것은?**

① 갈등 ② 배경 ③ 양상 ④ 인칭 ⑤ 인물

16 **다음 중 빈칸에 ㉠이 들어가기에 적절하지 않은 것은?**

① 글에 나타난 두 사람의 (   )을 비교해 보자.
② 새로운 (   )에서 인간의 놀이 문화를 살펴볼 수 있다.
③ 시대의 변화에 따라 예술을 바라보는 (   )도 달라졌다.
④ 논의 과정에서 상대방의 입장을 고려하지 않아 (   )이 심해졌다.
⑤ 독서 후 토론을 하면 각자의 (   )에 따른 다양한 해석을 비교해 볼 수 있다.

고전 소설과 관련한 어휘

- 어휘 책을 펼쳐 보아요.
- 아는 어휘에 ○표 해요. (　　/ 18)

우연성	일대기	전기적	가히	거느리다
고혈	근본	도모하다	방자하다	배회하다
부임	분수	비범하다	입신양명	
탄식	호령	호송	홀연히	

- 십자말풀이를 완성해요. (　　/ 10)
- 확인 문제로 복습해요 (　　/ 16)

주제 1 고전 소설과 관련한 개념어

1회□ 2회□

우연성
짝 偶 / 그러하다 然 / 성품 性

우연히 이루어짐. 또는 그런 일.

(예문) 비현실성, 전기성, **우연성**은 고전 소설이 가지고 있는 특징이다. / 위기에 처한 주인공이 갑자기 조력자를 만나는 것은 고전 소설의 **우연성**이 드러난 예이다.

(반의) **필연성** 사물의 관련이나 일의 결과가 반드시 그렇게 될 수밖에 없는 요소나 성질.

1회□ 2회□

일대기
하나 一 / 대신하다 代 / 기록하다 記

어느 한 사람이 태어나서 죽을 때까지의 일생에 관한 내용을 적은 기록.

(예문) 세종 대왕의 **일대기**를 다룬 책이 출판되었다. / 고전 소설 중에는 **일대기**적 구성으로 이루어진 작품이 많다.

(유의) **전기(傳記)** 한 사람의 일생 동안 있었던 일이나 업적을 적은 기록.

(참고) **일대기적 구성** 주인공의 출생에서부터 죽음까지의 일생을 다루는 방식으로 사건이 전개되는 구성.
영웅의 일대기 구조 신화나 전설 등에서 영웅의 일생이 그려지는 방식. 보통 '고귀한 혈통–기이한 탄생–버려짐–구출 및 양육–시련–위기를 극복하고 승리함'의 구조이다.

1회□ 2회□

전기적
전하다 傳 / 기이하다 奇 / 과녁 的

기이하여 세상에 전할 만한. 또는 그런 것. 귀신이나 신선이 등장하거나 인물이 도술을 부리는 등의 비현실적인 사건이나 상황을 '전기적'이라 한다.

(예문) 고전 소설에서는 **전기적** 요소들이 사건 전개에 중요한 역할을 한다.

(실전) **전기(傳奇)적**인 요소를 활용하여 주인공의 영웅성을 부각하고 있다. | 21 고1 6월

1회 ▢ 2회 ▢

가히

옳다 可

1) ('-ㄹ 만하다', '-ㄹ 수 있다', '-ㅁ 직하다' 등과 같이 쓰여) '능히', '넉넉히'의 뜻을 나타낸다.

(실전) 주인이 재주가 범상치 않으니, **가히** 하늘의 뜻을 알 것입니다. | 21 고1 9월

2) (부정어와 함께 쓰여) '과연', '전혀', '결코', '마땅히'의 뜻을 나타낸다.

(예문) 이 책은 **가히** 믿을 것이 못 된다. / 성대한 잔치에 **가히** 노래와 춤이 없겠느냐?

1회 ▢ 2회 ▢

거느리다

1) 부양해야 할 손아랫사람을 데리고 있다.

(예문) 그는 식솔들을 **거느리고** 남쪽으로 이동했다. / 그는 가족을 **거느리고** 낙향했다.

2) 부하나 군대 등을 통솔하며 이끌다.

(예문) 장군이 수많은 병사를 **거느리고** 있다. / 임금은 신하들을 **거느리고** 국가를 운영한다.

(참고) **통솔하다** 무리를 거느려 다스리다.

1회 ▢ 2회 ▢

고혈

기름 膏
피 血

몹시 고생하여 얻은 이익이나 재산을 비유적으로 이르는 말.

(예문) 왕실은 백성의 **고혈**을 빨아 사치를 일삼았다. / 탐관오리가 백성들의 **고혈**을 짜내어 자신의 배를 불렸다.

(참고) **고혈을 짜다** 가혹하게 착취하거나 징수하다.

1회 ▢ 2회 ▢

근본

뿌리 根
근본 本

자라 온 환경이나 혈통.

(예문) 사람을 제대로 판단하려면 그 사람의 **근본**을 살펴보아야 한다. / **근본** 있는 집안에서 자란 탓인지 도령은 일사천리로 장원 급제를 하였다.

(유의) **바탕** 타고난 성질이나 재질. 또는 체질.

1회 ▢ 2회 ▢

도모하다

그림 圖
꾀하다 謀

어떤 일을 이루기 위하여 대책과 방법을 세우다.

(실전) 왕은 싸우고자 하거든 싸우고, 그렇지 않으면 일찍 항복하여 살기를 **도모하라**. | 17 고1 9월

(유의) **계획하다** 앞으로 할 일의 절차, 방법, 규모 등을 미리 헤아려 작정하다.

1회 ▢ 2회 ▢

방자하다

놓다 放
방자하다 恣

어려워하거나 조심스러워하는 태도가 없이 무례하고 건방지다.

(실전) 하늘이 저의 **방자함**을 미워하여 마음대로 비 내린 죄를 받게 하고자 하니 이를 어찌하면 좋겠습니까? | 14 고2 3월

(유의) **건방지다** 잘난 체하거나 남을 낮추어 보듯이 행동하는 데가 있다.

1회 ▢ 2회 ▢

배회하다

노닐다 徘
노닐다 徊

아무 목적도 없이 어떤 곳을 중심으로 어슬렁거리며 이리저리 돌아다니다.

(예문) 멧돼지가 먹이를 찾으러 주택가를 **배회하고** 있다. / 길동은 밝은 달을 쳐다보며 뜰을 **배회하고** 있었다.

1회 ☐ 2회 ☐

부임

나아가다 赴
맡기다 任

임명이나 발령을 받아 근무할 곳으로 감.

(예문) 새로 **부임**한 사또는 가장 먼저 백성들의 목소리를 듣고자 했다. / 새로 **부임**을 한 선생님의 소식을 듣고 아이들이 관심을 보였다.

1회 ☐ 2회 ☐

분수

나누다 分
세다 數

자신의 신분에 맞는 한도.

(예문) 그는 **분수**에 넘치는 환대를 받고 어찌할 줄을 몰랐다.

(실전) 물외(物外)에 풍월강산이 내 **분수**인가 하노라. | **16 고1 11월**

1회 ☐ 2회 ☐

비범하다

아니다 非
무릇 凡

보통 수준보다 훨씬 뛰어나다.

(실전) 파경노는 생김새가 기이하고 말 다룸도 또한 기이하니 필시 **비범한** 사람일 것입니다. | **20 고1 3월**

반의 **평범하다** 뛰어나거나 색다른 점이 없이 보통이다.

1회 ☐ 2회 ☐

입신양명

서다 立 몸 身
오르다 揚 이름 名

출세하여 이름을 세상에 떨침.

(예문) 그는 과거에 장원 급제하여 **입신양명**의 꿈을 이루었다. / 국회 의원이 되는 것은 국민을 위해 봉사하기 위한 것이지 **입신양명**의 수단이 아니다.

유의 **출세** 사회적으로 높은 지위에 오르거나 유명하게 됨.

1회 ☐ 2회 ☐

탄식

탄식하다 歎
숨 쉬다 息

한탄하여 한숨을 쉼. 또는 그 한숨.

(실전) 용왕의 **탄식**을 통해 용왕과 옥황 간의 새로운 갈등을 예고하고 있다. | **21 고1 3월**

참고 **한탄** 원통하거나 뉘우치는 일이 있을 때 한숨을 쉬며 탄식함.

1회 ☐ 2회 ☐

호령

부르짖다 號
명령하다 令

1) 부하나 동물 등을 지휘하여 명령함. 또는 그 명령.

(예문) 장군의 **호령**에 군사들이 일제히 움직였다. / 사또는 죄인을 잡아들이라고 **호령**하였다.

2) 큰소리로 꾸짖음.

(예문) 선생님의 **호령** 소리에 학생들은 깜짝 놀랐다. / 아버지는 성난 얼굴로 **호령**을 하였다.

1회 ☐ 2회 ☐

호송

보호하다 護
보내다 送

1) 목적지까지 보호하여 운반함.

(예문) 그림이 다른 박물관으로 **호송**되었다. / 우리 아버지는 현금 **호송** 업무를 하신다.

2) 죄수나 형사 피고인을 어떤 곳에서 목적지로 감시하면서 데려가는 일.

(예문) 죄수들이 간수들의 **호송**을 받으며 이동한다. / 죄인을 **호송**하던 나졸들이 긴장했다.

1회 ☐ 2회 ☐

홀연히

갑자기 忽
그러하다 然

뜻하지 아니하게 갑자기.

(예문) 자려고 누웠더니, **홀연히** 흐느껴 우는 소리가 들렸다.

(실전) **홀연** 공중에서 이상한 소리가 나며 바람 소리 진동하는지라. | **15 고2 6월**

01 다음 뜻풀이를 보고 십자말풀이를 완성하시오.

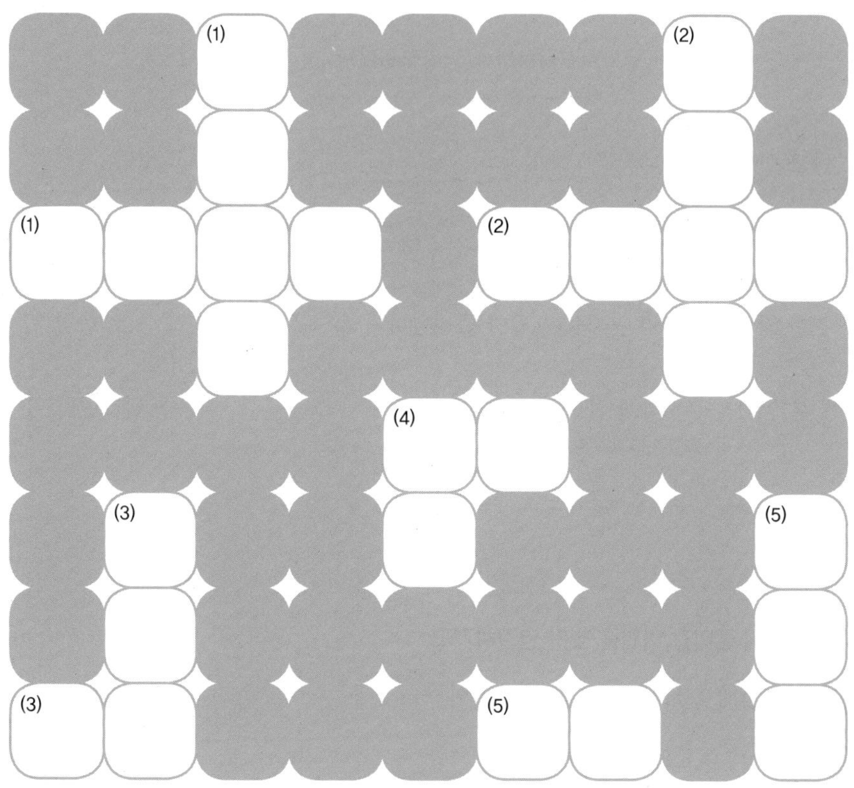

가로

(1) 아무 목적도 없이 어떤 곳을 중심으로 어슬렁거리며 이리저리 돌아다니다.

(2) 어떤 일을 이루기 위하여 대책과 방법을 세우다.

(3) ('-ㄹ 만하다', '-ㄹ 수 있다', '-ㅁ 직하다' 등과 같이 쓰여) '능히', '넉넉히'의 뜻을 나타낸다.

(4) 죄수나 형사 피고인을 어떤 곳에서 목적지로 감시하면서 데려가는 일.

(5) 몹시 고생하여 얻은 이익이나 재산을 비유적으로 이르는 말.

세로

(1) 보통 수준보다 훨씬 뛰어나다.

(2) 어려워하거나 조심스러워하는 태도가 없이 무례하고 건방지다.

(3) 뜻하지 아니하게 갑자기.

(4) 큰소리로 꾸짖음.

(5) 우연히 이루어짐. 또는 그런 일.

어휘 확인하기 10일

[02~05] 다음 빈칸에 들어갈 어휘를 〈보기〉에서 골라 알맞게 활용하여 쓰시오.

보기

도모하다　　방자하다　　배회하다　　비범하다

02 그는 다른 사람들과 비교가 안 될 정도로 [　　　] 능력을 가지고 있다.

03 예의 바른 사람인 줄 알았는데 [　　　] 행동을 하는 것을 보고 실망했다.

04 숨어 있던 적이 공격하자 군사들은 일단 물러났다가 후일을 [　　　]로 하였다.

05 우연히 본 궁녀를 흠모하게 된 도령은 궁궐 주변을 [　　　] 마음을 달래곤 하였다.

TIP 기쁜 마음으로 공경하여 사모함.

[06~08] 다음 빈칸에 들어갈 어휘를 찾아 연결하시오.

06 계속되는 가뭄에 농부들의 (　　　)이/가 이어졌다. •　　• ㉠ 근본

07 자신의 (　　　)에 맞는 현명한 소비 생활을 해야 한다. •　　• ㉡ 분수

08 비록 그는 (　　　)이/가 미천했지만 노력 끝에 누구보다 높은 자리에 올랐다. •　　• ㉢ 탄식

[09~11] 다음 문장에 알맞은 어휘를 고르시오.

09 비 온 뒤 무지개가 나타났다가 잠시 후 (가히 / 홀연히) 사라졌다.

10 「박씨전」에는 주인공이 도술로 적을 물리치는 (전기적 / 일대기적) 요소가 등장한다.

11 조선 후기 고부군의 군수였던 조병갑은 백성들의 (고혈 / 호령)을 쥐어짜는 탐관오리의 대명사로 알려졌다.

[12~14] 제시된 초성과 뜻을 참고하여 빈칸에 들어갈 알맞은 어휘를 쓰시오.

12 ㅇㅅㅇㅁ: 출세하여 이름을 세상에 떨침.

→ 조선 시대 사대부들은 (　　　　　　)을/를 위해 과거 시험에 매진하였다.

TIP 어떤 일을 온 마음과 온 힘을 다하여 해 나감.

13 ㅂㅇ: 임명이나 발령을 받아 근무할 곳으로 감.

→ 마을의 벼슬아치들은 (　　　　　　)을/를 한 사또의 나이가 무척 어리다는 소식을 듣고 그 사또를 업신여겼다.

14 ㅇㅇㅅ: 우연히 이루어짐. 또는 그런 일.

→ 고전 소설에서는 인과 관계 없이 사건이 발생하는데, 이를 (　　　　　　)(이)라고 한다.

경험치 획득!

15 다음 중 밑줄 친 어휘의 쓰임이 적절하지 않은 것은?

> 「홍길동전」은 ㉠비범한 능력을 지닌 길동이 태어나서 죽음에 이르기까지의 ㉡일대기를 다룬 영웅 소설이다. ㉢입신양명의 꿈이 있는 길동은 아버지를 아버지라 부르지 못하는 것에 대해 ㉣호령하였지만, 길동의 아버지는 ㉤방자하게 굴어서는 안 된다며 길동의 소원을 들어주지 않는다. 이에 어머니와 작별하고 집을 나선 길동은 탐관오리들의 재물을 빼앗아 백성들을 도와주는 의적으로 활동하게 된다.

① ㉠　② ㉡　③ ㉢　④ ㉣　⑤ ㉤

16 〈보기〉의 빈칸에 공통으로 들어갈 어휘로 가장 적절한 것은?

보기

> 「춘향전」의 마지막 부분에서 이몽룡은 신분을 숨기고 변 사또의 생일잔치에 참석한다. 변 사또가 명령하자 칼을 찬 춘향이가 포졸의 (　　　)을 받으며 등장한다. 암행어사의 신분을 밝힌 이몽룡은 백성을 괴롭힌 죄를 물어 변 사또를 관직에서 물러나게 하고 서울로 (　　　)을 한 뒤 춘향을 구하고 행복한 결말을 맞는다.

① 부임　② 탄식　③ 한탄　④ 호령　⑤ 호송

극, 시나리오와 관련한 어휘

▶ 어휘 책을 펼쳐 보아요.

▶ 아는 어휘에 ○표 해요. (　　/ 17)

희곡	막	지시문	격분하다	고정 관념
대립	모독하다	무안하다	분개	
성화	심정	심통	역정	
옥신각신	옹졸하다	울적하다	책망	

▶ 어휘 퍼즐을 완성해요. (　　/ 10)

▶ 확인 문제로 복습해요. (　　/ 15)

주제 1 극, 시나리오와 관련한 개념어

1회 □
2회 □

희곡

놀다 戱
굽다 曲

공연을 목적으로 하는 연극의 대본. 배우들이 무대에서 관객들에게 말과 행동을 통해 보여 주기 위한 이야기를 말한다.

(예문) 셰익스피어는 '햄릿', '로미오와 줄리엣' 등 유명한 **희곡**을 썼다. / **희곡**의 첫머리에서 무대와 배경, 등장인물을 소개하는 글을 '해설'이라고 한다.

(참고) 대본 연극의 상연이나 영화 제작에 있어서 기본이 되는 글.
시나리오 영화를 만들기 위하여 쓴 각본.

1회 □
2회 □

막

막 幕

연극의 단락을 세는 단위. 한 막은 무대의 막이 올랐다가 다시 내릴 때까지로, 여러 개의 장(場)으로 이루어져 있다.

(예문) 3**막**에서 모든 등장인물이 무대에 등장할 때가 인상적이었어. / **막**이 오르면 시름시름 앓고 있는 용왕이 의자에 앉아 있다.

(참고) 장 연극의 단락을 세는 단위. 막의 하위 단위로, 무대 장면이 변하지 않고 이루어지는 사건의 한 토막을 이른다.

1회 □
2회 □

지시문

가리키다 指
보이다 示
글월 文

희곡에서, 몸짓이나 무대의 장치, 분위기 등을 나타내는 부분. 보통 희곡에서 대사 이외의 부분을 가리킨다.

(예문) 희곡에서 **지시문**은 주로 인물의 행동이나 무대 효과를 나타낸다.

(실전) 연출을 위한 **지시문**을 통해 인물의 정서나 태도, 행동, 상황 등이 제시되기도 한다.
| 20 고1 11월

(참고) 행동 **지시문** 인물의 동작, 표정, 말투, 입장 및 퇴장 등을 나타내는 지시문.
무대 **지시문** 배경, 무대 장치, 소도구나 음향 효과 등을 나타내는 지시문.

주제 2 갈등 상황과 관련한 어휘

1회 ☐ 2회 ☐

격분하다

과격하다 激
성내다 忿

몹시 분하고 노여운 감정이 북받쳐 오르다.

(예문) 관중은 모욕적인 말에 **격분하였다.** / 미연이는 **격분해** 자리를 박차고 나가 버렸다.

(유의) 격노하다 몹시 분하고 노여운 감정이 북받쳐 오르다.

1회 ☐ 2회 ☐

고정 관념

굳다 固　정하다 定
보다 觀　생각하다 念

잘 변하지 아니하는, 행동을 주로 결정하는 확고한 의식이나 관점.

(예문) **고정 관념**에 사로잡히면 창의적인 생각을 할 수 없다. / 이동이 가능한 텔레비전, 데우지 않고 먹는 도시락 등 **고정 관념**을 깨뜨린 상품들이 좋은 반응을 얻고 있다.

(참고) 선입견 어떤 대상에 대하여 이미 마음속에 가지고 있는 고정적인 관념이나 관점.

1회 ☐ 2회 ☐

대립

대답하다 對
서다 立

의견이나 처지, 속성 등이 서로 반대되거나 모순됨. 또는 그런 관계.

(실전) 감각적인 묘사를 통해 인물 간의 **대립**을 부각하고 있다. | 22 고1 6월

(유의) 대치 서로 맞서서 버팀.

1회 ☐ 2회 ☐

모독하다

무릅쓰다 冒
더럽히다 瀆

말이나 행동으로 더럽혀 욕되게 하다.

(예문) 유명 연예인을 **모독하는** 댓글을 반복적으로 작성한 사람을 고소하였다. / 그는 형식이 파괴된 시를 써서 비평가들로부터 '시를 **모독했다.**'라는 평가를 받았다.

(참고) 모욕하다 깔보고 욕되게 하다.

1회 ☐ 2회 ☐

무안하다

없다 無
얼굴 顔

수줍거나 창피하여 볼 낯이 없다.

(예문) 잘못된 역사적 사실을 말한 사회자는 **무안하여** 고개를 들 수 없었다.

(실전) 피아노가 옮겨지는 과정에서 나타나는 **무안함**을 드러내는 데 활용되고 있다. | 21 고1 3월

(유의) 겸연쩍다 쑥스럽거나 미안하여 어색하다.

1회 ☐ 2회 ☐

분개

성내다 憤
분개하다 慨

몹시 분하게 여김.

(예문) 뺑소니 운전자의 소식을 들은 시민들이 **분개**에 찼다. / 일방적인 공연 취소 소식에 **분개**를 느낀 사람들이 거세게 항의하였다.

(유의) 분노 분개하여 몹시 성을 냄. 또는 그렇게 내는 성.

1회 ☐ 2회 ☐

성화

이루다 成
불 火

1) 일 따위가 뜻대로 되지 아니하여 답답하고 애가 탐. 또는 그런 증세.

(예문) 삼촌은 고대하던 휴가를 못 가게 되자 **성화**가 났다. / 달리기에 꼴찌를 하자 **성화**가 나서 물을 벌컥벌컥 마셨다.

2) 몹시 귀찮게 구는 일.

(예문) 나는 놀이공원에 가자고 **성화**를 부렸다. / 나는 영화를 보러 가자는 **성화**에 못 이겨 그 애를 따라갔다.

1회 ▢
2회 ▢

심정

마음 心
뜻 情

마음속에 품고 있는 생각이나 감정.

(실전) '임'과 헤어지게 된 화자가 자신의 그림자를 '불쌍한'으로 표현한 것에서 임금과 떨어져 지내야 하는 것에 대한 작가의 안타까운 **심정**을 알 수 있다. | 22 고1 6월

(유의) **감정** 어떤 현상이나 일에 대하여 일어나는 마음이나 느끼는 기분.
심경 마음의 상태.

1회 ▢
2회 ▢

심통

마음 心

마땅치 않게 여기는 나쁜 마음.

(예문) 주인이 산책도 안 하고 일만 하니까 강아지가 **심통**을 부리며 일을 방해했다. / 수아는 **심통** 가득한 표정으로 들어오더니 이것저것 트집을 잡기 시작했다.

(유의) **심술** 1) 온당하지 아니하게 고집을 부리는 마음.
2) 남을 골리기 좋아하거나 남이 잘못되는 것을 좋아하는 마음보.

1회 ▢
2회 ▢

역정

거스르다 逆
뜻 情

몹시 언짢거나 못마땅하여서 내는 성.

(예문) 할머니는 **역정**이 나서 큰소리를 치셨다. / 직원은 동료의 무신경한 태도에 **역정**을 내었다.

(유의) **골** 비위에 거슬리거나 언짢은 일을 당하여 벌컥 내는 화.

1회 ▢
2회 ▢

옥신각신

서로 옳으니 그르니 하며 다툼. 또는 그런 행위나 모양.

(예문) 가족들은 유산을 두고 서로 **옥신각신**하였다. / 조별 과제를 하는 과정에서 조원 사이에 **옥신각신**이 있었다.

(참고) **설왕설래** 서로 옳고 그름을 주고받으며 옥신각신함. 또는 말이 오고 감.
실랑이 서로 자기주장을 고집하며 옥신각신하는 일.

1회 ▢
2회 ▢

옹졸하다

막다 壅
졸하다 拙

성품이 너그럽지 못하고 생각이 좁다.

(예문) 이렇게 사소한 일로 화를 내는 **옹졸한** 태도는 버려라. / 높은 자리에 올라서 **옹졸하고** 심술맞게 행동해서는 안 된다.

1회 ▢
2회 ▢

울적하다

막히다 鬱
고요하다 寂

마음이 답답하고 쓸쓸하다.

(예문) 친구가 슬퍼하니 내 기분도 **울적하다**. / 졸업을 하여 정든 학교를 떠나려니 기쁘면서도 한편으로는 **울적했다**.

(유의) **우울하다** 근심스럽거나 답답하여 활기가 없다.
처량하다 마음이 구슬퍼질 정도로 외롭거나 쓸쓸하다.

1회 ▢
2회 ▢

책망

꾸짖다 責
바라다 望

잘못을 꾸짖거나 나무라며 못마땅하게 여김.

(실전) 유씨가 다른 배필을 정하여 준다는 염왕을 **책망**하는 장면에서, 초월적 존재 앞에서도 당당하게 자신의 의지를 굽히지 않는 주체적인 여인의 모습을 확인할 수 있군. | 21 고2 11월

(유의) **꾸중** 아랫사람의 잘못을 꾸짖는 말.

어휘 확인하기 11일

01 다음 뜻에 알맞은 어휘를 찾아 가로, 세로, 대각선으로 표시하시오.

지	대	무	분	역	옥	신	각	신
망	시	립	개	정	적	설	소	막
상	등	문	물	심	책	심	정	승
퇴	황	들	지	통	환	필	은	희
인	장	고	정	관	념	독	무	곡
서	성	판	과	참	해	감	안	관
성	휘	화	장	웅	모	당	하	상
품	우	라	강	옹	졸	하	다	계

(1) 몹시 분하게 여김.

(2) 몹시 귀찮게 구는 일.

(3) 마땅치 않게 여기는 나쁜 마음.

(4) 수줍거나 창피하여 볼 낯이 없다.

(5) 마음속에 품고 있는 생각이나 감정.

(6) 공연을 목적으로 하는 연극의 대본.

(7) 성품이 너그럽지 못하고 생각이 좁다.

(8) 서로 옳으니 그르니 하며 다툼. 또는 그런 행위나 모양.

(9) 희곡에서, 몸짓이나 무대의 장치, 분위기 등을 나타내는 부분.

(10) 잘 변하지 아니하는, 행동을 주로 결정하는 확고한 의식이나 관념.

어휘 확인하기 11일

[02~04] 다음 빈칸에 들어갈 어휘를 〈보기〉에서 골라 쓰시오.

보기

역정　　옥신각신　　고정 관념

02 중요한 대회를 앞둔 형은 사소한 일에도 [　　　] 을 잘 냈다.

03 교통사고가 나자 운전자들은 서로의 탓을 하며 [　　　] 다투었다.

04 집안일이 여성의 몫이라는 생각은 성 역할에 대한 잘못된 [　　　] 이다.

TIP 성 역할: 개인이 속한 문화 내에서 성별에 따라 다르게 부과되는 역할.

[05~08] 다음 문장에 알맞은 어휘를 고르시오.

05 아이는 무엇이 못마땅한지 짜증이 가득한 얼굴로 (심정 / 심통)을 부렸다.

06 연극에서 커튼이 올랐다가 다시 내릴 때까지의 단락을 (막 / 장)이라고 한다.

07 내가 거짓말로 변명한 것을 알게 되신 아버지의 (생색 / 책망)에 눈물이 나왔다.

08 악성 댓글을 쓰는 것은 대상이 되는 사람의 인격을 (모독하는 / 도모하는) 일이기 때문에 사회적 문제가 된다.

TIP 악성 댓글: 인터넷의 게시판 따위에 올려진 내용에 대해 악의적인 평가를 하여 쓴 댓글.

[09~11] 다음 빈칸에 들어갈 어휘를 찾아 연결하시오.

09 집에 혼자 남게 되자 쓸쓸하고 (　　　) 기분이 들었다. •　　• ㉠ 무안한

10 수상 소감을 연습하다 들킨 그는 (　　　) 기색이 역력했다. •　　• ㉡ 옹졸한

11 (　　　) 성격인 그 사람은 자신에 대한 정당한 비판에도 날을 세운다. •　　• ㉢ 울적한

◐ 바른답 · 알찬풀이 18쪽

12 다음 중 ㉠과 바꿔 쓰기에 가장 적절한 것은?

> 문학 작품에서는 작가의 상상력을 발휘하여 현실의 한계를 벗어나 다른 존재로 거듭나기를 바라는 ㉠<u>심정</u>이 드러난 글도 있다. 변신에 대한 소망은 주로 죽어서 다른 존재로 다시 태어나는 '전생'이나, 죽지 않고 다른 존재로 몸을 바꾸는 '전신' 등으로 나타난다.

① 감정 ② 격분 ③ 심보 ④ 심술 ⑤ 역정

13 다음 중 밑줄 친 어휘의 쓰임이 적절하지 <u>않은</u> 것은?

① 슬픈 영화를 보고 나니 기분이 <u>울적해졌다</u>.
② 시나리오는 연극의 대본이고, <u>희곡</u>은 영화의 각본이다.
③ 친구가 선생님 앞에서 내 인사를 무시해서 정말 <u>무안했다</u>.
④ 시험 결과가 좋지 않은 것을 스스로 <u>책망</u>도 하고 한탄도 하였다.
⑤ 집주인은 며칠 전부터 세입자에게 밀린 월세를 내라고 <u>성화</u>를 부렸다.

14 다음 중 글의 빈칸에 들어갈 어휘로 적절하지 <u>않은</u> 것은?

> 피해자들은 사기꾼의 뻔뻔스러운 태도에 (　　　　)했다.

① 격노 ② 격분 ③ 대립 ④ 분개 ⑤ 분노

15 〈보기〉의 빈칸에 들어갈 알맞은 어휘가 차례대로 연결된 것은?

보기

- 배가 고프다는 아이들의 (　　　　)에 급히 식사를 준비했다.
- 반의 관계는 '남학생－여학생'처럼 단어들의 의미가 서로 (　　　　)을 하는 관계야.

① 성화 – 대립 ② 대치 – 심통 ③ 성화 – 옥신각신
④ 고정 관념 – 대립 ⑤ 심통 – 옥신각신

12일

2주차 종합 문제 07일~11일

01 다음 중 밑줄 친 어휘의 의미로 가장 적절한 것은?

보기

아이는 엄마와 마트에 가서 장난감을 사 달라고 성화를 부렸다.

성화(成火) 1. 일 따위가 뜻대로 되지 아니하여 답답하고 애가 탐. 또는 그런 증세. ………… ①
2. 몹시 귀찮게 구는 일. ………… ②
성화(聖火) 1. 신에게 제사를 지낼 때에 밝히는 성스러운 불. ………… ③
2. 올림픽 따위의 규모가 큰 체육 경기에서, 경기장에 켜 놓는 횃불. ………… ④
성화(聖畫) 기독교의 내용을 그린 종교화. ………… ⑤

02 다음 중 어휘의 선택이 적절하지 않은 것은?

- 커피 한 잔 사 주고 어찌나 (생색, 역정)을 내던지. ………… ①
- 두 토론자는 법률에 대한 해석에 (관점, 시점)의 차이를 보였다. ………… ②
- 그녀는 혼자 안무를 틀려 버리자 (교묘한, 멋쩍은) 웃음을 지었다. ………… ③
- 그 화가는 100여 점의 그림만 남기고 (속절없이, 홀연히) 사라졌다. ………… ④
- 그는 아침을 먹기로 한 약속을 잊어버린 스스로를 (책망, 앙갚음)했다. ………… ⑤

03 다음 중 **평범한** : **비범한** 과 같은 의미 관계로 짝지어진 것은?

그동안 제가 봉사 활동을 하면서 느낀 점은 봉사 활동을 통해 나 자신이 많은 것을 얻을 수 있다는 것입니다. 봉사 활동을 하면서 **평범한** 일상이 **비범한** 경험으로 바뀌는 즐거움을 누릴 수 있었습니다. 여러분도 이런 기쁨을 느낄 기회가 있으면 좋겠습니다.

① 분개 : 분노
② 생색 : 공치사
③ 남루하다 : 너절하다
④ 방자하다 : 건방지다
⑤ 생경하다 : 익숙하다

04 다음 글에 나타난 '그'의 성격이나 행동을 나타내는 어휘로 가장 적절한 것은?

그는 지나가는 사람들을 가게로 데리고 가려고 능청스럽게 계속 말을 건넸다. 그런 그의 능글대는 태도에 이끌려 가게에 들어갔다가 바가지를 쓰고 물건을 사는 손님도 종종 있었는데, 뒤늦게 사실을 알고 따지러 오는 손님들에게도 그는 이런저런 핑계를 대며 결국 환불해 주지 않기 일쑤였다.

① 겸연쩍다　② 느물거리다　③ 성마르다
④ 쭈뼛거리다　⑤ 을씨년스럽다

05 다음 중 빈칸에 들어갈 어휘로 가장 적절한 것은?

감염병으로 인해 여가 활동이나 문화 소비의 (　　　)이/가 달라지고 있는 것으로 나타났다. 조사 결과 공연과 같은 직접 관람을 해야 하는 소비는 전년보다 20% 이상 줄었고, 매체를 이용한 간접 관람은 늘었다. 대면에서 비대면 중심의 문화 소비로 변화한 것이다.

① 양도　② 양상　③ 여비　④ 지경　⑤ 호령

06 〈보기〉의 빈칸에 공통으로 들어갈 어휘로 가장 적절한 것은?

보기

문학 작품 속 공간은 단순한 (　　　)을/를 넘어 현실에 대한 인식을 드러내는 장치로 사용되기도 한다. 예를 들어 작품 속에서 두 형제가 같은 산에서 지내고 있다고 생각해 보자. 형은 산속에서 살며 고독함과 쓸쓸함을 느끼고 있고, 동생은 만족감을 느끼고 있다. 형에게 산이란 벗어나고 싶은 공간으로 다가올 수 있다. 반대로 동생에게 산이란 자연 속에서 삶을 즐기며 늙어 가는 공간이 된다. 이처럼 등장인물이 자신이 처한 (　　　)을/를 대하는 태도를 통해 작품의 주제를 생각해 볼 수 있다.

① 갈등　② 배경　③ 사건
④ 시점　⑤ 모티프

2주차 종합 문제 07일~11일

07 〈보기〉의 빈칸에 공통으로 들어갈 어휘로 가장 적절한 것은?

보기

- 힘들게 해 봤자 (　　　)을/를 낼 수도 없는 노릇이다.
- 의견은 우리 모둠이 냈는데 (　　　)은/는 다른 모둠이 내니 속상하였다.
- 나의 노력이 아무 (　　　) 안 나는 헛수고가 아닌가 하여 걱정했지만 막상 일을 끝내고 나니 그 태가 나는 것 같아서 뿌듯했다.

① 고혈　② 분수　③ 생색
④ 역정　⑤ 알은체

08 〈보기〉의 빈칸에 들어갈 어휘로 적절하지 않은 것은?

보기

- 이번에는 (　　　) 사람들과 함께 일하고 싶다.
- 강도 사건이 계속되어 분위기가 (　　　) 상황이다.
- 장사를 할 때 가장 중요한 것은 (　　　) 좋은 가게를 찾는 것이다.
- (　　　) 있는 집안에서 자란 그는 예의 바르고 남을 배려할 줄 안다.

① 목　② 근본　③ 심통
④ 흉흉한　⑤ 손이 맞는

09 다음 중 밑줄 친 어휘의 쓰임이 적절하지 않은 것은?

① 우리 회사의 미래를 함께 도모할 인재들이다.
② 내가 힘들 때 모른 척하는 것이 고깝게 느껴졌다.
③ 극적인 승리를 거둔 운동 선수가 포효하며 기뻐했다.
④ 다른 사람의 실수를 너그럽게 이해하는 옹졸한 사람이 되어라.
⑤ 그 아이는 잔망스러워서 어른들과의 거래에서도 손해를 보지 않았다.

10 **다음 중 밑줄 친 어휘와 바꿔 쓸 수 있는 어휘로 적절하지 않은 것은?**

① 친구 얼굴을 보기가 겸연쩍었다. → 무안하였다
② 그는 주저거리며 집으로 발길을 돌렸다. → 쭈뼛거리며
③ 그의 행동을 불쾌하게 생각한 것이 비단 나만은 아니었다. → 홀연히
④ 이번 법안과 관련하여 두 정당의 의견이 완전히 대립되었다. → 대치
⑤ 내일 치를 시험에 대한 걱정으로 잠을 이루지 못하는 지경이다. → 형편

11 **다음 중 밑줄 친 부분의 상황에 어울리는 한자 성어로 가장 적절한 것은?**

> "대장부가 세상에 나서 공자와 맹자를 본받지 못할 바에야 차라리 병법이라도 익혀 대장인(대장이 가지던 도장.)을 허리춤에 비스듬히 차고 동서로 정벌하여 나라에 큰 공을 세우고 이름을 만대에 빛내는 것이 장부의 통쾌한 일이 아니겠는가?" – 허균, 「홍길동전」 중에서

① 독수공방 ② 설왕설래 ③ 입신양명
④ 자초지종 ⑤ 혼비백산

12 **〈보기〉의 밑줄 친 어휘의 예로 적절하지 않은 것은?**

> 보기
>
> 고전 소설의 이야기가 전개되는 데에는 전기적(傳奇的) 요소가 중요한 역할을 한다. 전기(傳奇)는 현실에서는 일어나기 어려운 기이하고 신기한 이야기로, 고전 소설에서는 전기적 사건들이 등장하여 갈등이나 문제 상황을 해결하는 경우가 많다.

① 박씨 부인이 후원의 별당에서 혼자 지냄.
② 박씨 부인이 구름을 타고 금강산을 다녀옴.
③ 심청이 용궁에 가서 돌아가신 어머니를 만남.
④ 홍길동이 허수아비로 여덟 명의 홍길동을 만듦.
⑤ 홍길동이 축지법을 써서 먼 거리를 빠른 시간에 이동함.

[13~14] 다음 글을 읽고, 물음에 답하시오.

▶ 어휘 체크 ☐ 도끼눈 ☐ 약이 오르다 ☐ 골병 ☐ 넋 ☐ 호들갑스럽다

"아, 이년아! 남의 닭 아주 죽일 터이냐?"

내가 도끼눈을 뜨고 다시 꽥 ㉠호령을 하니까 그제서야 울타리께로 쪼르르 오더니 울 밖에 섰는 나의 머리를 겨누고 닭을 내팽개친다.

"예이, 더럽다! 더럽다!"

"더러운 걸 널더러 입때 끼고 있으랬니? 망할 계집애 년 같으니."

하고 나도 더럽단 듯이 울타리께를 휭허케 돌아내리며 ⓐ약이 오를 대로 올랐다고 하는 것은 암탉이 풍기는 서슬에 나의 이마빼기에다 물찌똥을 찍 갈겼는데 그걸 본다면 알집만 터졌을 뿐 아니라 골병은 단단히 든 듯 싶다. (중략)

얼마 되지 않아 나는 ⓑ넋이 풀리어 기둥같이 묵묵히 서 있게 되었다. 왜나하면 큰 닭이 한 번 쪼인 ⓒ앙갚음으로 호들갑스레 연거푸 쪼는 서슬에 우리 수탉은 찔끔 못 하고 막 곯는다. 이걸 보고서 이번에는 점순이가 깔깔거리고 되도록 이쪽에서 많이 들으라고 웃는 것이다.

은근히 해를 입어 골병이 든다.

나는 보다 못하여 덤벼들어서 우리 수탉을 붙들어 가지고 도로 집으로 들어왔다. 고추장을 좀 더 먹였더라면 좋았을 걸. 너무 급하게 쌈을 붙인 것이 퍽 ⓓ후회가 난다. 장독께로 돌아와서 다시 턱 밑에 고추장을 들이댔다. 흥분으로 말미암아 그런지 당최 먹질 않는다.

도무지, 영.

나는 ⓔ하릴없이 닭을 반듯이 눕히고 그 입에서 궐련 물부리를 물리었다.

얇은 종이로 가늘고 길게 말아 놓은 담배.

– 김유정, 「동백꽃」 중에서

13 밑줄 친 단어 중, ㉠과 가장 유사한 의미로 쓰인 것은?

① 천하를 호령을 했던 장군의 기세가 느껴졌다.
② 학생 대표의 호령에 따라 모두 인사를 하였다.
③ 하나, 둘, 셋, 넷, 코치의 호령에 따라 체조를 시작했다.
④ 엄하게 꾸짖는 선생님의 호령에 아이들이 고개를 떨구었다.
⑤ 우리 지역 배구단은 전국을 호령하며 창단 10년 만에 괄목할 만한 성과를 거두었다.

14 문맥상 ⓐ~ⓔ와 바꿔 쓸 수 있는 것으로 가장 적절한 것은?

① ⓐ: 무안하다고
② ⓑ: 혼비백산하여
③ ⓒ: 보복으로
④ ⓓ: 황공하다
⑤ ⓔ: 할 일이 없어

▶ 빈칸에 공통적으로 들어갈 동물은 무엇일까요? 동물에 빗대어 인물이나 상황을 묘사한 관용 표현들을 알아보세요.

◯도 주인을 알아본다
짐승인 개도 자기를 돌봐 주는 주인을 안다는 뜻으로, 배은망덕한 사람을 꾸짖어 이르는 말.

◯ 발에 편자
옷차림이나 지닌 물건 따위가 제격에 맞지 아니하여 어울리지 않음을 이르는 말.

서당 ◯ 삼 년에 풍월을 읊는다
어떤 분야를 몰라도 그 부문에 오래 있으면 얼마간의 지식과 경험을 갖게 된다는 말.

닭 쫓던 ◯ 지붕 쳐다보듯
애써 하던 일이 실패로 돌아가거나 남보다 뒤떨어져 어찌할 수 없게 됨을 이르는 말.

죽 쑤어 ◯ 준다
애써 한 일을 남에게 빼앗기거나, 엉뚱한 사람만 이롭게 되었음을 이르는 말.

똥 묻은 ◯가 겨 묻은 ◯ 나무란다
자기는 더 큰 흉이 있으면서 도리어 남의 작은 흉을 본다는 말.

답 개

12일까지 학습을 마쳤으면 QR 코드를 찍어 진단 평가를 해 보세요.

3주차

일차	학습 내용	학습 확인
13일	매체와 관련한 어휘 주제 1 영상 제작과 관련한 어휘 주제 2 정보 공유와 관련한 어휘	
14일	의사소통과 관련한 어휘 ❶ 주제 1 공식적인 말하기에 자주 나오는 어휘 주제 2 의사소통할 때의 태도와 관련한 어휘	
15일	의사소통과 관련한 어휘 ❷ 주제 1 대화 상황과 관련한 어휘 주제 2 읽기, 쓰기와 관련한 어휘	
16일	문법 개념어와 관련한 어휘 ❶ 주제 1 언어의 본질, 우리말의 어휘와 관련한 개념어 주제 2 단어, 문장과 관련한 개념어	
17일	문법 개념어와 관련한 어휘 ❷ 주제 1 훈민정음과 관련한 개념어 주제 2 표준 발음법 이해에 필요한 개념어	
18일	3주차 종합 문제	

1 3일 일일 퀘스트

매체와 관련한 어휘

◗ 어휘 책을 펼쳐 보아요.

◗ 아는 어휘에 ○표 해요. (/ 17)

구성 기획 동선 롱 숏 몽타주
스토리보드 시나리오 영상 언어 클로즈업
공유 누리 소통망 매체 블로그
유포하다 익명성 저작물 허위

◗ 십자말풀이를 완성해요. (/ 10)

◗ 확인 문제로 복습해요. (/ 14)

주제 1 영상 제작과 관련한 어휘

1회 □ 2회 □ **구성**
얽다 構 이루다 成

영상이나 매체 등에서 표현하려는 것을 구체적으로 나타내기 위해 여러 요소들을 서로 관련되게 배열하는 일.

(실전) 좋은 웹 페이지 디자인이란 제작자의 표현 의도와 내용을 사용자에게 잘 전달하기 위해 여러 정보를 화면에 효과적으로 **구성**해 놓은 디자인을 말합니다. | **20 고1 6월**

(참고) 구성 요소 어떤 대상을 짜임새 있게 이루기 위해 꼭 필요한 성분.

1회 □ 2회 □ **기획**
꾀하다 企 새기다 劃

어떤 일을 꾸미어 계획함. 만들 내용을 정하고 계획을 세우는 일을 가리킨다.

(실전) 지난달 학생회에서 소방서에 도시락을 전달하는 프로젝트를 **기획**했지만 자금 부족으로 중단되었습니다. | **20 고1 9월**

1회 □ 2회 □ **동선**
움직이다 動 선 線

어떤 일을 할 때, 사람이나 물건의 움직임을 나타내는 선.

(예문) 영상을 찍을 때는 출연자의 **동선**을 미리 생각해 보고, 카메라를 움직여야 한다. / 건물 내부와 외부 공간의 **동선**을 효율적으로 설계하였다.

1회 □ 2회 □ **롱 숏**
long shot

카메라를 찍을 대상으로부터 멀리 하여 전체적인 경치를 모두 찍을 수 있도록 하는 촬영 방법.

(예문) **롱 숏**은 인물과 주변 상황을 한눈에 보여 줄 수 있어서 영상의 도입부에서 많이 쓰인다. / 첫 장면을 **롱 숏**으로 촬영하면 관객은 극중 인물이 누구이며, 무엇을 하고 있으며, 어떤 장소에 있는지 쉽게 알 수 있다.

(참고) 숏 한 번의 연속 촬영으로 찍은 장면을 이르는 말.

1회 ☐
2회 ☐

몽타주

montage

따로따로 촬영한 장면을 적절하게 떼어 붙여서 새로운 내용으로 만드는 것.

(실전) **몽타주** 기법을 사용하게 되면 장면들이 서로 연결되면서, 하나의 장면만으로는 보여 줄 수 없었던 사건의 진행 과정과 인물의 심리를 관객들이 짐작할 수 있게 됩니다.
| 18 고1 3월

1회 ☐
2회 ☐

스토리보드

storyboard

드라마나 영화와 같은 영상을 만들 때, 대본의 주요 장면을 그림이나 사진 등으로 순서대로 정리한 것.

(예문) **스토리보드**는 감독의 머릿속에 있는 장면을 다른 사람들에게 설명해 주는 역할을 한다.

3주차

1회 ☐
2회 ☐

시나리오

scenario

영화를 만들기 위하여 쓴 글. 장면이나 그 순서, 배우의 행동이나 대사 등을 상세하게 표현한다.

(예문) 그는 자신이 쓴 **시나리오**를 들고 김 감독을 찾아갔다. / 소설을 **시나리오**로 재구성할 때는 창작자의 의도에 따라 원작의 내용을 빼거나 없던 내용을 더하기도 한다.

(참고) 시나리오 용어

S#(Scene Number, **장면 번호**)	장면(scene)의 차례를 나타내기 위해 붙이는 숫자.
F.I.(Fade In, **페이드인**)	화면이 처음에 어둡다가 점점 밝아지는 것.
F.O.(Fade Out, **페이드아웃**)	화면이 처음에 밝다가 점점 어두워지는 것.
NAR.(Narration, **내레이션**)	내용이나 줄거리를 장면 밖에서 해설하는 것.
Ins.(Insert, **인서트**)	화면과 화면 사이에 다른 화면을 끼워 넣는 것.
O.L.(Over Lap, **오버랩**)	하나의 화면이 끝나기 전에 다음 화면이 겹치면서 먼저 화면이 차차 사라지게 하는 것.

1회 ☐
2회 ☐

영상 언어

비추다 **映** 모양 **像**
말씀 **言** 말씀 **語**

영상 매체에서 어떤 내용을 표현하고 전달할 때 사용하는 수단을 이르는 말.

(예문) **영상 언어**는 문자 언어나 음성 언어보다 대상의 모습을 생생하게 전달할 수 있다.

(참고) 문자 언어 문자로 나타낸 말. 말을 글자로 적은 것을 이른다.
음성 언어 음성(말소리)으로 나타내는 말.

1회 ☐
2회 ☐

클로즈업

close-up

영화나 텔레비전에서, 배경이나 인물의 일부를 화면에 크게 나타내는 일.

(실전) 핵심 소재를 **클로즈업**해 시선 집중을 유도할 수 있습니다.
| 20 고1 11월

주제 2 정보 공유와 관련한 어휘

1회 ☐
2회 ☐

공유

함께 **共**
있다 **有**

두 사람 이상이 한 물건을 함께 소유함.

(예문) 우리는 모둠 과제를 위해 서로 수집한 자료를 **공유**하기로 했다. / 작지만 큰 실천이 모인다면 나눔과 **공유**라는 사회적 가치를 실현할 수 있을 것이다.

1회 □ 2회 □

누리 소통망

트이다 疏
통하다 通
그물 網

인터넷에서 다른 사람과의 관계를 만들어 주는 서비스. 자신의 관심사나 활동을 공유하고 소통할 수 있게 해 준다. '사회 관계망 서비스(Social Network Service, SNS)'라고도 한다.

(예문) 유빈이는 영상 발표를 하기 전 떨리는 마음을 **누리 소통망**에 남겼다. / 이번 사건을 세상에 널리 알리게 된 데에는 **누리 소통망**의 역할이 컸다.

1회 □ 2회 □

매체

중매 媒
몸 體

어떤 작용을 한쪽에서 다른 쪽으로 전달하는 물체. 또는 그런 수단. 책, 신문, 텔레비전, 컴퓨터, 인터넷, 전화 등 정보를 전달하고 공유하는 수단을 가리킬 때 주로 쓴다.

(예문) 과도한 성장을 하고 있는 인터넷 **매체**의 윤리적 측면에 대해 살펴보아야 한다. / 평소 여러 **매체**를 통해서 일상생활 속에서 건강을 유지하는 다양한 방법을 접할 수 있다.

(참고) **영상 매체** 텔레비전, 비디오, 컴퓨터, 디브이디(DVD) 등을 이용하여 전달되는 매체. 뉴스, 광고, 드라마, 만화 영화 등이 있다.
인쇄 매체 인쇄물의 형태로 정보와 사상을 전달하는 매체. 신문, 잡지 등이 있다.

1회 □ 2회 □

블로그

blog

자신의 관심사에 따라 자유롭게 칼럼, 일기, 취재 기사 등을 올리는 웹사이트.

(실전) '세계 기아 리포트' 홈페이지나 관련 **블로그**를 찾아봐야겠어. | 21 고1 9월

1회 □ 2회 □

유포하다

흐르다 流
베 布

세상에 널리 퍼뜨리다.

(실전) 거짓 정보를 만들어 게시하거나 **유포하는** 것이 범죄 행위임을 인식할 수 있도록 학생 자치회에서 지속적으로 캠페인을 실시해야 합니다. | 19 고1 11월

(유의) **전파하다** 전하여 널리 퍼뜨리다.

(참고) **배포하다** 신문이나 책자 따위를 널리 나누어 주다.

1회 □ 2회 □

익명성

숨기다 匿
이름 名
성품 性

어떤 행위를 한 사람이 누구인지 드러나지 않는 특성.

(예문) 사이버 공간에서는 **익명성** 때문에 비윤리적인 현상이 더 쉽게 나타난다. / 시험 과정에서 **익명성**을 지키기 위한 여러 장치를 마련하여 시험의 공정성을 높일 수 있다.

1회 □ 2회 □

저작물

나타나다 著
짓다 作
만물 物

인간의 사상 또는 감정을 표현한 창작물. 또는 사상이나 기술, 연구 결과, 문학과 예술 작품 등을 글로 써서 책으로 펴낸 것.

(예문) 자기가 창작한 **저작물**에 대한 배타적 권리를 저작권이라 한다. / 현재 법에서는 오로지 인간의 창작적 행위만이 **저작물**로 보호받을 수 있다고 인정하고 있다.

1회 □ 2회 □

허위

비다 虛
거짓 僞

진실이 아닌 것을 진실인 것처럼 꾸민 것.

(실전) 몇몇 소비자들이 악의적으로 매긴 **허위** 별점이 다른 소비자들에게 영향을 미쳐 판매가 급감한 사례를 흔히 들을 수 있습니다. | 21 고1 11월

(참고) **허위(虛威)** 실속이 없이 겉으로만 꾸민 위세.

01 다음 뜻풀이를 보고 십자말풀이를 완성하시오.

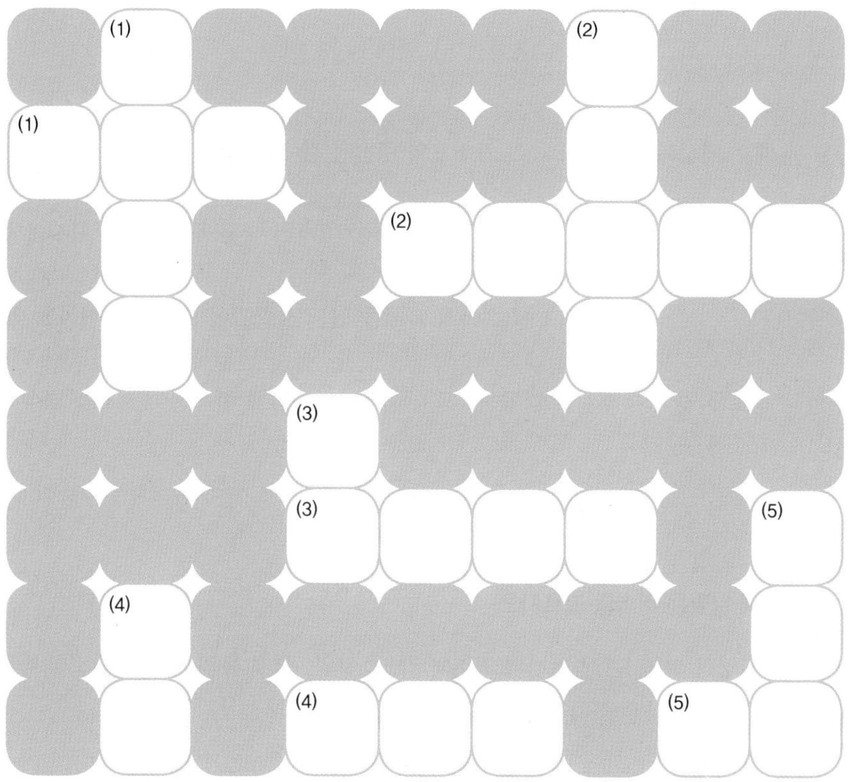

(1) 자신의 관심사에 따라 자유롭게 칼럼, 일기, 취재 기사 등을 올리는 웹사이트.

(2) 드라마나 영화와 같은 영상을 만들 때, 대본의 주요 장면을 그림이나 사진 등으로 순서대로 정리한 것.

(3) 세상에 널리 퍼뜨리다.

(4) 인간의 사상 또는 감정을 표현한 창작물. 또는 사상이나 기술, 연구 결과, 문학과 예술 작품 등을 글로 써서 책으로 펴낸 것.

(5) 영상이나 매체 등에서 표현하려는 것을 구체적으로 나타내기 위해 여러 요소들을 서로 관련되게 배열하는 일.

(1) 영화나 텔레비전에서, 배경이나 인물의 일부를 화면에 크게 나타내는 일.

(2) 영화를 만들기 위하여 쓴 글.

(3) 두 사람 이상이 한 물건을 함께 소유함.

(4) 진실이 아닌 것을 진실인 것처럼 꾸민 것.

(5) 어떤 행위를 한 사람이 누구인지 드러나지 않는 특성.

어휘 확인하기 13일

[02~05] 다음 빈칸에 들어갈 어휘를 〈보기〉에서 골라 쓰시오.

보기

기획　　동선　　매체　　허위

02 영상을 볼 때는 영상의 [　　　] 의도와 주제가 잘 드러나는지 살펴보아야 한다.

03 원활한 진행을 위해 참석자들의 [　　　]까지 고려한 행동 시나리오를 작성하였다.

04 과장 광고나 [　　　] 광고에 속아서 피해를 입는 사람들이 갈수록 늘어나고 있다.

05 가치 있는 정보를 찾기 위해서는 다양한 [　　　]을/를 활용하여 자료를 풍부하게 수집하는 능력이 필요하다.

[06~07] 다음 문장에 알맞은 어휘를 고르시오.

06 (문자 언어 / 영상 언어)는 카메라의 거리와 각도, 자막, 색채 등의 시각적 요소와 배경 음악이나 효과음, 대사와 같은 청각적 요소로 구성된다.

07 영상을 만드는 사람의 의도에 맞게 선택된 대상을 확대하여 대상에 집중하게 하기 위해서는 촬영 기법 중 (롱 숏 / 클로즈업)을 사용해야 한다.

[08~11] 다음 빈칸에 들어갈 어휘를 찾아 연결하시오.

08 타인의 (　　　)을/를 이용할 때는 반드시 출처를 표시해야 한다. •　　　• ㉠ 공유

TIP 출처: 사물이나 말 따위가 생기거나 나온 근거.

09 요즘에는 온라인으로 쉽게 다른 사람들과 자료를 (　　　) 할 수 있다. •　　　• ㉡ 익명성

10 무심코 (　　　)에 올린 글이 널리 퍼져 곤란을 겪는 사례가 늘어나고 있다. •　　　• ㉢ 저작물

11 인터넷의 (　　　)을/를 악용한 악성 댓글이 늘어나자, 댓글을 작성할 때 실명을 쓰자는 의견이 나왔다. •　　　• ㉣ 누리 소통망

TIP 실명: 실제의 이름.

12 다음 중 밑줄 친 어휘와 바꿔 쓰기에 가장 적절한 것은?

> 최근 자유 게시판에 거짓 정보를 만들어 게시하거나 <u>유포하는</u> 사람들이 많아지고 있다.

① 반출하는 ② 유기하는 ③ 유용하는
④ 유행하는 ⑤ 전파하는

13 다음 중 빈칸에 들어갈 어휘로 가장 적절한 것은?

> 텔레비전 뉴스, 인터넷 (   ) 등과 같은 매체를 통해 전달되는 정보의 구체적 형태를 매체 자료라고 한다. 매체 자료는 음성, 문자, 사진, 동영상 등이 복합적으로 사용되는 특성을 지닌다.
> TIP 두 가지 이상이 합쳐져 있는. 또는 그런 것.

① 기획 ② 동선 ③ 블로그 ④ 시나리오 ⑤ 스토리보드

14 다음 ㉠~㉢과 관련 있는 어휘를 적절하게 짝지은 것은?

> 민아: 영상의 첫 부분은 ㉠<u>여러 전통 음식이 차려진 모습이 방 안의 모습과 함께 전체적으로 보이도록 카메라를 멀게 하여 촬영</u>하면 어떨까?
> 기철: 그것보다는 ㉡<u>전통 음식을 만드는 다양한 장면을 따로따로 촬영한 후, 촬영한 장면들을 서로 연결하는 방법</u>을 써 보는 것이 어때?
> 지효: 좋은 의견이야. 그리고 전통 음식을 만드는 부분에서는 ㉢<u>손을 확대해서</u> 정성이 들어간다는 점을 강조하자.
> 민아: 그게 좋겠다.

	㉠	㉡	㉢
①	롱 숏	몽타주	인서트
②	롱 숏	스토리보드	클로즈업
③	롱 숏	몽타주	클로즈업
④	클로즈업	인서트	롱 숏
⑤	클로즈업	구성	롱 숏

의사소통과 관련한 어휘 ①

▶ 어휘 책을 펼쳐 보아요.

▶ 아는 어휘에 ○표 해요. (　　/ 19)

공동체	논의	논제	면담	실태
유대감	자정	절충안	타당성	토론
토의	합리적	경청	배척	수용
인신공격	자제	비언어적 표현		준언어적 표현

▶ 십자말풀이를 완성해요. (　　/ 10)

▶ 확인 문제로 복습해요. (　　/ 13)

주제 1 공식적인 말하기에 자주 나오는 어휘

1회 □ 2회 □

공동체

함께 共
같다 同
몸 體

생활이나 행동 또는 목적 등을 같이 하는 집단.

(실전) 우리 민족은 예로부터 '음식이 곧 약'이라고 생각하였고, 절기에 따라 떡을 먹으며 자신의 건강뿐만 아니라 **공동체**의 안녕을 빌었다. | 22 고2 6월

1회 □ 2회 □

논의

논의하다 論
의논하다 議

어떤 문제에 대하여 서로 의견을 내어 토의함. 또는 그런 토의.

(실전) 일부 대화 참여자의 발언이 맥락에서 벗어났음을 지적하고 **논의**의 범위를 제한할 것을 요청하고 있다. | 22 고1 3월

1회 □ 2회 □

논제

논의하다 論
제목 題

논설이나 논문, 토론 등의 주제나 제목.

(실전) 오늘은 '벌점 평가제는 폐지되어야 한다.'라는 **논제**로 토론하려고 합니다. | 21 고1 11월

(참고) **주제** 대화나 연구 등에서 중심이 되는 문제. 또는 예술 작품에서 지은이가 표현하고자 하는 주된 생각.

1회 □ 2회 □

면담

낯 面
말씀 談

서로 만나서 이야기함. 주로 특정 인물이나 주제와 관련된 정보를 모으려고 서로 만나 대화를 주고받는 것을 말한다.

(실전) **면담**에서 어떤 이야기를 할지 떠올려 보자. 우선 방문한 목적과 함께 감사의 인사말을 전해야겠지? | 22 고2 6월

(유의) **인터뷰** 특정한 목적을 가지고 개인이나 집단을 만나 정보를 수집하고 이야기를 나누는 일.

1회 □ 2회 □

실태

열매 實
모양 態

있는 그대로의 상태. 또는 실제의 모양.

(실전) 청소년의 과다한 SNS 이용 **실태**는 '포모 증후군'을 우려하게 한다. | 22 고1 3월

(유의) 실상 실제 모양이나 상태.

1회 □ 2회 □

유대감

매다 紐
띠 帶
느끼다 感

서로 밀접하게 연결되어 있는 공통된 느낌.

(예문) 산책과 놀이를 통해 반려견과 **유대감**을 형성할 수 있다. / 이번 합창 대회를 준비하면서 친구들 사이에 끈끈한 **유대감**이 생겼다.

1회 □ 2회 □

자정

스스로 自
깨끗하다 淨

비리 등으로 부패된 조직이 어떤 조치를 취함으로써 불순한 것을 깨끗하게 함을 비유적으로 이르는 말.

(예문) 시청률을 의식하여 자극적으로만 보도하는 언론계의 **자정**이 필요하다. / 학교 폭력을 없애려면 학생들 사이에서 폭력을 예방하고 **자정**하는 문화를 만들도록 도와야 한다.

1회 □ 2회 □

절충안

꺾다 折
속마음 衷
책상 案

두 가지 이상의 안을 서로 보충하여 알맞게 조절한 안.

(예문) 양측은 그가 제시한 **절충안**으로 타협하였다. / 생산자와 사용자의 의견을 수렴한 **절충안**을 만들어 모두를 만족시키는 것이 디자이너의 역할이다.

1회 □ 2회 □

타당성

온당하다 妥
마땅하다 當
성품 性

사물의 이치에 맞는 옳은 성질. 주장을 뒷받침하는 근거나 이유가 마땅히 옳은 것일 때 타당성이 있다고 한다.

(예문) 논설문을 읽을 때는 주장을 파악하고 근거의 **타당성**을 판단하며 읽어야 한다. / 글의 **타당성**을 판단할 때는 주장과 근거 사이에 연관성이 있는지 살펴봐야 한다.

(참고) 공정성 공평하고 올바른 성질.
신뢰성 굳게 믿고 의지할 수 있는 성질.

1회 □ 2회 □

토론

치다 討
논의하다 論

어떤 문제에 대하여 여러 사람이 각각 의견을 말하며 논의함. 어떤 논제에 대해 찬성 측과 반대 측이 각각 자기편의 주장을 펼쳐 상대방을 설득하는 말하기이다.

(실전) 그는 공동선에 대한 **토론**에서 시민들이 자신의 목표를 잘 선택하고 다른 사람의 선택권을 존중해야 한다고 주장하였다. | 22 고1 6월

1회 □ 2회 □

토의

치다 討
의논하다 議

어떤 문제에 대하여 검토하고 협의함. 공동의 문제를 해결하기 위해 여러 사람이 의견을 나누며 최선의 해결 방법을 찾는 협력적인 말하기이다.

(예문) 우리 반은 **토의**로 급훈을 정했다. / 모둠 **토의**에서 함께 읽을 책을 정했다.

1회 □ 2회 □

합리적

합하다 合
다스리다 理
과녁 的

이론이나 이치에 합당한. 또는 그런 것.

(예문) 토의를 통해 의사를 결정할 때는 각각의 의견이 **합리적**인지 따져 보아야 한다. / 학급의 일을 해결할 때에는 여러 사람의 의견을 듣고 **합리적**으로 판단해야 한다.

주제 2 의사소통할 때의 태도와 관련한 어휘

1회 ▢ 2회 ▢

경청

기울다 傾
듣다 聽

귀를 기울여 들음.

(예문) 판단의 오류를 줄이려면 다른 사람들의 말을 **경청**할 줄 알아야 한다. / 청중들은 눈을 반짝이며 강사의 연설을 **경청**했다.

1회 ▢ 2회 ▢

배척

물리치다 排
물리치다 斥

따돌리거나 거부하여 밀어 내침.

(예문) 소수 의견에 대한 무조건적인 **배척**은 옳지 않다. / 병자호란 시기에 사대부들은 외세를 **배척**하자는 의견과 외세와 화친해야 한다는 의견으로 나뉘어 대립하였다.

1회 ▢ 2회 ▢

수용

받다 受
얼굴 容

어떠한 것을 받아들임.

(실전) 축제를 기대하는 학생들의 바람이 이루어질 수 있도록 건의를 **수용**해 주시면 좋겠습니다. | 22 고1 6월

1회 ▢ 2회 ▢

인신공격

사람 人 몸 身
치다 攻 부딪치다 擊

남의 신상에 관한 일을 들어 비난함.

(실전) **인신공격**성의 발언을 함으로써 상대측을 불필요하게 자극하여 불쾌하게 만들고 있다. | 20 고2 6월

(참고) **인신공격의 오류** 논제나 주장과는 관계없이 사람의 약점이나 상황을 지적하여 논박하면서 발생하는 오류.

1회 ▢ 2회 ▢

자제

스스로 自
억제하다 制

자기의 감정이나 욕망을 스스로 억제함.

(예문) 일회용품 사용을 **자제**하여 생태계를 되살려야 한다. / 학교 앞 자가용 등교 **자제**는 모든 학생들이 안전하게 등교하는 데 도움이 된다.

1회 ▢ 2회 ▢

비언어적 표현

아니다 非 말씀 言
말씀 語 과녁 的
겉 表 나타나다 現

말을 할 때 언어나 음성 외에 의미를 전달하는 데 사용되는 표현. 시선, 손짓, 몸짓, 표정 등을 말한다.

(예문) 청중의 주의를 집중시키기 위해서는 손동작이나 표정 등의 **비언어적 표현**을 적절히 사용해야 한다.

(실전) **비언어적 표현**을 사용하여 전달의 효과를 높이고 있다. | 21 고1 3월

(참고) **언어적 표현** 의미 있는 음성, 즉 언어로 표현하는 것.

1회 ▢ 2회 ▢

준언어적 표현

법도 準 말씀 言
말씀 語 과녁 的
겉 表 나타나다 現

언어적 표현과 함께 이루어지는 음성적 효과. 말소리의 크기, 높낮이, 장단, 속도, 억양, 어조 등으로 뜻을 전달하는 것을 말한다.

(예문) 발표를 할 때는 **준언어적 표현**을 사용하여 청중에게 바라는 바를 강조할 수 있다. / 연설을 할 때는 중요한 부분에서 목소리를 높이거나 강한 어조로 말하는 등의 **준언어적 표현**을 사용하면 효과적이다.

01 다음 뜻풀이를 보고 십자말풀이를 완성하시오.

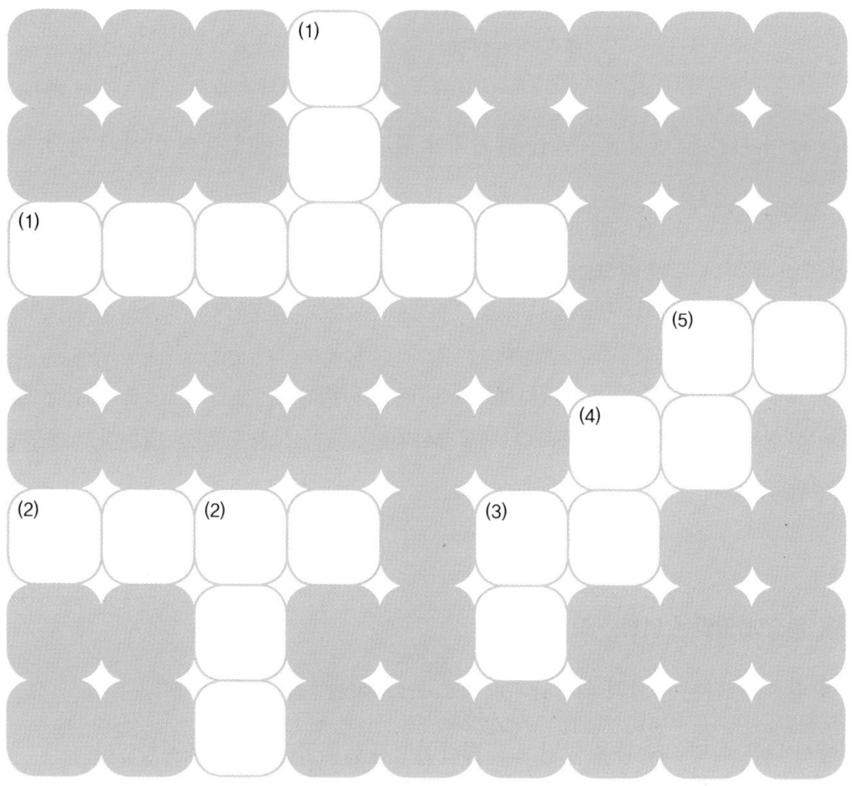

3 주차

가로

(1) 말을 할 때 언어나 음성 외에 의미를 전달하는 데 사용되는 표현. 시선, 손짓, 몸짓, 표정 등.

(2) 남의 신상에 관한 일을 들어 비난함.

(3) 자기의 감정이나 욕망을 스스로 억제함.

(4) 어떤 문제에 대하여 서로 의견을 내어 토의함. 또는 그런 토의.

(5) 어떤 논제에 대하여 찬성 측과 반대 측이 각각 자기편의 주장을 펼쳐 상대방을 설득하는 말하기.

(1) 이론이나 이치에 합당한. 또는 그런 것.

(2) 생활이나 행동 또는 목적 등을 같이 하는 집단.

(3) 부패된 조직이 어떤 조치를 취하여 불순한 것을 깨끗하게 함을 비유적으로 이르는 말.

(4) 논설이나 논문, 토론 등의 주제나 제목.

(5) 공동의 문제를 해결하기 위해 여러 사람이 의견을 나누며 최선의 해결 방법을 찾는 협력적 말하기.

어휘 확인하기 14일

[02~04] 다음 빈칸에 들어갈 어휘를 〈보기〉에서 골라 쓰시오.

보기

실태　　토론　　공동체

02 우리는 국어 시간에 '벌점 평가제를 폐지해야 한다.'라는 논제에 대해 찬성과 반대로 나누어 (　　　　)하였다.

03 '내 가족'만이 아닌 우리 모두의 (　　　　)을/를 지키기 위해 시민들이 한 자리에 모여 머리를 맞대었다.

04 우리 학교 학생들을 대상으로 아침 식사에 대한 생각과 (　　　　)을/를 조사한 결과, 72%의 학생이 아침 식사가 중요하다고 생각하지만, 아침 식사를 챙겨 먹는다고 응답한 학생은 40%에 그쳤다.

[05~07] 다음 문장에 알맞은 어휘를 고르시오.

05 토의를 할 때는 다른 사람의 의견을 (배척 / 수용)하는 태도가 필요하다.

06 토의에서 나온 여러 의견들을 알맞게 조정하여 (자정 / 절충안)을 제시하였다.

07 의견의 (익명성 / 타당성)을 판단하려면 주장의 근거가 적절한지 따져 봐야 한다.

TIP 어떤 일이나 의논, 의견에 그 근본이 됨. 또는 그런 까닭.

[08~10] 제시된 초성과 뜻을 참고하여 빈칸에 들어갈 알맞은 어휘를 쓰시오.

08 **ㄱㅊ**: 귀를 기울여 들음.

→ 대화를 할 때에는 상대방의 말에 진심으로 공감하며 (　　　　)하는 태도가 필요하다.

09 **ㅂㅊ**: 따돌리거나 거부하여 밀어 내침.

→ 다른 사람의 의견을 무조건 (　　　　)하고 자신의 의견만 내세우면 원활한 의사소통을 하기 어렵다.

10 **ㅇㅅㄱㄱ**: 남의 신상에 관한 일을 들어 비난함.

→ 인터넷에 확인되지 않은 사실이나 악성 댓글, (　　　　)을/를 하는 글을 함부로 쓰지 않아야 한다.

11 〈보기〉의 빈칸에 공통으로 들어갈 어휘로 가장 적절한 것은?

보기

- 서로 이익과 손해만 따지면 인간적인 (　　　　)을 쌓을 수 없다.
- 이어달리기 연습 이후로 우리들 사이에는 끈끈한 (　　　　)이 생겼다.
- 발표를 할 때 청중을 칭찬하는 말로 시작하면 청중과 긍정적인 (　　　　)을 쌓을 수 있다.

① 강박감　② 실망감　③ 안도감　④ 유대감　⑤ 혐오감

12 다음 밑줄 친 어휘와 바꿔 쓰기에 가장 적절한 것은?

수연: 다음 달 학교 신문 진로 탐방 칸에 실을 기사 주제로 무엇이 좋을까?
정우: 요즘 소방관이 주인공인 드라마의 인기가 높아서, 소방관에 대해 궁금해하는 친구들이 많더라고. 소방관 <u>면담</u> 기사를 실어 보면 어떨까?

① 대화　② 토론　③ 토의　④ 협상　⑤ 인터뷰

13 다음 중 ㉠~㉣에 해당하는 표현을 적절하게 구분한 것은?

우리 동아리는 시중에서 판매하는 공작 키트를 구입해서 주어진 부품을 설명서대로 조립하는 동아리가 ㉠<u>(두 팔을 교차해 가위표를 만들며)</u> 아닙니다. 우리 동아리는 기계의 설계도를 그려서 부품을 만들어 조립하고, 아름다운 조형물로 완성하기까지의 모든 과정을 ㉡<u>(한 글자씩 끊어 읽으며)</u> 직접 해 보는 동아리입니다. 게다가 담당 선생님께서 ㉢<u>(엄지를 치켜들며)</u> 코딩계의 전설이라 하십니다. ㉣<u>(목소리를 높여)</u> 우리 동아리에 들어오면 코딩을 제대로 배울 수 있습니다.

	비언어적 표현	준언어적 표현		비언어적 표현	준언어적 표현
①	㉠, ㉡	㉢, ㉣	②	㉠	㉡, ㉢, ㉣
③	㉠, ㉢	㉡, ㉣	④	㉡, ㉢	㉠, ㉣
⑤	㉡, ㉣	㉠, ㉢			

의사소통과 관련한 어휘 ❷

◗ 어휘 책을 펼쳐 보아요.

◗ 아는 어휘에 ○표 해요. (　　/ 16)

발화	담화	맥락	동조하다
무분별하다	삼가다	질책	편견
허심탄회	협력	요약	전개
진솔하다	초고	응집성	통일성

◗ 어휘 퍼즐을 완성해요. (　　/ 10)

◗ 확인 문제로 복습해요. (　　/ 15)

주제 1 대화 상황과 관련한 어휘

1회□ 2회□

발화

피다 發
말하다 話

머릿속의 생각을 구체적인 의사소통 상황 속에서 문장 단위로 나타낸 것. 의사소통 상황에 따라 발화의 방법과 의미가 달라진다.

(실전) 상대방의 **발화** 의도를 확인한 후 이에 대한 추가 정보를 요청하고 있다. | 21 고1 9월
상대가 한 **발화**의 핵심 내용을 요약하고 자신이 이해한 내용을 점검하고 있다. | 22 고2 6월

1회□ 2회□

담화

말씀 談
말하다 話

문장들이 모여 이루는 말의 단위. 발화가 모여서 이루어진 것이다.

(실전) 독자의 이해를 돕기 위해 글의 내용을 구조적으로 파악할 수 있도록 **담화** 표지를 사용하고 있다. | 21 고1 9월 / 방송과 같은 공적 **담화**에서는 객관성을 고려하여 주체를 높이지 않는 경우가 있다. | 22 고2 3월

(참고) **담화의 구성 요소** 담화는 '화자(말하는 이)'와 '청자(듣는 이)', '주고받는 내용(말, 글)', '맥락(의사소통에 영향을 미치는 여러 가지 배경이나 환경)'으로 구성된다.

1회□ 2회□

맥락

맥 脈
잇다 絡

사물 따위가 서로 이어져 있는 관계나 연관된 흐름. 의사소통에서는 말과 글로 표현하고 이해할 때 영향을 미치는 여러 가지 배경이나 환경을 의미한다.

(예문) 글을 읽을 때는 글의 앞뒤 **맥락**을 고려해서 글의 의미를 이해해야 한다. / '너 시간 있어?'는 말하는 이의 의도와 목적이라는 **맥락**에 따라 다른 의미를 가진다.

(참고) **상황 맥락** 담화에 직접적으로 영향을 미치는 것으로, 말하는 이(글쓴이)와 듣는 이(읽는 이)의 처지, 구체적인 시간적·공간적 상황, 주제, 의도, 목적 등을 포함한다.
사회·문화적 맥락 담화에 간접적으로 영향을 미치는 것으로, 의사소통이 이루어지는 역사적·사회적 배경, 이념, 공동체의 가치, 지역, 시대, 다문화 등을 포함한다.

1회 ☐
2회 ☐

동조하다

같다 同
고르다 調

남의 주장에 자기의 의견을 일치시키거나 보조를 맞추다.

(실전) '수연'은 자신의 경험을 바탕으로 '우승'의 의견에 **동조하고** 있다. | 18 고1 6월 / 상대방의 말에 거짓으로 **동조하는** 척하면서 상대방을 안심시키려 하고 있다. | 20 고2 6월

1회 ☐
2회 ☐

무분별하다

없다 無
나누다 分
다르다 別

분별할 줄 모르거나 분별이 없다.

(예문) **무분별한** 산림 개발로 숲에 사는 동물들이 살 곳을 잃었다. / 이 광고는 스마트폰을 **무분별하게** 사용하는 태도를 비판하고 있다.

(참고) **분별하다** 1) 서로 다른 일이나 사물을 구별하여 가르다.
2) 세상 물정에 대한 바른 생각이나 판단을 하다.

1회 ☐
2회 ☐

삼가다

1) 몸가짐이나 언행을 조심하다.

(예문) '발 없는 말이 천 리 간다'는 속담은 말은 비록 발이 없지만 천 리 밖까지도 순식간에 퍼진다는 뜻으로 말을 **삼가야** 한다는 의미를 담고 있다.

2) 꺼리는 마음으로 양이나 횟수가 지나치지 아니하도록 하다.

(예문) 녹차의 카페인 성분은 각성 효과를 일으키기 때문에 잠자기 전에는 녹차를 **삼가는** 것이 좋다.

1회 ☐
2회 ☐

질책

꾸짖다 叱
꾸짖다 責

꾸짖어 나무람.

(예문) 강사는 일부 청중들의 불성실한 경청 태도를 **질책**하였다. / 상대방을 **질책**하는 말은 상대방의 반감을 불러일으켜 대화를 원활하게 이어가기 어렵게 만든다.

1회 ☐
2회 ☐

편견

치우치다 偏
보다 見

공정하지 못하고 한쪽으로 치우친 생각.

(예문) '살구색'은 세상을 **편견** 없이 바라보려는 마음이 만들어 낸 말이다. / 사람들은 **편견**과 무시를 받으면 점점 삐뚤어져 가기 마련이다.

(참고) **색안경을 쓰다** 좋지 않은 감정이나 주관적인 선입관을 가지다.

1회 ☐
2회 ☐

허심탄회

비다 虛　마음 心
평평하다 坦　품다 懷

품은 생각을 터놓고 말할 만큼 아무 거리낌이 없고 솔직함.

(예문) 우리는 서로를 이해하게 되면서 **허심탄회**로 대화할 수 있었다. / 각 기관의 대표들이 한자리에 모여 **허심탄회**한 대화를 나누었다.

(유의) **기탄없다** 어려움이나 거리낌이 없다.

1회 ☐
2회 ☐

협력

돕다 協
힘 力

힘을 합하여 서로 도움.

(실전) 국제적 관심과 **협력**이 각국의 플라스틱 사용 규제 정책 도입으로 이어지고 있고 플라스틱의 유해성 연구, 해양 쓰레기 제거 기술 연구 또한 힘을 얻고 있습니다. | 19 고1 6월

(유의) **협조** 힘을 보태어 도움.

3주차

주제 2 읽기, 쓰기와 관련한 어휘

1회 □ 2회 □

요약

중요하다 要
맺다 約

말이나 글의 요점을 잡아서 간추림.

(실전) 앞에서 설명한 내용을 **요약**하며 발표를 마무리하고 있다. | 21 고1 3월 / '진행자'는 친숙한 소재에 빗대어 인터뷰 내용을 **요약**하여 시청자들에게 전달하고 있다. | 21 고1 6월

1회 □ 2회 □

전개

펴다 展
열다 開

1) 일을 시작하여 진행함.

(예문) 새 프로젝트의 **전개**에 차질이 생겼다. / 그들은 환경 보호 운동을 **전개**하였다.

2) 내용을 진전시켜 펼침.

(예문) 내용 **전개** 방식이 독특하다. / 글의 **전개**가 흥미진진했다.

(참고) 글의 전개 방식의 종류

정의	대상의 뜻을 밝혀 풀이하는 방법.
예시	대상과 연관된 구체적인 예를 보여 주는 방법.
분석	대상을 구성하는 요소나 부분으로 나누어 제시하는 방법.
비교·대조	둘 이상의 대상을 견주어 공통점이나 차이점을 드러내는 방법.

1회 □ 2회 □

진솔하다

참 眞
거느리다 率

거짓이 없고 솔직하다.

(예문) 그는 실패했던 경험을 **진솔하게** 이야기하여 청중들의 공감을 얻었다. / 경험을 바탕으로 한 글을 쓸 때는 자신의 삶과 경험, 감정과 생각을 **진솔하게** 표현해야 한다.

1회 □ 2회 □

초고

풀 草
원고 稿

처음 쓴 글.

(예문) 개요를 바탕으로 서평의 **초고**를 썼다. / 완성한 **초고**를 다시 읽으면서 부족한 부분을 고쳐 썼다.

1회 □ 2회 □

응집성

엉기다 凝
모으다 集
성품 性

문장이 형식적으로 긴밀하게 연결되는 성질. 접속 표현이나 지시 표현 등을 사용하여 문장들이 연결되는 것을 말한다.

(예문) 앞에서 언급된 내용을 대신하는 표현을 써서 글의 **응집성**을 높일 수 있다.

(실전) 글의 **응집성**을 높이기 위해 '이러한'을 넣는다. | 15 고1 9월

(참고) **접속 표현** '그런데', '따라서' 등과 같이 단어와 단어, 구절과 구절, 문장과 문장을 이어 주는 구실을 하는 표현.
지시 표현 '그', '저', '그것' 등과 같이 문장 내에서 앞에 나온 말을 다시 가리킬 때 쓰는 표현.

1회 □ 2회 □

통일성

거느리다 統
하나 一
성품 性

다양한 요소들이 있으면서도 전체가 마치 하나와 같이 느껴지는 성질. 담화에서 문장들의 내용이 주제와 밀접하게 연관되는 것을 말한다.

(예문) **통일성**을 갖춘 글을 쓰려면, 글쓰기의 모든 과정에서 세부 내용이 글의 주제를 뒷받침하는지 따져 보아야 한다. / 글의 **통일성**을 해치는 문장은 삭제하는 것이 좋다.

어휘 확인하기 15일

01 다음 뜻에 알맞은 어휘를 찾아 가로, 세로, 대각선으로 표시하시오.

협	력	동	진	동	하	다	유	편
의	응	초	솔	퇴	질	집	무	견
예	동	조	하	다	양	책	분	발
시	일	하	다	탄	건	난	별	화
정	집	심	통	일	초	심	하	다
허	심	탄	회	퇴	고	화	다	사
산	요	점	질	시	연	역	논	롭
수	중	약	책	가	증	삼	가	다

(1) 처음 쓴 글.

(2) 꾸짖어 나무람.

(3) 거짓이 없고 솔직하다.

(4) 힘을 합하여 서로 도움.

(5) 몸가짐이나 언행을 조심하다.

(6) 분별할 줄 모르거나 분별이 없다.

(7) 말이나 글의 요점을 잡아서 간추림.

(8) 공정하지 못하고 한쪽으로 치우친 생각.

(9) 남의 주장에 자기의 의견을 일치시키거나 보조를 맞추다.

(10) 품은 생각을 터놓고 말할 만큼 아무 거리낌이 없고 솔직함.

어휘 확인하기 15일

[02~05] 다음 밑줄 친 어휘의 뜻을 〈보기〉에서 찾아 그 기호를 쓰시오.

보기

㉠ 꾸짖어 나무람.
㉡ 거짓이 없고 솔직하다.
㉢ 공정하지 못하고 한쪽으로 치우친 생각.
㉣ 사물 따위가 서로 이어져 있는 관계나 연관된 흐름.

02 상대방을 질책하는 말보다 격려하는 말이 더 효과적일 때가 많다. (　　　　)

03 말을 하거나 글을 쓸 때는 편견이 담겨 있지 않은지 점검해 보아야 한다. (　　　　)

04 다른 사람들과 더 가까워지려면 대화할 때 자신을 진솔하게 드러내야 한다. (　　　　)

05 원활하게 의사소통하려면 대화 상황이나 의도 같은 담화의 맥락을 고려하여 말해야 한다. (　　　　)

[06~09] 다음 빈칸에 들어갈 어휘를 〈보기〉에서 골라 쓰시오.

보기

담화　　발화　　응집성　　통일성

06 둘 이상의 사람이 서로 주고받은 대화 전체를 [　　　　](이)라고 한다.

07 "안녕."처럼 머릿속의 생각이 말소리로 표현된 것을 [　　　　](이)라고 한다.

08 초고를 고쳐 쓸 때는 글의 내용이 하나의 주제로 긴밀하게 모아지는 [　　　　]을/를 갖추었는지 점검해야 한다.

09 논설문이나 주장하는 글을 쓸 때에는 글의 [　　　　]을/를 고려하여 글의 맥락에 맞는 접속 표현이나 지시 표현을 썼는지 점검하는 것이 좋다.

[10~13] 다음 밑줄 친 어휘와 비슷한 의미의 어휘를 찾아 연결하시오.

10 도서관에서는 큰 소리로 떠드는 것을 <u>삼가야</u> 한다. • • ㉠ 기탄없다

11 친구들은 영화부터 보자는 민규의 말에 <u>동조하였다</u>. • • ㉡ 동의하다

12 서로를 이해하려면 먼저 <u>허심탄회한</u> 대화가 필요하다. • • ㉢ 조심하다

13 교내 환경을 깨끗하게 하려면 학생 모두가 <u>협력해야</u> 한다. • • ㉣ 협조하다

14 **다음 중 밑줄 친 어휘와 같은 뜻으로 쓰인 것은?**

> 이 책은 이야기의 <u>전개</u>가 복잡하여 이해하기가 힘들다는 의견이 있었다.

① 그 일을 <u>전개</u>하려면 예산이 더 필요하다.
② 우리 시는 환경 보호 캠페인을 <u>전개</u>하였다.
③ 방송사에서 불우 이웃 돕기 모금 운동을 <u>전개</u>했다.
④ 그 보고서는 논리를 <u>전개</u>하는 과정이 잘못되었다.
⑤ 수학 문제의 식을 <u>전개</u>할 수 있는 방법을 고민했다.

15 **〈보기〉의 빈칸에 공통으로 들어갈 어휘로 가장 적절한 것은?**

> 보기
> • 뉴스에서 (   ) 버려지는 쓰레기들로 몸살을 앓는 관광지의 모습을 보았다.
> • 외국어나 신조어, 유행어 등을 (   ) 사용하는 태도를 반성하고 우리말을 올바르게 사용해야 한다.
> • 샛별 벽화 마을에서는 사적인 공간까지 (   ) 사진을 촬영하는 관광객들 때문에 주민들이 불편을 겪고 있다.

① 그럴듯하게 ② 몰입정하게 ③ 무분별하게
④ 무질서하게 ⑤ 부도덕하게

문법 개념어와 관련한 어휘 ❶

▶ 어휘 책을 펼쳐 보아요.

▶ 아는 어휘에 ○표 해요. (　　/ 15)

고유어	외래어	방언	유의어
사회성	역사성	자의성	창조성
주어	서술어	목적어	품사
체언	용언	수식언	

▶ 십자말풀이를 완성해요. (　　/ 10)

▶ 확인 문제로 복습해요. (　　/ 13)

주제 1 언어의 본질, 우리말의 어휘와 관련한 개념어

1회 □ 2회 □

고유어
굳다 固
있다 有
말씀 語

본래부터 우리말에 있었던 말이나 그것을 바탕으로 하여 만들어진 말.

(예문) 아름다운 **고유어**를 사용하는 것이 바람직하다. / **고유어**에는 우리 민족의 정서나 감정, 감각을 드러내는 표현이 많다.

(참고) **한자어** 한자를 바탕으로 하여 만들어진 말.

1회 □ 2회 □

외래어
바깥 外
오다 來
말씀 語

외국에서 들어와 우리말처럼 쓰이는 말.

(예문) 우리는 **외래어**에서 유래된 단어를 많이 사용하고 있다. / **외래어**를 무분별하게 사용하면 우리말의 정체성을 위협할 수 있다.

(참고) **외국어** 외국에서 들어온 말로 아직 국어로 정착되지 않은 단어.

1회 □ 2회 □

방언
모 方
말씀 言

한 언어가 지역적 원인 또는 사회적 원인에 따라 나누어진 말의 체계.

(실전) **방언**을 사용하여 향토적 정감을 환기하고 있다. | 20 고1 11월

(참고) **지역 방언** 한 언어에서, 지역적으로 분화되어 지역에 따라 다르게 쓰는 말.
사회 방언 한 언어에서, 계층적으로 분화되어 직업·연령·성별 등에 따라 특징적으로 쓰는 말.

1회 □ 2회 □

유의어
무리 類
뜻 義
말씀 語

뜻이 서로 비슷한 말.

(예문) '뜻'과 '의미'와 '의의'는 소리는 다르지만 서로 뜻이 비슷한 **유의어**이다. / '역전앞'은 '앞'과 '전(前)'이라는 **유의어**를 필요 없이 반복한 표현이다.

(참고) **반의어** 뜻이 서로 정반대되는 관계에 있는 말.
동음이의어 소리는 같으나 뜻이 다른 말.

1회 ☐
2회 ☐

사회성

모이다 **社**
모이다 **會**
성품 **性**

언어가 그 언어를 사용하는 사람들 사이의 사회적 약속이어서, 한 개인이 마음대로 바꿀 수 없는 특성.

(예문) 언어에는 **사회성**이 있어서 널리 쓰이게 되면 함부로 바꾸거나 없애기 어렵다. / 우리가 꽃을 '꽃'이라고 부르고 서로 그 뜻을 이해하는 것은 언어의 **사회성** 때문이다.

1회 ☐
2회 ☐

역사성

지내다 **歷**
역사 **史**
성품 **性**

언어가 시간이 흐르면서 새로 생기기도 하고, 사라지기도 하며, 소리나 의미가 변하기도 하는 특성.

(예문) 옛날에는 '곶'이라고 쓰였던 것이 오늘날에는 '꽃'이라고 쓰이는 것과 같은 언어의 특성을 **역사성**이라고 한다. / 과거에 '다리'가 생물에만 쓰이다가 오늘날에는 사물에도 쓰이게 된 것은 언어의 **역사성**을 나타내는 예이다.

1회 ☐
2회 ☐

자의성

마음대로 **恣**
뜻 **意**
성품 **性**

언어에서 말소리와 뜻 사이에 필연적인 관계가 없는 특성.

(예문) '나무[나무]'와 'tree[트리]'처럼 같은 의미를 나타내는 말소리가 언어별로 다른 것은 언어의 의미와 말소리가 서로 관련이 없기 때문인데, 이러한 특성을 **자의성**이라고 한다.

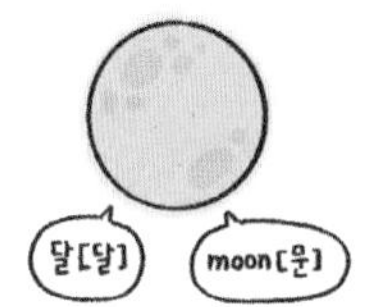

참고 **필연성** 사물의 관련이나 일의 결과가 반드시 그렇게 될 수밖에 없는 요소나 성질.
자의적 일정한 질서를 무시하고 제멋대로 하는. 또는 그런 것.

1회 ☐
2회 ☐

창조성

창작하다 **創**
짓다 **造**
성품 **性**

인간이 새로운 단어나 문장을 끊임없이 만들어 낼 수 있는 특성.

(예문) 언어의 **창조성**으로 인해 인간은 다양한 생각을 언어로 나타낼 수 있다. / 우리는 '하늘'과 '구름'을 활용하여 무수히 많은 문장을 만들 수 있는데 이러한 특성을 언어의 **창조성**이라고 한다.

유의 **창의성** 지금까지 없던 새로운 것을 생각해 내는 특성.

참고 **신조어** 새로 생긴 말. 또는 새로 귀화한 외래어.

주제 2 단어, 문장과 관련한 개념어

1회 ☐
2회 ☐

주어

주인 **主**
말씀 **語**

문장에서 동작이나 작용, 상태나 성질의 주체가 되는 말. '철수가 운동을 한다.'에서 '철수가' 등이다.

(실전) 일반적으로 문장은 **주어**와 서술어의 관계에 따라 홑문장과 겹문장으로 나눌 수 있다. | **21 고1 6월**

1회 ☐
2회 ☐

서술어

주다 **敍**
짓다 **述**
말씀 **語**

주어의 동작이나 작용, 상태나 성질을 풀이하는 말. "철수가 웃는다."에서 '웃는다', "철수는 점잖다."에서 '점잖다', "철수는 학생이다."에서 '학생이다'와 같이 주로 동사, 형용사, 서술격 조사의 종결형으로 나타난다.

(실전) 문법적으로 적절한 문장은 필수적인 문장 성분을 온전히 갖추어야 한다. 이때 필수적인 문장 성분은 **서술어**에 따라 달라진다. | **22 고1 3월**

3 주차

1회 □
2회 □

목적어

눈 目
과녁 的
말씀 語

동작의 대상이 되는 말. '철수가 책을 읽는다.'에서 '책을' 따위이다.

(실전) **목적어**는 문장에서 주로 서술어가 나타내는 동작의 대상이 되는 문장 성분이다. | 20 고1 3월 / '생각하다'는 '사람이나 일 따위에 대하여 기억하다'는 뜻으로 주어와 **목적어**를 필요로 하는 두 자리 서술어이다. | 19 고1 6월

1회 □
2회 □

품사

물건 品
말씀 詞

단어를 기능, 형태, 의미에 따라 나눈 갈래.

(예문) **품사**는 다양한 방식을 통해 문장 성분으로 실현된다. / 우리말의 **품사**는 명사, 대명사, 수사, 조사, 동사, 형용사, 관형사, 부사, 감탄사의 아홉 가지로 분류한다.

(참고) 품사의 종류

명사	사람이나 사물의 이름을 나타내는 품사.
대명사	사람이나 사물의 이름을 대신 나타내는 말들을 지칭하는 품사.
수사	사물의 수량이나 순서를 나타내는 품사.
동사	사물의 동작이나 작용을 나타내는 품사.
형용사	사물의 성질이나 상태를 나타내는 품사.
관형사	체언 앞에 놓여서, 그 체언의 내용을 자세히 꾸며 주는 품사.
부사	용언 또는 다른 말 앞에 놓여 그 뜻을 분명하게 하는 품사.
조사	체언이나 부사, 어미 등에 붙어 그 말과 다른 말과의 관계를 표시하거나 뜻을 더해 주는 품사.
감탄사	말하는 이의 본능적인 놀람, 느낌, 부름, 응답 등을 나타내는 품사.

1회 □
2회 □

체언

몸 體
말씀 言

문장에서 주로 주어, 목적어 등으로 쓰여 몸처럼 주된 기능을 하는 명사, 대명사, 수사를 통틀어 이르는 말.

(실전) '나에게는 너뿐이야.'에서처럼 '너'라는 **체언** 뒤에 붙어서 한정의 뜻을 나타낼 때의 '뿐'은 조사이기 때문에 앞말에 붙여 써야 해요. | 19 고1 6월

(참고) **관계언** 문장에 쓰인 단어들의 관계를 나타내는 기능을 하는 조사를 이르는 말.
독립언 문장에서 다른 단어와 관계를 맺지 않고 독립적으로 쓰이는 감탄사를 이르는 말.

1회 □
2회 □

용언

쓰다 用
말씀 言

문장에서 서술어의 기능을 하는 동사, 형용사를 통틀어 이르는 말.

(실전) **용언**은 문장에서 다양한 형태로 바뀌면서 활용되는데, 형태가 변하지 않는 부분을 어간이라 하고 형태가 변하는 부분을 어미라고 한다. | 20 고1 3월

1회 □
2회 □

수식언

닦다 修
꾸미다 飾
말씀 言

문장에서 다른 말을 꾸며 주거나 한정하는 기능을 하는 관형사와 부사를 통틀어 이르는 말.

(예문) **수식언**은 문장에서 사용될 때 그 형태가 변하지 않는다. / "아버지께서는 새 자동차를 사셨다."에서 '새'와 "자동차는 빨리 달린다."에서 '빨리'는 문장에서 다른 말을 꾸며 주는 **수식언**이다.

01 다음 뜻풀이를 보고 십자말풀이를 완성하시오.

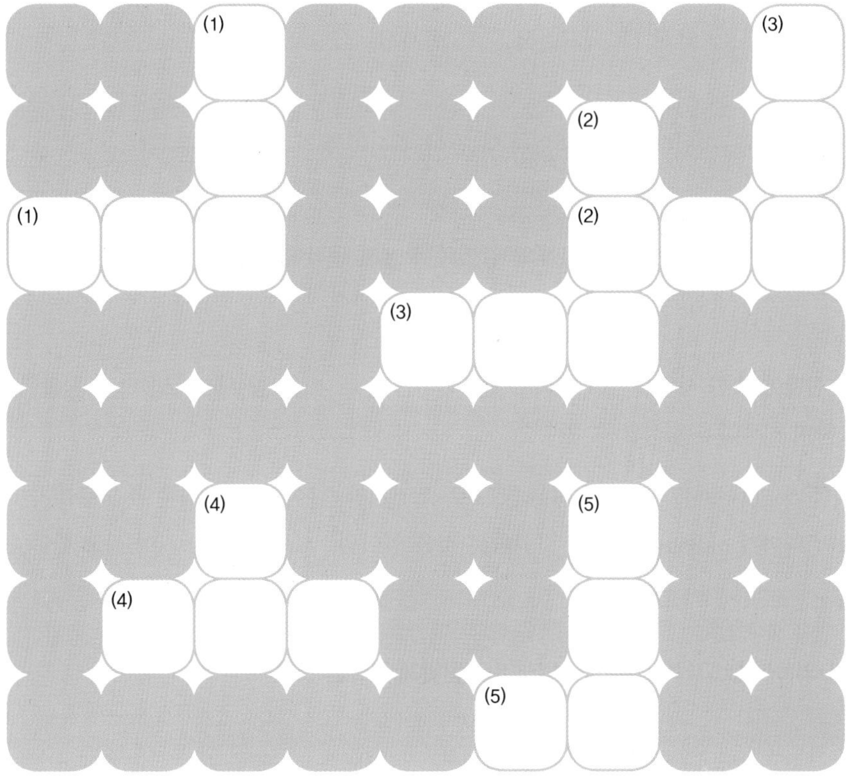

3 주차

(1) 언어에서 말소리와 뜻 사이에 필연적인 관계가 없는 특성.
(2) 뜻이 서로 비슷한 말.
(3) 동작의 대상이 되는 말.
(4) 언어가 시간이 흐르면서 새로 생기기도 하고, 사라지기도 하며, 소리나 의미가 변하기도 하는 특성.
(5) 문장에서 주로 주어, 목적어 등으로 쓰여 몸처럼 주된 기능을 하는 명사, 대명사, 수사를 통틀어 이르는 말.

(1) 인간이 새로운 단어나 문장을 끊임없이 만들어 낼 수 있는 특성.
(2) 본래부터 우리말에 있었던 말이나 그것을 바탕으로 하여 만들어진 말.
(3) 외국에서 들어와 우리말처럼 쓰이는 말.
(4) 단어를 기능, 형태, 의미에 따라 나눈 갈래.
(5) 문장에서 다른 말을 꾸며 주거나 한정하는 기능을 하는 관형사와 부사를 통틀어 이르는 말.

어휘 확인하기 16일

[02~05] 다음 빈칸에 들어갈 어휘를 〈보기〉에서 골라 쓰시오.

보기

주어　서술어　역사성　사회 방언

02 "원경이가 밥을 먹었다."에서 '먹었다'와 같이 주어의 동작을 풀이하는 말을 ☐ (이)라고 한다.

03 "윤희가 학교에 간다."에서 '윤희가'와 같이 문장에서 동작이나 상태, 성질의 주체가 되는 말을 ☐ (이)라고 한다.

04 같은 집단에 속한 사람들끼리 대화할 때 ☐ 을/를 사용하면 더욱 원활한 대화가 가능하며 친밀감을 형성할 수 있다.

05 '어리다'가 옛날에는 '어리석다'라는 뜻으로 쓰였지만 '나이가 적다'라는 뜻으로 바뀐 것처럼 언어의 의미가 시간이 흐르면서 변화하는 것을 언어의 ☐ (이)라고 한다.

06 〈보기〉의 어휘를 고유어, 한자어, 외래어로 알맞게 분류한 것은?

보기

㉠ 얼굴　㉡ 치마　㉢ 티켓　㉣ 하늘　㉤ 학교　㉥ 스케이트

	고유어	한자어	외래어
①	㉡, ㉣, ㉤	㉥	㉠, ㉢
②	㉡, ㉣	㉠, ㉤	㉢, ㉥
③	㉠, ㉡, ㉣	㉤	㉢, ㉥
④	㉡, ㉢	㉠, ㉣, ㉤	㉥
⑤	㉠, ㉡	㉣, ㉥	㉢, ㉤

[07~08] 다음 문장과 관련 있는 어휘를 연결하시오.

07 '시계'를 내 마음대로 '호비'라고 바꿔 부를 수 없다. •　　• ㉠ 사회성

08 나무를 가리키는 말이 '나무[나무]', 'tree[트리]', '樹[슈]'처럼 언어별로 다르다. •　　• ㉡ 자의성

[09~10] 다음 뜻과 초성을 참고하여 빈칸에 들어갈 알맞은 어휘를 쓰시오.

친구들과 공원에 갔다. ㉠꽃들이 활짝 피어 있었다. 우리는 이곳저곳을 열심히 돌아다녔다. 그런데 ㉡새 신발을 신고 갔더니 발이 매우 아팠다. 다음엔 편한 신발을 신어야지!

09 **ㅁ ㅅ**: 사물의 이름을 나타내는 품사.

→ ㉠은 '꽃이 피는 식물을 통틀어 이르는 말.'로 문장에서 주어 역할을 하는 (　　　　　) 이다.

10 **ㄱ ㅎ ㅅ**: 체언 앞에 놓여서 그 체언의 내용을 자세히 꾸며 주는 품사.

→ ㉡은 명사인 '신발'을 꾸며 주는 (　　　　　)이다.

3 주차

11 **다음 중 '용언'에 대한 설명으로 적절하지 않은 것은?**

① 대상의 이름을 대신 나타낸다.
② 문장에서 주로 서술어로 쓰인다.
③ 동사 '웃다', '울다' 등이 해당한다.
④ 형용사 '예쁘다', '아름답다' 등이 해당한다.
⑤ 문장에서 쓰일 때 형태를 바꾸어 활용한다.

아이템 발견!

12 **다음에 제시된 어휘들의 관계와 관련 있는 어휘로 가장 적절한 것은?**

소아　　유아　　어린이　　어린아이

① 고유어　② 목적어　③ 반의어　④ 유의어　⑤ 외국어

13 **다음 글과 관련 있는 어휘로 가장 적절한 것은?**

옷감, 종이, 머리털 따위를 자르는 기구를 뜻하는 '가위'는 충청도에서는 '가쇠, 가사', 전라도에서는 '가이, 가세기', 강원도에서는 '까히, 깍재' 등으로 불린다.

① 방언　② 은어　③ 신조어　④ 유행어　⑤ 외래어

문법 개념어와 관련한 어휘 ❷

▶ 어휘 책을 펼쳐 보아요.

▶ 아는 어휘에 ○표 해요. (/ 17)

창제	반포	발음 기관	상형	
가획	합성	초성	받침소리	겹받침
어절	음절	음가	어간	어미
어말	접미사	실질 형태소		

▶ 십자말풀이를 완성해요. (/ 10)

▶ 확인 문제로 복습해요. (/ 15)

주제 1 훈민정음과 관련한 개념어

1회 □ 2회 □

창제

창작하다 創 짓다 製

전에 없던 것을 처음으로 만들거나 제정함.

(예문) 세종 대왕은 백성들을 위해 훈민정음 **창제**하였다. / 한글이 **창제**된 시기는 15세기이다.

(실전) 이 작품은 '세종(이도)이 한글을 **창제**하였다.'라는 역사적 사실의 기록에 작가의 허구적 상상력이 더해져 있다. | 17 고1 3월

1회 □ 2회 □

반포

나누다 頒 베 布

세상에 널리 퍼뜨려 모두 알게 함.

(예문) 1446년 훈민정음 **반포**가 이루어졌다. / 소수림왕은 율령을 **반포**하여 국가 체제를 정비하였다.

(유의) 공고 세상에 널리 알림.
공포 일반 대중에게 널리 알림.

1회 □ 2회 □

발음 기관

피다 發 소리 音 그릇 器 벼슬 官

음성을 내는 데 쓰는 신체의 각 부분. 성대, 목젖, 구개, 이, 잇몸, 혀 등이 있다.

(실전) 훈민정음의 초성 중 기본자는 **발음 기관**의 모양을 본뜨는 '상형'의 원리로 만들어졌어요. | 21 고1 3월

(참고) 한글의 기본 자음자 'ㄱ'은 혀뿌리가 목구멍을 막는 모양을 본뜬 어금닛소리, 'ㄴ'은 혀가 윗잇몸에 닿는 모양을 본뜬 혓소리, 'ㅁ'은 입 모양을 본뜬 입술소리, 'ㅅ'은 이 모양을 본뜬 잇소리, 'ㅇ'은 목구멍 모양을 본뜬 목구멍소리이다.

1회 □ 2회 □

상형

형상 象 형상 形

대상의 모양을 본떠서 글자를 만드는 방법.

(예문) 한글의 자음 기본자 'ㄱ, ㄴ, ㅁ, ㅅ, ㅇ'은 발음 기관의 모양을 본떠 만들었다. 이러한 원리를 **상형**이라고 한다.

1회 ☐ 2회 ☐

가획

더하다 加
새기다 劃

원글자에 획을 더하여 글자를 만드는 방법.

(예문) 'ㄱ'에 **가획**을 하면 'ㅋ'이 된다. / 'ㅋ, ㄷ, ㅌ, ㅂ, ㅍ, ㅈ, ㅊ, ㆆ, ㅎ'은 자음 기본자에 소리의 세기에 따라 획을 더하여 만들었다. 이러한 원리를 **가획**이라고 한다.

(참고) 획 글씨나 그림에서, 붓 따위로 한 번 그은 줄이나 점.

1회 ☐ 2회 ☐

합성

합하다 合
이루다 成

한글 창제에서 모음 기본자를 서로 결합하여 다른 모음을 만든 원리.

(예문) 모음자는 상형의 원리와 **합성**의 원리를 이용하여 만든 것이다.

(실전) 중성은 하늘, 땅, 사람의 모양을 본떠서 기본자 'ㆍ, ㅡ, ㅣ'를 만들고, '**합성**'의 원리를 적용하여 초출자 'ㅗ, ㅏ, ㅜ, ㅓ'와 재출자 'ㅛ, ㅑ, ㅠ, ㅕ'를 만들었어요. | **21 고1 3월**

3 주차

1회 ☐ 2회 ☐

초성

처음 初
소리 聲

음절의 구성에서 처음 소리인 자음. '님'에서 'ㄴ' 따위이다.

(예문) 한글은 **초성**과 중성, 종성을 합쳐서 음절 단위로 모아쓴다.

(실전) 단어의 **초성**에 서로 다른 두 자음자를 나란히 적었다. | **18 고1 3월**

(참고) **중성** 음절의 구성에서 중간 소리인 모음. '땅'에서 'ㅏ', '들'에서 'ㅡ' 등이다.
종성 음절의 구성에서 마지막 소리인 자음. '감'에서 'ㅁ', '공'에서 'ㅇ' 등이다.

주제 2 표준 발음법 이해에 필요한 개념어

1회 ☐ 2회 ☐

받침소리

음절의 구성에서 마지막 소리인 자음. '곡', '귤'에서 'ㄱ', 'ㄹ' 등이다.

(예문) [표준 발음법 제8항] **받침소리**로는 'ㄱ, ㄴ, ㄷ, ㄹ, ㅁ, ㅂ, ㅇ'의 7개 자음만 발음한다.
[표준 발음법 제16항] 한글 자모의 이름은 그 **받침소리**를 연음한다.

(실전) [ㄴ] 소리가 첨가된 후, 이 [ㄴ] 소리가 **받침소리** [ㄹ] 뒤에서 [ㄹ]로 발음되는 현상도 있습니다. '물약'을 [물략]으로 발음하는 것이 이에 해당해요. | **16 고1 11월**

1회 ☐ 2회 ☐

겹받침

서로 다른 두 개의 자음으로 이루어진 받침. 'ㄳ', 'ㄵ', 'ㄺ', 'ㄻ', 'ㄼ', 'ㄾ', 'ㅄ' 등이 있다.

(실전) '여덟'은 [여덜]로 발음되는데 **겹받침** 중 'ㅂ'이 탈락되어 음운의 개수가 줄어든 것입니다. | **20 고1 11월**
[표준 발음법 제10항] **겹받침** 'ㄳ', 'ㄵ', 'ㄼ, ㄽ, ㄾ', 'ㅄ'은 어말 또는 자음 앞에서 각각 [ㄱ, ㄴ, ㄹ, ㅂ]으로 발음한다. | **22 고1 3월**

(참고) **쌍받침** 같은 자음자가 겹쳐서 된 받침. 'ㄲ', 'ㅆ' 등이 있다.

1회 ☐ 2회 ☐

어절

말씀 語
마디 節

문장을 구성하고 있는 각각의 마디. 문장 성분의 최소 단위로서 띄어쓰기의 단위가 된다. 예를 들어 '나는 학교에 간다.'는 3어절로 이루어져 있다.

(실전) 고소설은 띄어쓰기도 되어 있지 않고 지금은 쓰지 않는 문자도 있어 내용 파악이 쉽지 않다. 이때 **어절** 단위로 끊어 읽는 것이 의미 파악의 시작이다. | **17 고1 9월**

1회 ☐
2회 ☐

음절

소리 音
마디 節

하나의 종합된 음의 느낌을 주는 말소리의 단위. 모음은 단독으로 한 음절이 되기도 한다. '아침'의 '아'와 '침' 등이다.

(예문) '어머니'는 세 **음절**로 되어 있다. / [표준 발음법 제14항] 겹받침이 모음으로 시작된 조사나 어미, 접미사와 결합되는 경우에는, 뒤엣것만을 뒤 **음절** 첫소리로 옮겨 발음한다.

1회 ☐
2회 ☐

음가

소리 音
값 價

낱낱의 글자가 가지고 있는 소리.

(예문) [표준 발음법 제13항] 홑받침이나 쌍받침이 모음으로 시작된 조사나 어미, 접미사와 결합되는 경우에는, 제 **음가**대로 뒤 음절 첫소리로 옮겨 발음한다.

1회 ☐
2회 ☐

어간

말씀 語
줄기 幹

동사나 형용사가 활용할 때에 변하지 않는 부분. '보다', '보니', '보고'에서 '보-' 따위이다.

(실전) 첫째, 용언의 **어간** 받침 'ㄴ(ㄵ), ㅁ(ㄻ)' 뒤에 'ㄱ, ㄷ, ㅅ, ㅈ'으로 시작하는 어미가 올 때 된소리되기가 일어나는데, '나는 신발을 신고 갔다.'에서 '신고'가 [신꼬]로 발음되는 것이 그 예이다. | 22 고1 6월

1회 ☐
2회 ☐

어미

말씀 語
꼬리 尾

동사와 형용사, 서술격 조사가 활용하여 변하는 부분. '점잖다', '점잖으며', '점잖고'에서 '-다', '-으며', '-고' 등이다.

(실전) 동일한 **어미**를 반복하여 리듬감을 주고 있다. | 20 고1 3월 / 명령형 **어미**를 사용하여 긴장감을 고조하고 있다. | 21 고1 11월

1회 ☐
2회 ☐

어말

말씀 語
끝 末

단어의 끝. 예를 들어 '백두산'과 '상냥한'의 어말은 'ㄴ'이다.

(실전) [표준 발음법 제11항] 겹받침 'ㄺ, ㄻ, ㄿ'은 **어말** 또는 자음 앞에서 각각 [ㄱ, ㅁ, ㅂ]으로 발음한다. | 22 고1 3월

(참고) 어두 말이나 어절의 처음 부분. 어절의 첫음절 또는 첫음절의 초성을 나타낸다.

1회 ☐
2회 ☐

접미사

접하다 接
꼬리 尾
말씀 辭

어근이나 단어의 뒤에 붙어 새로운 단어가 되게 하는 말. '선생님'의 '-님', '먹보'의 '-보', '지우개'의 '-개', '먹히다'의 '-히-' 등이 있다.

(예문) [표준 발음법 제17항] 받침 'ㄷ, ㅌ(ㄾ)'이 조사나 **접미사**의 모음 'ㅣ'와 결합되는 경우에는, [ㅈ, ㅊ]으로 바꾸어서 뒤 음절 첫소리로 옮겨 발음한다.

(참고) 어근 단어를 분석할 때, 실질적인 의미를 나타내는 중심이 되는 부분. '덮개'의 '덮-', '어른스럽다'의 '어른' 등이다.

1회 ☐
2회 ☐

실질 형태소

열매 實 바탕 質
형상 形 모양 態
희다 素

구체적인 대상이나 동작·상태를 표시하는 형태소. '사과'와 같이 구체적인 대상이나, '가다'의 '가-', '예쁘다'의 '예쁘-' 등을 가리킨다.

(예문) [표준 발음법 제15항] 받침 뒤에 모음 'ㅏ, ㅓ, ㅗ, ㅜ, ㅟ' 들로 시작되는 **실질 형태소**가 연결되는 경우에는, 대표음으로 바꾸어서 뒤 음절 첫소리로 옮겨 발음한다.

(참고) 형식 형태소 실질 형태소에 붙어 주로 말과 말 사이의 관계를 표시하는 형태소. 조사, 어미 등이 있다.

01 다음 뜻풀이를 보고 십자말풀이를 완성하시오.

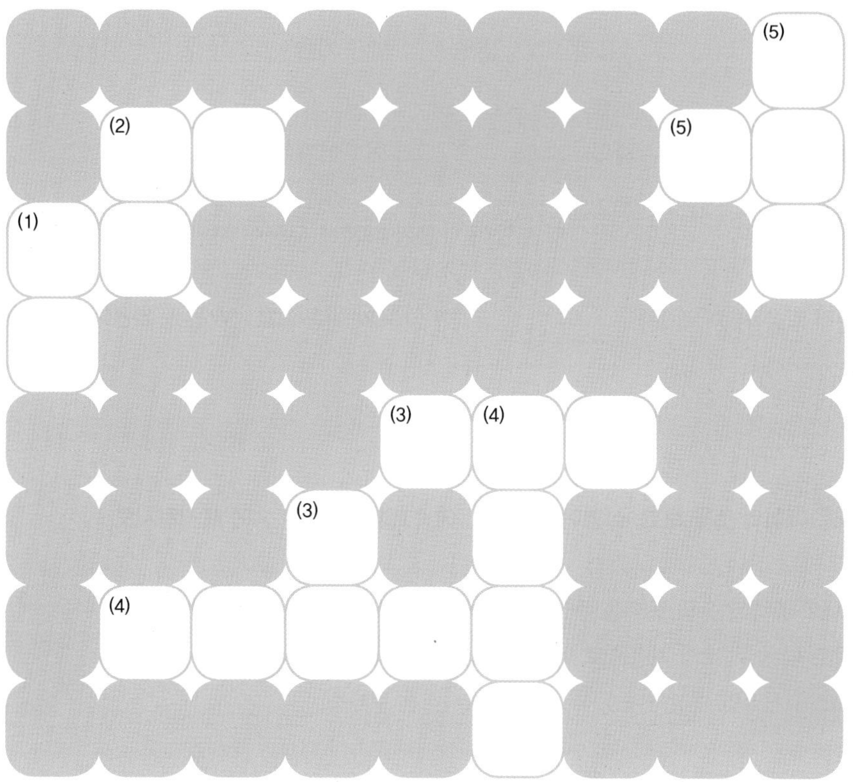

3
주
차

가로

(1) 문장을 구성하고 있는 각각의 마디. 문장 성분의 최소 단위로서 띄어쓰기의 단위가 된다.

(2) 낱낱의 글자가 가지고 있는 소리.

(3) 서로 다른 두 개의 자음으로 이루어진 받침.

(4) 구체적인 대상이나 동작·상태를 표시하는 형태소.

(5) 동사와 형용사, 서술격 조사가 활용하여 변하는 부분.

세로

(1) 동사나 형용사가 활용할 때에 변하지 않는 부분. '보다', '보니', '보고'에서 '보-' 등이다.

(2) 하나의 종합된 음의 느낌을 주는 말소리의 단위.

(3) 대상의 모양을 본떠서 글자를 만드는 방법.

(4) 음절의 구성에서 마지막 소리인 자음.

(5) 어근이나 단어의 뒤에 붙어 새로운 단어가 되게 하는 말.

어휘 확인하기 17일

[02~04] 다음 빈칸에 들어갈 어휘를 〈보기〉에서 골라 쓰시오.

> 보기
>
> 음절　　창제　　발음 기관

02 '하늘'은 '하'와 '늘' 총 두 개의 (　　　　)로 이루어져 있다.

03 사람과 동물은 (　　　　)의 모양이 다르기 때문에 동물이 사람처럼 소리 낼 수는 없다.

04 '훈민정음'은 세종 대왕이 (　　　　)한 글자의 이름으로, '백성을 가르치는 바른 소리.'라는 뜻이다.

[05~07] 다음 어휘의 뜻을 보고, 설명이 맞으면 ○에, 그렇지 않으면 ×에 표시하시오.

> **음절** 하나의 종합된 음의 느낌을 주는 말소리의 단위.
> **겹받침** 서로 다른 두 개의 자음으로 이루어진 받침.
> **실질 형태소** 구체적인 대상이나 동작·상태를 표시하는 형태소.

05 '닭'의 'ㄺ'은 겹받침이다. (○ , ×)

06 '산', '땅'은 실질 형태소이다. (○ , ×)

07 '아빠'는 세 음절로 이루어져 있다. (○ , ×)

[08~11] 다음 문장에 알맞은 어휘를 고르시오.

08 '먹자'에서 (어간 / 어미)은/는 '먹-'이다.

09 '독일'에서 '독'의 받침인 'ㄱ'은 뒤 음절의 (종성 / 초성)에서 발음된다.

10 우리말의 (음절 / 받침소리)로는 'ㄱ, ㄴ, ㄷ, ㄹ, ㅁ, ㅂ, ㅇ'의 7개 자음만 발음한다.

11 받침 'ㄲ, ㅋ', 'ㅅ, ㅆ, ㅈ, ㅊ, ㅌ', 'ㅍ'은 (음가 / 어말) 또는 자음 앞에서 각각 대표음 [ㄱ, ㄷ, ㅂ]으로 발음한다. 예를 들어, '빛다'는 [빋따]로 '앞'은 [압]으로 발음된다.

12 다음 중 밑줄 친 어휘의 쓰임이 적절하지 않은 것은?

① 'ㄷ'에 합성의 원리를 적용하여 'ㅌ'을 만들었다.
② 방금 쓴 문장이 몇 어절로 이루어져 있는지 세어 보았다.
③ 창제 시기를 정확하게 알 수 있는 문자는 한글이 유일하다.
④ 아이들은 겹받침의 표기와 발음이 달라서 쓰기 어려워한다.
⑤ 인터넷에서는 글자를 빨리 쓰기 위해 초성만 쓰는 경우가 많다.

13 다음 중 밑줄 친 어휘와 바꿔 쓰기에 가장 적절한 것은?

> 왕은 즉위하자마자 새 법을 반포하였다.

① 공포 ② 내포 ③ 반출 ④ 배부 ⑤ 배포

14 다음 중 가획의 예로 적절한 것은?

① 'ㅡ'는 땅이 평평한 모습을 나타내었다.
② 'ㅃ'은 'ㅂ'을 가로로 나란히 나타내었다.
③ 'ㅣ'에 'ㆍ'를 한 번 더하여 'ㅏ'를 만들었다.
④ 'ㅅ', 'ㅏ', 'ㄴ'을 하나로 모아서 '산'으로 썼다.
⑤ 'ㅋ'은 'ㄱ'보다 거세게 발음되므로 'ㄱ'에 획을 더하였다.

15 다음 글에 나타난 한글 창제 원리와 관련 있는 어휘로 가장 적절한 것은?

> 한글의 기본 자음자 'ㄱ'은 혀뿌리가 목구멍을 막는 모양을 본떴고, 'ㄴ'은 혀끝이 윗잇몸에 붙는 모양을 본떴다. 'ㅁ'은 입의 모양을, 네 번째 기본 자음자 'ㅅ'은 이의 모양을, 'ㅇ'은 목구멍의 모양을 본떴다. 또한 모음 기본자 'ㆍ, ㅡ, ㅣ'는 하늘, 땅, 사람, 즉 자연의 모양을 본떠서 만들었다.

① 가획 ② 병서 ③ 상형 ④ 합성 ⑤ 모아쓰기

TIP 'ㄲ, ㄸ' 등과 같이 자음 두 개를 나란히 쓰는 것

18일 3주차 종합 문제 13일~17일

01 〈보기〉를 참고하여, 다음 문장에 알맞은 어휘를 고르시오.

보기

공고 세상에 널리 알림.
반포 세상에 널리 퍼뜨려 모두 알게 함.
배포 신문이나 책자 따위를 널리 나누어 줌.
유포 세상에 널리 퍼짐. 또는 세상에 널리 퍼뜨림.

(1) 저작자는 저작물의 원본이나 복제물을 (반포 / 배포)할 권리를 가진다.
(2) 정보 통신망법에 따르면 악성 프로그램을 (공고 / 유포)하는 사람은 처벌을 받을 수 있다.
(3) 유실물은 (공고 / 반포) 후 6개월 내에 주인이 나타나지 않으면 습득한 사람이 소유권을 갖게 된다.

[02~04] 다음 중 빈칸에 들어갈 어휘로 가장 적절한 것은?

02

[표준 발음법 제11항] (   ) 'ㄺ, ㄻ, ㄿ'은 어말 또는 자음 앞에서 각각 [ㄱ, ㅁ, ㅂ]으로 발음한다.

① 어미 ② 음절 ③ 겹받침 ④ 접미사 ⑤ 실질 형태소

03

우리가 자주 쓰는 유행어나 신조어 중에는 줄여서 만든 말도 많다. 예를 들어, '인강'이라는 말은 '인터넷'과 '강의'가 합쳐지면서 줄어든 말인데, 두 어휘의 첫 (   )만 따서 만들어진 것이다.

① 어간 ② 어미 ③ 어절 ④ 음절 ⑤ 형태소

04

△△구는 실종 신고 접수 시 CCTV 영상을 인공 지능으로 분석해 실종자의 이동 (   )을/를 빠르게 파악함으로써 안전한 귀가를 돕는 시스템을 개발하기로 하였다. △△구는 이 시스템 개발로 아동이나 치매 노인들의 실종 비율을 줄일 수 있을 것이라고 전망하였다.

① 동선 ② 동작 ③ 매체 ④ 탈선 ⑤ 회선

[05~07] 〈보기〉의 문장을 읽고 물음에 답하시오.

보기

㉠민수가 ㉡샐러드를 먹었다.

05 위 문장의 음절 수와 어절 수를 알맞게 짝지은 것은?

① 3음절－10어절 ② 3음절－5어절 ③ 5음절－3어절
④ 10음절－3어절 ⑤ 10음절－5어절

06 ㉠을 분류하기에 가장 적절한 것은?

① 명사 ② 수사 ③ 대명사 ④ 조사 ⑤ 관형사

07 다음 중 ㉡과 관련 있는 어휘로 가장 적절한 것은?

① 방언 ② 용언 ③ 고유어 ④ 수식언 ⑤ 외래어

08 다음 밑줄 친 표현과 관련 있는 어휘로 적절한 것은?

사회자: 우리 고유의 민속놀이인 씨름은 (손가락 두 개를 펼쳐 보이며) 두 사람이 샅바를 맞잡고 힘과 기술을 이용해 상대를 넘어뜨려 승부를 겨루는 경기입니다.

① 경청 ② 영상 언어 ③ 접속 표현
④ 준언어적 표현 ⑤ 비언어적 표현

09 다음 논제들을 논의하기 위한 담화 형식으로 가장 적절한 것은?

- 등교 시간을 늦추는 것에 찬성하는가, 반대하는가?
- 학생 회장 선거를 1학기 말에 실시하는 것에 찬성하는가, 반대하는가?

① 대화 ② 면담 ③ 토의 ④ 토론 ⑤ 협상

3주차 종합 문제 13일~17일

10 다음 글을 영상으로 만들었을 때, 밑줄 친 어휘의 쓰임이 적절하지 않은 것은?

만돌이가 학교에서 돌아오다가 전봇대 근처에서 돌멩이 다섯 개를 주웠다. 만돌이는 돌멩이를 전봇대에 맞춘 만큼 시험 문제를 맞힐 것 같다는 생각으로 열심히 돌을 던졌다. 던지고 보니 다섯 개 중에 세 개를 맞추었다. 5개 중에 3개만 맞혀도 60점이라니, 만돌이는 채점하는 상상만 해도 기분이 매우 좋았다. 만돌이는 이제 시험 걱정은 그만하고 공이나 차러 가야겠다고 생각했다.

① 영상을 만들기 전에 장면별로 스토리보드를 작성한다.
② 영상 첫 장면은 만돌이가 학교를 등지고 걸어 나오는 모습을 롱 숏으로 촬영한다.
③ 만돌이가 돌멩이를 줍는 손을 가까이 페이드인하여 찍는다.
④ 전봇대에 돌이 맞는 장면과 시험지에 동그라미 치는 장면, 돌이 비끼는 모습과 시험지에 빗금을 긋는 장면을 편집하여 몽타주로 보여 준다.
⑤ 영상을 학교 인터넷 게시판에 올려서 다른 친구들과 공유한다.

[11~12] 다음 문장의 밑줄 친 어휘와 같은 뜻으로 쓰인 것을 찾아 ○표 하시오.

11

토의에서 결정된 의견은 마음에 들지 않더라도 수용해야 한다.

(1) 그는 이번 공연을 위해 최대 1만 명을 수용할 수 있는 공연장을 대관하였다. (　　)
(2) 우리나라의 문화나 정서를 고려하지 않고 외국 문화를 무조건 수용하는 자세는 옳지 않다. (　　)

12

기상청은 태풍 상륙을 앞두고 시민들의 외출 자제를 당부했다.

(1) 그 사람을 보면 키가 크고 얼굴이 하얀 것이 꼭 양반집 자제 같았다. (　　)
(2) 여름 방학을 맞아, 박물관에서는 왕실 자제를 교육했던 서책들을 기획 전시하였다. (　　)
(3) 국립 공원 측은 등산객들에게 도토리를 주워 가는 행동을 자제해 달라고 요청했다. (　　)

13 다음 중 기탄없이 : 허심탄회 와 같은 의미 관계로 짝지어진 것은?

최근 인기를 얻고 있는 배우 ○○ 씨가 예능 프로그램에 출연하여 화제를 모으고 있다. ○○ 씨는 다른 출연자들과 **기탄없이** 이야기를 나누며 진솔한 모습을 보여 주었는데, 시청자들은 '**허심탄회** 한 모습이 보기 좋았다.', '새로운 모습을 알 수 있어서 좋았다.'라는 반응을 보였다.

① 공유 : 독점 ② 논의 : 면담 ③ 익명 : 실명
④ 허위 : 거짓 ⑤ 블로그 : 누리 소통망

14 다음 설명과 관련 있는 어휘를 연결한 것으로 적절하지 않은 것은?

① 자음 'ㅇ'은 목구멍의 모양을 본떠 만들었다. → 상형
② 모음 기본자 'ㅣ'에 'ㆍ'를 더해 'ㅏ'를 만들었다. → 접미사
③ 말소리와 말의 뜻 사이에는 관련이 없다. → 언어의 자의성
④ '나는 책을 읽는다'에서 '읽는다'처럼 동작을 풀이한다. → 서술어
⑤ '과실'을 가리켜 옛날에는 '여름'이라고 했지만 오늘날은 '열매'라고 한다. → 언어의 역사성

15 다음 중 밑줄 친 어휘와 바꿔 쓰기에 가장 적절한 것은?

학교 밖 청소년에 대해 <u>편견을 갖고</u> 바라보는 사회의 시선을 개선하려면, 학교 밖 청소년들의 좋은 선례를 널리 알려 사람들의 인식을 바꾸는 일이 필요하다.

TIP 이전부터 있었던 사례

① 동조하며 ② 팔짱을 끼고 ③ 경각심을 갖고
④ 색안경을 쓰고 ⑤ 유대감을 갖고

어휘로 수능 연습하기

[16~17] 다음 글을 읽고, 물음에 답하시오. | 21년 고3 3월

◗ 어휘 체크 ☐사고 ☐상충 ☐수용 ☐경청 ☐합리적

우리는 자신의 판단이 옳다는 것을 확인시켜 주는 정보만을 받아들이려고 하는 ㉠사고 경향도 가지고 있다. 이러한 사고 경향은 '확신의 덫'에 ⓐ빠지는 문제를 일으킨다. 우주 왕복선 챌린저호의 폭발 사고는 이러한 문제를 잘 보여 준다. 챌린저호는 발사된 지 약 72초 만에 폭발하였는데, 챌린저호의 폭발 가능성이 충분히 예견되었음에도 불구하고 관련 전문가들이 자신들의 기대와 상충하는 정보를 무시해 버렸다는 사실이 원인 ㉡규명 조사 과정에서 밝혀졌다. 전문가들조차 보고 싶은 것만 보고 믿고 싶은 것만 믿음으로써 잘못된 판단을 내리는 확신의 덫에 빠졌던 것이다. '답은 정해져 있고 너는 대답만 하면 돼.'라는 뜻을 가진 '답정너'라는 ㉢신조어를 떠올려 보면 확신의 덫에 빠져 있는 것이 어떤 것인지 쉽게 이해할 수 있다. (중략)

(확신: 굳게 믿음. / 상충: 서로 맞지 않고 어긋남.)

우리는 이러한 문제점을 인지하고 예방하기 위해 노력해야 한다. 첫째, 누구든지 자신의 판단의 오류 가능성에 대해 인정할 수 있어야 한다. 그 누구도 정답만을 말할 수는 없다. 둘째, 다른 사람들의 말을 경청할 줄 알아야 한다. 내 생각과 다른 생각도 ㉣수용할 수 있는 개방적인 자세는 경청에서부터 나온다. 이러한 두 자세를 통해 우리는 보다 ㉤합리적인 판단을 할 수 있고 나 자신과 타인, 세계를 올바르게 이해할 수 있다.

16 ㉠~㉤의 뜻을 사용하여 만든 문장으로 적절하지 않은 것은?

① ㉠: 형은 동생이 저지른 사고를 부모님께 숨겼다.
② ㉡: 과거사 진상 규명을 위해 위원회가 출범했다.
③ ㉢: 몇 년 간 새로 생긴 신조어 중에는 외래어가 많다.
④ ㉣: ○○시청은 주민들의 요구 사항을 적극적으로 수용하였다.
⑤ ㉤: 물건을 살 때는 품질과 가격을 따져 합리적으로 결정해야 한다.

17 문맥상 ⓐ의 의미와 가장 유사한 것은?

① 못이 빠지다.
② 앞니가 빠지다.
③ 바람이 빠지다.
④ 힘이 빠지다.
⑤ 공포에 빠지다.

▶ 오리가 찾은 사자성어는 무엇일까요? 말과 관련한 관용 표현들을 알아보고, 빈칸의 글자를 조합해 사자성어도 찾아보세요.

말이란 아 해 다르( ) 어 해 다르다
말이란 같은 내용이라도 표현하는 데 따라서 아주 다르게 들린다는 말.

말로 ( ) 공을 갚는다
말은 일상생활에 큰 영향을 끼치는 것이니 말할 때는 애써 조심하라는 말.

말은 보태고 떡은 뗀다
말은 퍼질수록 더 보태어지고, 음식은 이 손 저 손으로 돌아가는 동안 없어진다는 말.

말이 고마우면 비( ) 사러 갔다가 두부 사 온다
상대편이 말을 고맙게 하면 제가 생각하였던 것보다 훨씬 더 후하게 해 주게 된다는 말.

말 안 하면 귀( )도 모른다
마음속으로만 애태울 것이 아니라 시원스럽게 말을 하여야 한다는 말.

말 많은 집은 장맛도 쓰다
집안에 잔말이 많으면 살림이 잘 안된다는 말.

답 온고지신

4주차

일차	학습 내용	학습 확인
19일	사회 분야의 글과 관련한 어휘 ❶ 주제 1 경제 활동과 관련한 어휘 주제 2 소비와 관련한 어휘	
20일	사회 분야의 글과 관련한 어휘 ❷ 주제 1 법규와 관련한 어휘 주제 2 세금과 관련한 어휘	
21일	사회 분야의 글과 관련한 어휘 ❸ 주제 1 공동체, 지역 문제와 관련한 어휘 주제 2 디지털 사회와 관련한 어휘	
22일	사회 분야의 글과 관련한 어휘 ❹ 주제 1 심리와 관련한 어휘 주제 2 문화와 관련한 어휘	
23일	예술 분야의 글과 관련한 어휘 주제 1 미술과 관련한 어휘 주제 2 건축과 관련한 어휘	
24일	4주차 종합 문제	

사회 분야의 글과 관련한 어휘 ❶

▶ 어휘 책을 펼쳐 보아요.

▶ 아는 어휘에 ○표 해요. (　　/ 18)

나의 어휘 경험치

가계	공공재	분배	생산	서비스
시장	자산	재화	주체	납부
도래하다	모바일 페이		발행	보편화
상용화	유통	준거	할애하다	

▶ 십자말풀이를 완성해요. (　　/ 10)

▶ 확인 문제로 복습해요. (　　/ 13)

주제 1 경제 활동과 관련한 어휘

1회 □ 2회 □

가계
집 家
꾀하다 計

1) 한 집안의 살림을 꾸려 나가는 방법이나 형편.

(예문) 그는 불어난 빚 때문에 **가계**가 어려워졌지만 딸의 피아노만은 팔지 않았다.

2) 경제 단위로서의 가정.

(실전) 가계, 기업, 정부는 경제 주체로서 **가계**는 소비, 기업은 생산, 정부는 정책 결정 시 합리적인 선택을 하기 위해 노력한다. | **20 고2 9월**

1회 □ 2회 □

공공재
공변되다 公
함께 共
재물 財

일반 대중이 공동으로 사용하는 물건이나 시설. 도로나 다리, 하천 등이 있다.

(예문) 수돗물은 대체가 불가능한 필수 **공공재**이다. / 의약품을 **공공재**로 지정하자는 논의가 있었다.

1회 □ 2회 □

분배
나누다 分
짝 配

1) 몫에 따라 나눔.

(예문) 상품으로 받은 초콜릿을 각자 맞힌 문제 수에 따라 **분배**하였다.

2) 생산 과정에 참여한 사회 구성원에게 생산물을 나누는 일.

(실전) 전통 경제학에서는 인간을 합리적 선택을 하는 존재로 가정하고, 시장에서의 재화와 용역의 생산, **분배**, 소비 활동을 연구한다. | **19 고1 3월**

1회 □ 2회 □

생산
나다 生
낳다 産

인간이 생활하는 데 필요한 각종 물건을 만들어 냄.

(예문) 탄소 발자국이란 인간의 활동이나 인간이 사용하는 상품의 **생산**과 소비 과정에서 발생하는 이산화 탄소의 양을 의미한다.

1회 □ 2회 □ **서비스** service

만들어진 제품을 운반, 배급, 판매하거나 생산과 소비에 필요한 노동이나 사무를 제공함.

(실전) 대출 중인 책들도 학생들이 읽어 볼 수 있도록 학교 도서관과 연계된 전자책 **서비스**를 도입해 주시기 바랍니다. | 21 고1 11월

1회 □ 2회 □ **시장** 시장 市 마당 場

1) 여러 가지 상품을 사고파는 일정한 장소.

(예문) 농산물 **시장**에 가면 값싸고 질 좋은 과일을 살 수 있다.

2) 상품으로서의 재화와 서비스의 거래가 이루어지는 추상적인 영역.

(실전) 국내 이동 통신 **시장**은 돌발적인 수요 변화가 많다. | 20 고1 6월

(참고) **시장 경제** 시장을 통한 재화나 용역의 거래를 중심으로 하여 성립하는 경제.

1회 □ 2회 □ **자산** 재물 資 낳다 産

1) 개인이나 법인이 가지고 있는 경제적 가치가 있는 재산.

(예문) 은행은 증권이나 대출 등 여러 가지 형태로 **자산**을 보유하고 있다.

2) 소득을 모아 둔 것.

(예문) 그는 사업에 실패해서 **자산**을 모두 잃었다.

4주차

1회 □ 2회 □ **재화** 재물 財 재화 貨

사람이 바라는 바를 충족시켜 주는 모든 물건.

(실전) '효용'이란 **재화**를 소비할 때 느끼는 만족감이다. | 19 고1 3월

1회 □ 2회 □ **주체** 주인 主 몸 體

1) 어떤 단체나 물건의 중심이 되는 부분.

(예문) 국가의 **주체**는 국민이다. / 이번 공연에서는 북을 **주체**로 하여 강렬한 음악을 선보일 예정이다.

2) 사물의 작용이나 어떤 행동의 중심이 되는 것.

(예문) 가계는 중요한 경제 활동의 **주체** 가운데 하나이다.

(참고) **경제 주체** 경제 활동을 하는 단위. 가계, 기업, 정부 등이 있다.

주제 2 소비와 관련한 어휘

1회 □ 2회 □ **납부** 들이다 納 주다 付

세금이나 공과금 등을 관계 기관에 냄.

(예문) 전기 요금 고지서를 종이 대신 모바일로 받으면 **납부** 금액을 할인받을 수 있다.

(참고) **공과금** 전기료, 전화료, 수도료 등과 같이 국가나 공공 단체가 국민에게 부과하는 세금.

1회 □ 2회 □ **도래하다** 다다르다 到 오다 來

어떤 시기나 기회가 닥쳐오다.

(실전) 뉴 미디어 시대의 **도래**로 매체 환경이 변하면서 시 예술도 영상과 사진을 받아들이는 상황으로 변하게 되었다. | 19 고2 6월

1회 □
2회 □

모바일 페이

mobile pay

스마트폰에 저장된 신용 카드 등의 정보를 이용하여 온라인이나 오프라인에서 스마트폰으로 결제하는 서비스.

(예문) **모바일 페이**를 사용하는 사람이 크게 늘면서 현금 없는 사회가 도래하고 있다.

1회 □
2회 □

발행

피다 發
다니다 行

1) 출판물이나 인쇄물을 찍어서 세상에 펴냄.

(예문) 우리 학교 신문은 매월 1일에 **발행**된다.

(참고) 발간 책, 신문, 잡지 등을 만들어 냄.
간행 책 따위를 인쇄하여 발행함.

2) 화폐, 증권, 증명서 등을 만들어 세상에 내놓아 널리 쓰도록 함.

(실전) 정부가 재정 정책을 펼치기 위해 재정 적자를 감수하고 국가가 일종의 차용 증서인 국채를 **발행**해 시중의 돈을 빌리게 되는 경우가 많다. | 19 고2 9월

1회 □
2회 □

보편화

널리 普
두루 遍
되다 化

사회에 널리 퍼짐. 또는 그렇게 되게 함.

(실전) 다양한 콘텐츠를 생산할 수 있었던 배경으로는 고성능 스마트 기기 카메라와 영상 편집 애플리케이션의 **보편화**로 누구나 쉽게 다양한 콘텐츠를 제작할 수 있게 되었다는 점을 들 수 있다. | 19 고1 3월

(참고) 일반화 개별적인 것이나 특수한 것이 일반적인 것으로 됨. 또는 그렇게 만듦.

1회 □
2회 □

상용화

항상 常
쓰다 用
되다 化

일상적으로 쓰이게 됨. 또는 그렇게 되게 함.

(예문) 자율 주행차가 **상용화**를 앞두고 있다. / 원격 기술을 이용하여 돌봄 서비스를 **상용화**할 수 있다.

1회 □
2회 □

유통

흐르다 流
통하다 通

1) 화폐나 물품 등이 널리 쓰임.

(예문) 정부에서는 자금의 원활한 **유통**을 위해 여러 가지 대책을 내놓았다.

2) 상품이 생산자에서 소비자에게 전달되기까지 여러 단계에서 거래되는 활동.

(예문) 안전한 먹거리에 대한 관심이 높아지면서 생산과 **유통** 단계에서 이루어지는 위생 관리의 중요성이 커지고 있다.

1회 □
2회 □

준거

법도 準
의거하다 據

사물의 정도나 성격 등을 알기 위한 근거나 기준.

(예문) 시험 성적에 **준거**하여 입학생을 선발하였다. / 소비자가 어떤 제품을 사려고 할 때 마음속으로 적정하다고 생각하는 수준의 가격을 **준거** 가격이라고 한다.

(유의) 표준 사물의 정도나 성격 등을 알기 위한 근거나 기준.

1회 □
2회 □

할애하다

나누다 割
사랑 愛

소중한 시간, 돈, 공간 등을 아깝게 여기지 않고 선뜻 내어 주다.

(예문) 할머니는 그동안 모은 재산의 절반을 이웃을 돕는 데 **할애했다**. / 올해는 직원들의 복지를 위해 많은 예산을 **할애할** 것이다.

01 다음 뜻풀이를 보고 십자말풀이를 완성하시오.

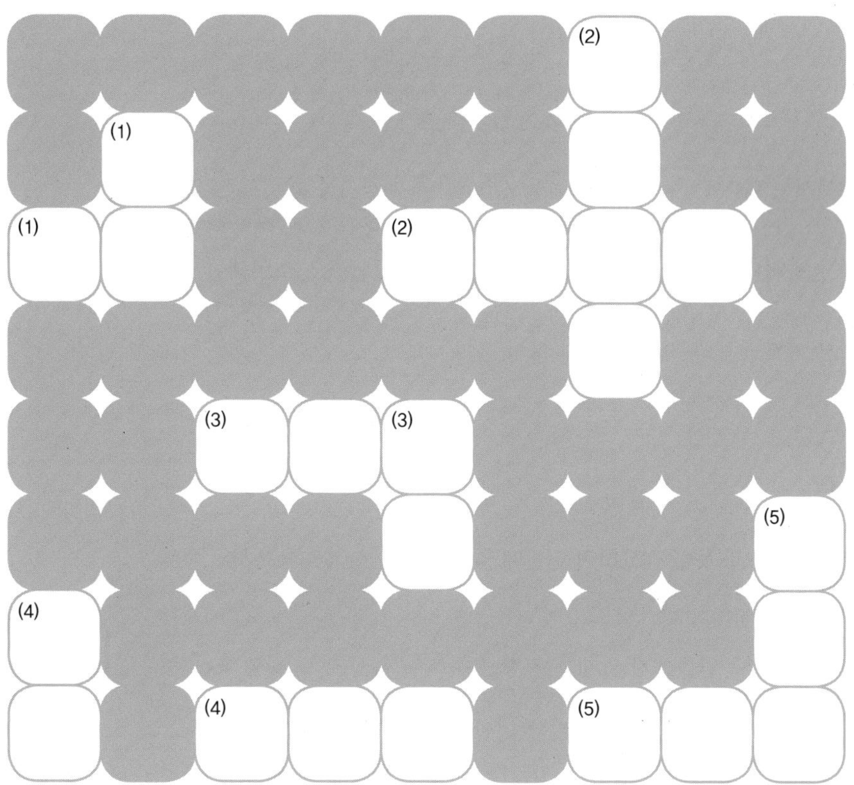

(1) 인간이 생활하는 데 필요한 각종 물건을 만들어 냄.

(2) 소중한 시간, 돈, 공간 등을 아깝게 여기지 않고 선뜻 내어 주다.

(3) 일반 대중이 공동으로 사용하는 물건이나 시설.

(4) 만들어진 제품을 운반, 배급, 판매하거나 생산과 소비에 필요한 노동이나 사무를 제공함.

(5) 일상적으로 쓰이게 됨. 또는 그렇게 되게 함.

세로

(1) 개인이나 법인이 가지고 있는 경제적 가치가 있는 재산.

(2) 어떤 시기나 기회가 닥쳐오다.

(3) 사람이 바라는 바를 충족시켜 주는 모든 물건.

(4) 사물의 정도나 성격 등을 알기 위한 근거나 기준.

(5) 사회에 널리 퍼짐. 또는 그렇게 되게 함.

어휘 확인하기 19일

[02~04] 〈보기〉의 글자 카드를 사용하여 다음 빈칸에 들어갈 알맞은 어휘를 쓰시오.

보기

행 계 체 발 주 가

02 정부에서는 화폐 (　　　　)을/를 조절하여 경기를 안정시킨다.

TIP 매매나 거래가 활발하거나 줄어드는 등의 경제 활동 상태.

03 우리는 소비의 (　　　　)로서 합리적으로 판단하고 소비해야 한다.

04 극심한 가뭄 때문에 채소 가격이 많이 올라 (　　　　)에 부담이 되고 있다.

[05~07] 제시된 초성과 뜻을 참고하여 빈칸에 들어갈 알맞은 어휘를 쓰시오.

05 ㅂㅂ: 몫에 따라 나눔.

→ 모둠원들에게 과제를 공평하게 (　　　　)하였다.

06 ㄴㅂ: 세금이나 공과금 등을 관계 기관에 냄.

→ 요금 (　　　　) 기한을 지키지 않으면 연체료를 물게 되므로 주의해야 한다.

07 ㅇㅌ: 상품이 생산자에서 소비자에게 전달되기까지 여러 단계에서 거래되는 활동.

→ 공정 무역은 직거래를 통해 소비자와 생산자 사이의 (　　　　) 단계를 줄여 생산자의 이익을 보장해 준다.

[08~10] 다음 빈칸에 들어갈 어휘를 찾아 연결하시오.

08 관세는 다른 나라에서 수입되는 (　　　)에 매겨지는 세금이다. •　　　　• ㉠ 재화

09 (　　　)는 주로 국민의 세금으로 만들어지고 국민의 기초적인 삶을 보장한다. •　　　　• ㉡ 공공재

10 우리 도서관 홈페이지는 이용자들이 원하는 내용을 쉽게 찾을 수 있도록 검색 (　　　)를 제공하고 있다. •　　　　• ㉢ 서비스

11 〈보기〉의 빈칸에 공통으로 들어갈 어휘로 가장 적절한 것은?

보기

- 스마트폰은 빠르게 (　　　)되어 우리 삶의 일부분이 되었다.
- 의료용 진단 키트가 (　　　)되면 누구나 집에서 쉽게 질병을 진단할 수 있게 될 것이다.
- 폐수를 활용한 미생물 연료 전지는 조만간 (　　　) 단계에 이르러 화석 에너지를 대체할 수 있을 것이다.

① 납부　② 도래　③ 발행　④ 할애　⑤ 상용화

12 다음 중 밑줄 친 어휘와 같은 뜻으로 쓰인 것으로 가장 적절한 것은?

우리 회사는 이번 신제품을 통해 인공 지능 가전제품 <u>시장</u>에 진입할 계획이다.

① 어제 <u>시장</u>에서 사 온 수박이 매우 달다.
② 국내 주식 <u>시장</u> 규모가 점차 커지고 있다.
③ 농부는 정성껏 기른 채소를 <u>시장</u>에 내다 팔았다.
④ 주말마다 골목 앞 광장에서 농산물 직거래 <u>시장</u>이 열린다.
⑤ 언니는 아침을 먹는 둥 마는 둥 하더니 벌써 <u>시장</u>한 기색이었다.

13 다음 중 〈보기〉의 ㉠, ㉡에 들어갈 어휘로 가장 적절한 것은?

보기

최근 스마트폰에 신용 카드 정보를 넣어 지갑처럼 사용하는 (　㉠　)가 크게 늘면서 현금 사용이 갈수록 줄어들고 있다. 이와 같은 추세를 반영하여 현금 없는 매장을 운영하는 곳도 늘어나고 있다. 이와 같은 현상은 매장에서는 현금 관리에 시간을 (　㉡　)하지 않아도 되고 나라에서는 기업의 거래 내역을 투명하게 알 수 있다는 긍정적인 측면이 있다. 하지만 노년층을 비롯한 일부 사람들이 매장을 이용하는 데 불편함을 겪는 부정적인 측면도 있다.

	㉠	㉡
①	재화	서비스
②	재화	할인
③	모바일 페이	유통
④	모바일 페이	할애
⑤	모바일 페이	서비스

4주차

사회 분야의 글과 관련한 어휘 ❷

◗ 어휘 책을 펼쳐 보아요.

◗ 아는 어휘에 ○표 해요. (/ 18)

단속	범칙금	법안	법인	보행자
인지하다	추산되다	납세	누진	무상
보험	복지	상속	소득 격차	
재원	직접세	치안	탈세	

◗ 십자말풀이를 완성해요. (/ 10)

◗ 확인 문제로 복습해요. (/ 16)

주제 1 법규와 관련한 어휘

1회 □ 2회 □

단속

둥글다 團
묶다 束

1) 잘못되지 않도록 주의를 기울여 관리함.

(예문) 여행할 때는 짐을 잃어버리지 않게 가방을 잘 **단속**해야 한다.

2) 규칙이나 법령, 명령 등을 지키도록 통제함.

(예문) 사람들이 다니는 인도에서 자전거를 끌지 않고 타고 가면 **단속** 대상이 된다.

(실전) 우리 동네 부근 고속화 도로를 지나는 차들이 속도 제한을 잘 지킬 수 있도록 **단속**을 강화해 달라는 요구를 글에 추가해야겠어. | 18 고2 3월

1회 □ 2회 □

범칙금

범하다 犯
법 則
쇠 金

도로 교통법, 경범죄 처벌법 등을 어긴 사람에게 내게 하는 벌금.

(예문) 주차 금지 구역에 주차를 했다가 **범칙금**을 물었다.

(참고) **경범죄** 일상생활에서 일어날 수 있는 가벼운 위법 행위.

1회 □ 2회 □

법안

법도 法
책상 案

법률의 안건이나 처음 잡은 안.

(예문) 전기 자전거 운행 관련 **법안**이 국회를 통과했다. / 일회용 플라스틱 사용을 규제하는 **법안**을 제출하였다.

1회 □ 2회 □

법인

법도 法
사람 人

나라의 법에 의하여 권리나 의무를 가지는 기관이나 단체.

(예문) 공공 **법인**은 이윤 추구에 목적을 두지 않으며, 정부나 지방 공공 단체가 자금을 내어 경영한다.

(실전) 사망자에 관한 정보나 단체 혹은 **법인**에 관한 정보는 개인 정보에 포함되지 않는다. | 22 고2 3월

1회 ☐
2회 ☐

보행자

걸음 **步**
다니다 **行**
사람 **者**

길거리를 걸어 다니는 사람.

(실전) 요즘 전기 차나 하이브리드 차가 저속 운행을 할 때, 엔진 소리가 나지 않아서 **보행자**의 안전을 위협할 수도 있는데요. 그래서 가짜 엔진 소리가 필요합니다. | **20 고1 3월**

1회 ☐
2회 ☐

인지하다

알다 **認**
알다 **知**

어떤 사실을 확실히 그렇다고 여겨서 알다.

(실전) 대담에서 연구원이 언급하지 않은 정보를 추가로 조사하여 생활 하수를 통해 배출되는 미세 플라스틱에 대해 독자가 구체적으로 **인지하도록** 해야겠어. | **19 고1 6월**

(유의) 인식하다 사물을 분별하고 판단하여 알다.

1회 ☐
2회 ☐

추산되다

옮기다 **推**
계산 **算**

짐작으로 미루어져 셈하여지다.

(예문) 이번 태풍으로 입은 피해 금액은 약 5조 원으로 **추산되었다**.

(유의) 계산되다 수가 헤아려지다.

4주차

주제 2 세금과 관련한 어휘

1회 ☐
2회 ☐

납세

들이다 **納**
세금 **稅**

세금을 냄.

(실전) 그는 가난한 백성인 '소민'은 교화를 따름으로써, 부유한 백성인 '대민'은 생산 수단을 제공하고 **납세**의 부담을 맡음으로써 통치 질서의 안정에 기여해야 한다고 논했다. | **21 고1 3월**

(반의) 징세 세금을 거두어들임.

1회 ☐
2회 ☐

누진

묶다 **累**
나아가다 **進**

가격, 수량 등이 더하여 감에 따라 상대적으로 그에 대한 비율이 점점 높아짐.

(예문) 전기 요금은 **누진** 구간이 있어서 많이 쓸수록 기본 요금이 올라간다.

(참고) 누진세 세금을 매기는 대상의 수량이나 값이 늘어날수록 더 높은 비율로 매기는 세금.

1회 ☐
2회 ☐

무상

없다 **無**
갚다 **償**

어떤 행위에 대하여 아무런 대가나 보상이 없음.

(예문) 홍수 피해를 입은 주민들에게 **무상**으로 음식과 옷을 나누어 주었다.

(반의) 유상 어떤 행위에 대하여 보상이 있음.

(참고) 무상 교육 교육을 받는 학생에게 일체의 경제적 부담을 주지 않고 무료로 실시하는 교육. 주로 의무 교과 과정에서 실시한다.

1회 ☐
2회 ☐

보험

보전하다 **保**
험하다 **險**

재해나 각종 사고 등이 일어날 경우의 경제적 손해에 대비하여, 공통된 사고의 위협을 피하고자 하는 사람들이 미리 일정한 돈을 함께 적립하여 두었다가 사고를 당한 사람에게 일정 금액을 주어 손해를 보상하는 제도.

(실전) **보험** 사고가 발생할 때에 보험금을 받을 자를 피보험자, 보험금을 지급할 의무를 지는 자를 보험자라 한다. | **21 고1 11월**

1회 ☐
2회 ☐

복지

복 福
복 祉

편안하고 행복하게 사는 삶.

(실전) 민생 안정을 위한 조세 및 **복지** 제도, 백성의 민원을 수렴하는 소원 제도 등은 백성을 위한 정책이 구현된 사례라 할 수 있다. | 21 고1 3월

(유의) **복리** 행복과 이익을 아울러 이르는 말.

(참고) **복지 국가** 국민의 복지 증진을 국가의 중심 사명으로 보고 국가 기관이 사회 보장 제도, 최저 임금 등의 복지 정책을 펴는 국가.

1회 ☐
2회 ☐

상속

서로 相
잇다 續

일정한 친족 관계가 있는 사람 사이에서, 한 사람이 죽은 후에 그 사람의 재산에 관한 권리와 의무의 일체를 넘겨주거나 넘겨받음.

(예문) 이 집은 어머니가 돌아가신 후 **상속**을 받은 것이다. / 회장이 사망하자 경영권 **상속**에 관한 법적 다툼이 벌어졌다.

1회 ☐
2회 ☐

소득 격차

바 所　얻다 得
막다 隔　어긋나다 差

경제 활동을 통하여 얻은 수입의 수준이 서로 벌어져 다른 정도.

(예문) 부유층과 빈곤층의 **소득 격차**가 점점 심해지고 있다.

(참고) **소득 불평등** 개인 또는 세대 간에 소득이 균등하지 못하고 격차가 벌어지는 것.
소득 양극화 경제 상층부와 하층부의 소득 격차가 매우 심해지는 일.

1회 ☐
2회 ☐

재원

재물 財
근원 源

재화나 자금이 나올 원천.

(실전) 국가에서는 이러한 최저 생계비의 **재원**을 마련하기 위해 일정 소득을 넘어선 어느 지점부터 총소득에 대한 세금을 부과하게 된다. | 17 고2 9월

1회 ☐
2회 ☐

직접세

곧다 直
접하다 接
세금 稅

국가가 납세 의무자에게 직접 거두어들이는 세금. 소득세, 법인세, 상속세, 부당 이득세, 재산세 등이 있으며, 납세 의무자는 그 의무를 다른 사람에게 떠넘길 수 없다.

(예문) 우리나라는 **직접세**에 비해 간접세의 비율이 높다.

(반의) **간접세** 세금을 납부할 의무가 있는 납세자와 세금을 최종적으로 부담하는 조세 부담자가 다른 조세. 부가 가치세, 주세, 관세 등의 소비세와 인지세, 등록세, 통행세 등의 유통세가 있다.

1회 ☐
2회 ☐

치안

다스리다 治
편안하다 安

사회의 안녕과 질서를 유지·보전함.

(예문) 마을 사람들은 마을의 **치안**을 유지하기 위한 방범대를 조직했다. / 정부는 가계와 기업으로부터 걷은 세금으로 국방, **치안**, 도로, 교육 등의 공공재를 생산한다.

1회 ☐
2회 ☐

탈세

벗다 脫
세금 稅

납세자가 납세액의 전부 또는 일부를 내지 않는 일.

(예문) 한 유명인이 **탈세** 혐의로 조사 받고 있다. / 현금이 사라지면 금전 거래가 투명해지기 때문에 불법 자금 세탁이나 **탈세** 등이 줄어들 것이라고 기대한다.

(유의) **포탈** 내야 하는 세금을 피하여 내지 않음.

01 다음 뜻풀이를 보고 십자말풀이를 완성하시오.

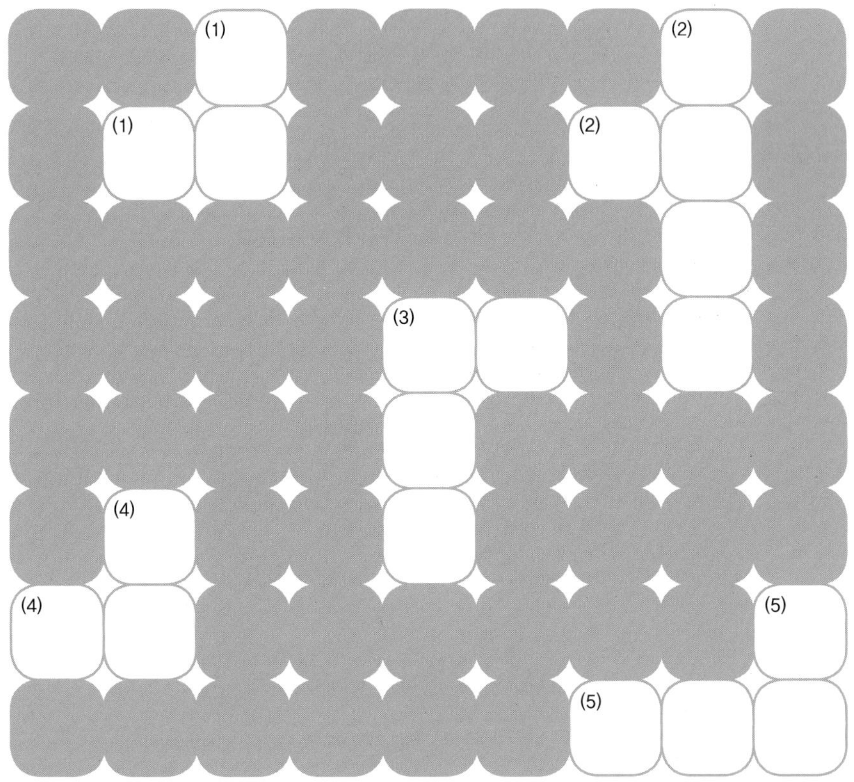

(1) 규칙이나 법령, 명령 등을 지키도록 통제함.

(2) 편안하고 행복하게 사는 삶.

(3) 공통된 사고의 위협을 피하고자 하는 사람들이 미리 일정한 돈을 함께 적립하여 두었다가 사고를 당한 사람에게 일정 금액을 주어 손해를 보상하는 제도.

(4) 사회의 안녕과 질서를 유지·보전함.

(5) 국가가 납세 의무자에게 직접 거두어들이는 세금.

(1) 한 사람이 죽은 후에 그 사람의 재산에 관한 권리와 의무의 일체를 넘겨주거나 넘겨받음.

(2) 어떤 사실을 확실히 그렇다고 여겨서 알다.

(3) 길거리를 걸어 다니는 사람.

(4) 법률의 안건이나 처음 잡은 안.

(5) 세금을 냄.

4 주차

어휘 확인하기 20일

[02~06] 다음 빈칸에 들어갈 어휘를 〈보기〉에서 골라 쓰시오.

보기

누진　　무상　　재원　　탈세　　범칙금

02 그는 규정 속도를 위반하여 (　　　　)을/를 내었다.

03 이 사업을 실현하려면 먼저 (　　　　)을/를 확보해야 한다.

04 (　　　　)이/가 발각되면 본래 납부해야 하는 세금은 물론 가산세까지 내야 한다.

TIP 규정한 세금을 납부하지 않았을 때 본래 부과된 금액에 일정 비율로 금액을 부과하는 세금.

05 우리 지역에서는 올해부터 모든 학생들에게 (　　　　)(으)로 급식을 제공하기로 하였다.

06 주차 시간에 따른 (　　　　) 요금 적용으로 오래 주차할수록 시간당 주차비가 올라간다.

[07~09] 다음 문장에 알맞은 어휘를 고르시오.

07 문제를 해결하기 위해서는 먼저 사태의 심각성을 (인지 / 상속)해야 한다.

08 법률을 제정하기 위해서는 국회 의원이 국회에 (법안 / 법인)을 제출해야 한다.

TIP 제도나 법률 등을 만들어서 정함.

09 상품 가격에 세금이 포함되어 있어 납세자는 상품의 생산자이지만 세금을 부담하는 사람은 상품의 소비자인 경우, 이 세금은 (간접세 / 직접세)에 해당한다.

[10~11] 제시된 초성과 뜻을 참고하여 빈칸에 들어갈 알맞은 어휘를 쓰시오.

10 ㅂㅎㅈ: 길거리를 걸어 다니는 사람.

→ 골목길에서 운전을 할 때에는 항상 (　　　　)을/를 주의해야 한다.

11 ㅂㅎ: 재해나 각종 사고 등이 일어날 경우의 경제적 손해에 대비하여, 공통된 사고의 위협을 피하고자 하는 사람들이 미리 일정한 돈을 함께 적립하여 두었다가 사고를 당한 사람에게 일정 금액을 주어 손해를 보상하는 제도.

→ 화재로 인한 손해에 대비하여 (　　　　)에 가입하였다.

[12~14] 다음 빈칸에 들어갈 어휘를 찾아 연결하시오.

12 한 사업가가 장부를 조작하여 수억 원을 (　　　)한 정황이 드러났다. • 　　　• ㉠ 납세

13 국세청에서는 국민들의 (　　　) 편의를 위해 다양한 제도를 도입하고 있다. • 　　　• ㉡ 무상

14 ○○시에서는 내년부터 중학교 신입생들에게 교복을 (　　　)(으)로 지원한다. • 　　　• ㉢ 탈세

15 **다음 중 밑줄 친 어휘의 쓰임이 적절하지 <u>않은</u> 것은?**

① 오늘 아침 출근길에 음주 운전 <u>단속</u>을 실시하였다.
② <u>법인</u>을 설립하여 재산 전부를 사회에 돌려주려고 한다.
③ 주민들의 <u>치안</u> 향상을 위해 연휴에 할인 행사를 열었다.
④ 이번에 내린 비로 피해액이 수억 원에 이를 것으로 <u>추산되었다</u>.
⑤ 부모의 <u>소득 격차</u>가 자녀의 교육 격차로 이어지는 것으로 나타났다.

16 **다음 중 밑줄 친 어휘와 바꿔 쓰기에 가장 적절한 것은?**

괴롭힘 상황이 발생했을 때 학급의 모든 구성원은 이 상황을 <u>인지하고</u> 역할극이나 회의를 통해 문제의 심각성을 공유해야 한다. 또한 두려움 때문에 지켜만 보던 소극적인 학생들은 피해자를 적극적으로 도울 수 있도록 심리적·물리적으로 지원받아야 한다. 이러한 과정을 통해 학생들은 피해자를 돕지 않는 행동 역시 문제임을 깨닫게 되고, 앞으로 누군가가 괴롭힘을 당할 때 적극적으로 피해자를 도우려는 태도를 지니게 된다.

① 수용하고　② 연구하고　③ 인내하고　④ 인식하고　⑤ 해결하고

사회 분야의 글과 관련한 어휘 ③

◗ 어휘 책을 펼쳐 보아요.

◗ 아는 어휘에 ○표 해요. (　　/ 18)

구호	비준되다	쇠퇴하다	시스템	실업률
악용하다	이주민	지원하다	과의존	규범
딜레마	불가피하다	불특정	인프라	
첨단	측면	탁월하다	합의	

◗ 어휘 퍼즐을 완성해요. (　　/ 10)

◗ 확인 문제로 복습해요. (　　/ 14)

주제 1 공동체, 지역 문제와 관련한 어휘

1회 □ 2회 □

구호

구원하다 救
보호하다 護

재해나 재난 등으로 어려움에 처한 사람을 도와 보호함.

(예문) 지진으로 큰 피해를 입은 지역에 **구호**의 손길이 도착했다.

(유의) **구제** 자연적인 재해나 사회적인 피해를 당하여 어려운 처지에 있는 사람을 도와줌.

(참고) **구호 단체** 재해나 재난 등으로 어려움에 처한 사람을 돕기 위하여 조직한 사회단체.

1회 □ 2회 □

비준되다

비평하다 批
준하다 准

조약이 헌법상의 조약 체결권자에게 최종적으로 확인, 동의되다. 우리나라에서는 국회의 동의를 얻은 대통령에 의해 행해진다.

(예문) 이번 조약이 국회에서 **비준되면** 내년부터 효력이 발생한다.

(참고) **승인되다** 어떤 사실이 마땅하다고 받아들여지다.

1회 □ 2회 □

쇠퇴하다

쇠하다 衰
물러나다 退

강하게 일어났던 현상이나 세력, 기운 등이 약해지다.

(실전) 고려 말 중앙 집권 체제의 약화와 왕권의 **쇠퇴** 속에서 조선 왕조를 세운 신흥 사대부들은 지주층이었기 때문에 노비 노동력이 필요했다. | **17 고1 6월**

(유의) **쇠락하다** 힘이나 세력이 점점 줄어들다.

1회 □ 2회 □

시스템

system

필요한 기능을 실현하기 위하여 관련 요소를 어떤 법칙에 따라 조합한 집합체.

(실전) 전국의 각 시도에서는 미세 플라스틱으로 인해 폐기 시 해양 생태계 교란의 가능성이 있는 아이스 팩을 재사용하는 **시스템**을 구축하고 있다. | **21 고2 9월**

(참고) **사회 시스템** 1) 교육, 의료, 교통, 정보 등의 사회적 요청을 충족하기 위해 마련된 구조.
2) 사회 구성원들의 역할과 지위, 상호 작용으로 형성되는 사회적인 관계의 체계.

1회 ☐ 2회 ☐ **실업률**

잃다 **失**
일 **業**
율 **率**

일할 생각과 능력을 가진 인구 가운데 실업자가 차지하는 비율.

(예문) 올해 **실업률**이 작년보다 큰 폭으로 감소한 것으로 나타났다. / 청년 **실업률**이 증가하면 여러 가지 사회 문제가 발생한다.

1회 ☐ 2회 ☐ **악용하다**

악하다 **惡**
쓰다 **用**

알맞지 않게 쓰거나 나쁜 일에 쓰다.

(실전) 별점 평가제를 **악용하면** 판매자에게 심각한 피해가 발생한다는 찬성 측의 발언을 듣고 별점 평가제에 대한 생각이 달라졌다. | **21 고1 11월**

(참고) **오용하다** 잘못 사용하다.

1회 ☐ 2회 ☐ **이주민**

옮기다 **移**
살다 **住**
백성 **民**

다른 곳으로 옮겨 가서 사는 사람. 또는 다른 지역에서 옮겨 와서 사는 사람.

(예문) 재개발 사업으로 많은 **이주민**이 발생하였다. / 다양한 국적을 가진 **이주민**들이 크게 늘어났다.

(반의) **원주민** 그 지역에 본디부터 살고 있는 사람들.

1회 ☐ 2회 ☐ **지원하다**

지탱하다 **支**
돕다 **援**

지지하여 돕다.

(실전) 디지털 교과서는 여러 권의 교과서에 담긴 정보를 하나의 디지털 기기에 넣어 활용함으로써 학습자의 다양한 학습 활동을 **지원할** 수 있다. | **21 고2 11월**

(유의) **뒷받침하다** 뒤에서 지지하고 도와주다.

주제 2 디지털 사회와 관련한 어휘

1회 ☐ 2회 ☐ **과의존**

지나치다 **過**
의지하다 **依**
있다 **存**

어떤 대상에 지나치게 의존함.

(실전) 10대 청소년의 스마트폰 **과의존** 위험군은 30.2%로 전 연령대에서 가장 높습니다. | **22 고2 6월**

(참고) **의존** 다른 것에 의지하여 존재함.

1회 ☐ 2회 ☐ **규범**

법 **規**
법 **範**

인간이 행동하거나 판단할 때에 마당히 따르고 지켜야 할 가치 판단의 기준.

(실전) 최근 시청자의 관심을 끌기 위해 비속어 등 **규범**에 맞지 않는 언어 표현을 하거나 선정적, 폭력적 내용을 담고 있는 방송이 늘어나고 있다. | **19 고1 3월**

(참고) **도리** 사람이 어떤 입장에서 마땅히 행하여야 할 바른길.

1회 ☐ 2회 ☐ **딜레마**

dilemma

선택해야 할 길은 두 가지 중 하나로 정해져 있는데, 그 어느 쪽을 선택해도 바람직하지 못한 결과가 나오게 되는 곤란한 상황.

(예문) 감염병이 유행하는 상황에서 상점 주인들은 냉방을 위해 문을 닫아야 할지, 환기를 위해 문을 열어야 할지 **딜레마**에 빠져 있다.

(참고) **진퇴양난(進退兩難)** 이러지도 저러지도 못하는 어려운 처지.

1회 ☐ 2회 ☐

불가피하다

아니다 不
옳다 可
피하다 避

피할 수 없다.

예문 전문가들은 연금 제도의 개혁은 **불가피하다고** 주장했다.

실전 삶을 영위하기 위한 기본적인 소유는 **불가피한** 것이지만 소유를 통해 행복을 찾으려는 욕망은 완전히 채워질 수 없다 | 22 고1 9월

유의 **마지못하다** 마음이 내키지는 아니하지만 사정에 따라서 그렇게 하지 아니할 수 없다.

1회 ☐ 2회 ☐

불특정

아니다 不
특별하다 特
정하다 定

특별히 정하지 아니함.

예문 경찰은 **불특정** 시간대에 음주 단속을 실시하였다. / 지난밤에 **불특정** 사이트를 대상으로 해킹이 시도되어 경찰이 수사에 나섰다.

반의 **특정** 특별히 지정함.

참고 **불특정 다수** 특별히 정하지 아니한 많은 수.

1회 ☐ 2회 ☐

인프라

infrastructure

생산이나 생활의 기반을 형성하는 중요한 구조물. 도로, 항만, 철도, 발전소, 통신 시설 등의 산업 기반과 학교, 병원, 상수·하수 처리 등의 생활 기반이 있다. '인프라스트럭처'의 줄임말이다.

예문 자율 주행차를 고려한 신호 체계와 도로 시설 등 **인프라**가 구축되어야 한다.

참고 **기반** 무엇을 하기 위해 기초가 되는 것.

1회 ☐ 2회 ☐

첨단

뾰족하다 尖
끝 端

시대, 학문, 유행 등의 가장 앞서는 자리.

예문 서울은 유행의 **첨단**을 걷고 있는 도시라고 할 수 있다. / **첨단** 반도체 사업장은 정전기와 싸우는 전쟁터라고 해도 될 정도이다.

1회 ☐ 2회 ☐

측면

곁 側
낯 面

1) 앞뒤를 기준으로 왼쪽이나 오른쪽의 면.

예문 그 축구 선수는 골대의 **측면**을 공략하여 골을 넣었다.

2) 사물이나 현상의 한 부분. 또는 한쪽 면.

실전 내가 본 논문에서는 SNS 이용 시간이 길어지는 경향을 심리적 **측면**과 연결 지어 설명하고 있었어. | 22 고1 3월

1회 ☐ 2회 ☐

탁월하다

높다 卓
넘다 越

남보다 두드러지게 뛰어나다.

실전 카뮈는 '**탁월한** 통찰과 진지함으로 우리 시대 인간의 정의를 밝힌 작가'라는 평을 받으며 1957년에 노벨 문학상을 수상하였다. | 22 고1 3월

유의 **걸출하다** 남보다 훨씬 뛰어나다.

1회 ☐ 2회 ☐

합의

합하다 合
뜻 意

서로 의견이 일치함. 또는 그 의견.

실전 여러 규칙 중 사회 구성원들의 **합의**에 따라 만들어지고 강제성을 가진 규칙을 법이라고 한다. | 18 고1 6월

유의 **동의** 의사나 의견을 같이함.

어휘 확인하기 21일

01 다음 뜻에 알맞은 어휘를 찾아 가로, 세로, 대각선으로 표시하시오.

과	범	무	측	면	구	퇴	시	인
업	첨	단	존	정	규	불	가	프
딜	이	만	대	화	발	특	상	라
레	주	임	탁	립	호	정	국	속
마	민	제	월	심	비	부	합	의
실	은	닉	하	다	준	불	회	장
금	업	기	다	측	되	치	구	직
교	언	률	색	산	다	축	호	스

(1) 특별히 정하지 아니함.

(2) 남보다 두드러지게 뛰어나다.

(3) 서로 의견이 일치함. 또는 그 의견.

(4) 사물이나 현상의 한 부분. 또는 한쪽 면.

(5) 시대, 학문, 유행 등의 가장 앞서는 자리.

(6) 생산이나 생활의 기반을 형성하는 중요한 구조물.

(7) 재해나 재난 등으로 어려움에 처한 사람을 도와 보호함.

(8) 일할 생각과 능력을 가진 인구 가운데 실업자가 차지하는 비율.

(9) 조약이 헌법상의 조약 체결권자에게 최종적으로 확인, 동의되다.

(10) 선택해야 할 길은 두 가지 중 하나로 정해져 있는데, 그 어느 쪽을 선택해도 바람직하지 못한 결과가 나오게 되는 곤란한 상황.

4주차

어휘 확인하기 21일

[02~04] 제시된 초성과 뜻을 참고하여 빈칸에 들어갈 알맞은 어휘를 쓰시오.

02 ㅇㅈㅁ: 다른 곳으로 옮겨 가서 사는 사람. 또는 다른 지역에서 옮겨 와서 사는 사람.
→ 전쟁으로 자신의 조국을 떠나온 (   )이/가 늘어나고 있다.

03 ㅅㅅㅌ: 필요한 기능을 실현하기 위하여 관련 요소를 어떤 법칙에 따라 조합한 집합체.
→ 학생들과 선생님들은 안전한 학교생활을 위해 힘을 합쳐 학교 폭력 예방을 위한 (   )을/를 만들었다.

04 ㄱㅇㅈ: 어떤 대상에 지나치게 의존함.
→ 아이들은 부모와의 놀이, 교감 등을 통해 스마트폰 (   )에서 빠져 나올 수 있다.
TIP 서로 접촉하여 따라 움직이는 느낌.

[05~08] 빈칸에 들어갈 어휘를 〈보기〉에서 골라 쓰시오.

보기
악용하다　　지원하다　　탁월하다　　불가피하다

05 정부가 사회적 안정을 위한 다양한 방안의 하나로 빈곤층을 [   ].

06 식품 업체들은 물가가 상승하여 제품의 가격 인상이 [   ]고 발표하였다.

07 피아노 경연 대회에서 우승을 차지한 그 참가자는 연주 솜씨가 매우 [   ].

08 보험금을 노리고 과잉 치료를 하는 등 보험을 [   ]가는 처벌을 받을 수도 있다.
TIP 예정하거나 필요한 수량보다 많아 남음.

[09~11] 다음 밑줄 친 어휘와 비슷한 의미의 어휘를 찾아 연결하시오.

09 두 사람은 시대를 대표하는 <u>탁월한</u> 사상가였다. •　　• ㉠ 걸출하다

10 부모님은 자녀의 성장을 위해 아낌없이 <u>지원하였다</u>. •　　• ㉡ 쇠락하다

11 섬유 산업이 <u>쇠퇴함</u>에 따라 도심도 점점 낙후하게 되었다. •　　• ㉢ 뒷받침하다

12 〈보기〉의 빈칸에 공통으로 들어갈 어휘로 가장 적절한 것은?

보기

- 다른 사람에 대한 거짓 소문을 (　　　)한 다수의 사람에게 전파하는 것은 범죄이다.
- 유통 업체가 판매를 높이기 위한 전략을 세우기 위해 (　　　) 소비자를 대상으로 설문 조사를 실시하였다.

① 쇠퇴　② 합의　③ 과의존　④ 불가피　⑤ 불특정

13 다음 중 빈칸에 공통으로 들어갈 어휘로 가장 적절한 것은?

우리는 일상생활에서 전통이나 관습, 도덕이나 윤리, 법과 같은 사회적 (　　　)을/를 지키며 살아간다. 글을 쓸 때도 지켜야 할 (　　　)이/가 있는데, 이것을 쓰기 윤리라고 한다.

① 구호　② 규범　③ 딜레마　④ 시스템　⑤ 인프라

14 다음 중 밑줄 친 어휘의 뜻으로 알맞은 것을 고르시오.

걷기의 장점은 크게 세 가지 <u>측면</u>으로 볼 수 있다. 우선, 신체적 측면에서는 성인병을 예방하고, 체지방률을 감소시켜 준다. 다음으로, 철학적 측면에서는 느리게 살면서 세상을 바라보는 눈을 가지게 한다. 끝으로 심리적 측면에서는 마음의 안정을 준다.

(1) 사물이나 현상의 한 부분. (　　　)

(2) 어떤 단체나 물건의 중심이 되는 부분. (　　　)

(3) 시대, 학문, 유행 등의 가장 앞서는 자리. (　　　)

사회 분야의 글과 관련한 어휘 ④

◗ 어휘 책을 펼쳐 보아요.

◗ 아는 어휘에 ○표 해요. (/ 18)

기피	맹목적	몰입하다	열망	외향적
잠재적	절제하다	지향	충동적	
탐닉하다	교섭	군림하다	대여	반출
부합하다	산물	축적하다	환수	

◗ 십자말풀이를 완성해요. (/ 10)

◗ 확인 문제로 복습해요. (/ 18)

주제 1 심리와 관련한 어휘

1회 □ 2회 □

기피

꺼리다 忌
피하다 避

꺼리거나 싫어하여 피함.

예문 많은 지역에서 혐오 시설 **기피** 현상이 여전히 존재한다. / 성인병이나 비만을 걱정하여 고열량 음식을 **기피**하는 사람들이 많다.

참고 기피 시설 사람들이 꺼리거나 싫어하여 피하는 시설.

1회 □ 2회 □

맹목적

소경 盲
눈 目
과녁 的

주관이나 원칙이 없이 덮어놓고 행동하는. 또는 그런 것.

실전 자라의 **맹목적**인 충성심도 비판받아야 한다고 생각해. | 20 고1 11월

유의 무비판적 옳고 그름을 판단하지 않고 무조건 받아들이는. 또는 그런 것.
무조건적 아무 조건도 없는. 또는 그런 것.

1회 □ 2회 □

몰입하다

잠기다 沒
들다 入

깊이 파고들거나 빠지다.

실전 음유 시인의 연기에 **몰입한** 관객은 덕성을 갖춘 주인공이 특별한 잘못이 없는데도 불행해지는 모습을 보고 연민과 공포를 느낀다. | 22 고1 3월

유의 열중하다 한 가지 일에 정신을 쏟다.

1회 □ 2회 □

열망

덥다 熱
바라다 望

열렬하게 바람.

실전 당시 산업화에 뒤처진 이탈리아는 산업화에 대한 **열망**과 민족적 자존감을 고양시킬 수 있는 새로운 예술을 필요로 하였다. | 20 고1 3월

유의 갈망 간절히 바람.

1회 □
2회 □

외향적

바깥 外
향하다 向
과녁 的

마음의 움직임을 적극적으로 나타내는. 또는 그런 것.

(예문) 나는 내성적이고 소심한 성격이라 **외향적**인 사람이 부러울 때도 있다.

반의 **내향적** 성격이나 마음의 움직임이 안쪽으로 향하는. 또는 그런 것.

1회 □
2회 □

잠재적

자맥질하다 潛
있다 在
과녁 的

겉으로 드러나지 않고 숨은 상태로 존재하는. 또는 그런 것.

(예문) 청소년기는 여러 경험을 통해 **잠재적** 능력을 발견하고 개발하는 시기이다. / 식습관의 변화로 젊은 층에서도 성인병의 **잠재적** 위험군에 속하는 사람의 비율이 크게 늘어 우려가 커지고 있다.

1회 □
2회 □

절제하다

마디 節
억제하다 制

정도에 넘지 아니하도록 알맞게 조절하여 제한하다.

(실전) 국가를 위해서는 개인의 욕망을 **절제해야** 하는데 가정은 개인의 욕망을 보호하는 역할을 하기 때문이다. | 20 고1 9월

유의 **조절하다** 균형이 맞게 바로잡다. 또는 적당하게 맞추어 나가다.

참고 **자제하다** 자기의 감정이나 욕망을 스스로 억제하다.

4주차

1회 □
2회 □

지향

뜻 志
향하다 向

어떤 목표로 뜻이 쏠리어 향함. 또는 그 방향이나 그쪽으로 쏠리는 의지.

(실전) 이들은 조선의 내세관과 함께, 문치주의를 표방했던 조선 왕조의 **지향**을 드러낸다. | 21 고1 3월

참고 **지양** 더 높은 단계로 오르기 위하여 어떠한 것을 하지 아니함.

1회 □
2회 □

충동적

찌르다 衝
움직이다 動
과녁 的

마음속에서 어떤 욕구 같은 것이 갑작스럽게 일어나는. 또는 그런 것.

(예문) 나는 섭섭한 마음에 **충동적**으로 소리를 질렀다. / 반려 동물 입양을 **충동적**으로 결정해서는 안 된다.

유의 **감정적** 마음이나 기분에 의한. 또는 그런 것.

1회 □
2회 □

탐닉하다

귀 처지다 耽
빠지다 溺

어떤 일을 몹시 즐겨서 거기에 빠지다.

(예문) 그는 게임에 **탐닉하다가** 건강을 해치고 말았다. / 수지는 만화책에 **탐닉하느라** 공부를 소홀히 하였다.

주제 2 문화와 관련한 어휘

1회 □
2회 □

교섭

사귀다 交
건너다 涉

어떤 일을 이루기 위하여 서로 의논하고 절충함.

(예문) 정부는 일본과 **교섭**을 하여 빼앗긴 문화재를 돌려받았다.

유의 **협상** 어떤 목적에 부합되는 결정을 하기 위하여 여럿이 서로 의논함.

참고 **교섭 단체** 국회에서, 단체 교섭회에 참가하여 의사 진행에 관한 중요한 안건을 협의하기 위하여 의원들이 구성하는 단체.

1회 ☐
2회 ☐

군림하다

임금 君
임하다 臨

1) 임금으로서 나라를 거느려 다스리다.

(예문) 정치인은 국민 위에 왕처럼 **군림하면** 안 된다.

2) (비유적으로) 어떤 분야에서 절대적인 세력을 가지고 남을 압도하다.

(예문) 그는 10년 넘게 영화계에서 최고의 배우로 **군림하고** 있다.

1회 ☐
2회 ☐

대여

빌리다 貸
더불다 與

물건이나 돈을 나중에 도로 돌려받기로 하고 얼마 동안 내어 줌.

(예문) 『겸재 정선 화첩』은 독일에서 영구 **대여** 형식으로 우리나라에 돌아왔다.

(유의) **대부** 돌려받기로 하고 어떤 물건을 남에게 빌려주어 사용과 수익을 허락함.
임대 돈을 받고 자기의 물건을 남에게 빌려줌.

1회 ☐
2회 ☐

반출

옮기다 搬
나다 出

운반하여 냄.

(예문) 일제 강점기와 한국 전쟁을 거치면서 많은 문화재가 해외로 **반출**되었다.

(반의) **반입** 운반하여 들여옴.

(참고) **밀반출** 물건 따위를 몰래 내감.

1회 ☐
2회 ☐

부합하다

부호 符
합하다 合

사물이나 현상이 서로 꼭 들어맞다.

(실전) 발표 내용이 사실과 **부합하는지** 점검하고 있다. | 21 고1 9월

(유의) **일치하다** 비교되는 대상들이 서로 어긋나지 아니하고 같거나 들어맞다.

1회 ☐
2회 ☐

산물

낳다 産
만물 物

1) 일정한 곳에서 생산되어 나오는 물건.

(예문) 옛날에는 자기가 사는 지역에서 많이 나는 **산물**과 다른 데서 산출되는 필요한 물건을 교환하였다.

2) 어떤 것에 의하여 생겨나는 사물이나 현상을 비유적으로 이르는 말.

(예문) 농촌의 인구 붕괴와 과도한 경쟁 문화 등은 도시화의 **산물**이다. / 노자는 문명사회를 탐욕과 이기심 및 이를 정당화시켜 주는 이념의 **산물**로 보았다.

1회 ☐
2회 ☐

축적하다

쌓다 蓄
쌓다 積

지식, 경험, 자금 등을 모아서 쌓다.

(실전) 부정적 인물인 코타르는 비극적 재난을 틈타 밀수로 부를 **축적하는** 이기적인 모습을 보인다. | 22 고1 3월

(유의) **적립하다** 모아서 쌓아 두다.

1회 ☐
2회 ☐

환수

돌아오다 還
거두다 收

도로 거두어들임.

(예문) 해외로 불법 반출된 문화재 **환수**를 위해 노력해야 한다.

(유의) **회수** 도로 거두어들임.

01 다음 뜻풀이를 보고 십자말풀이를 완성하시오.

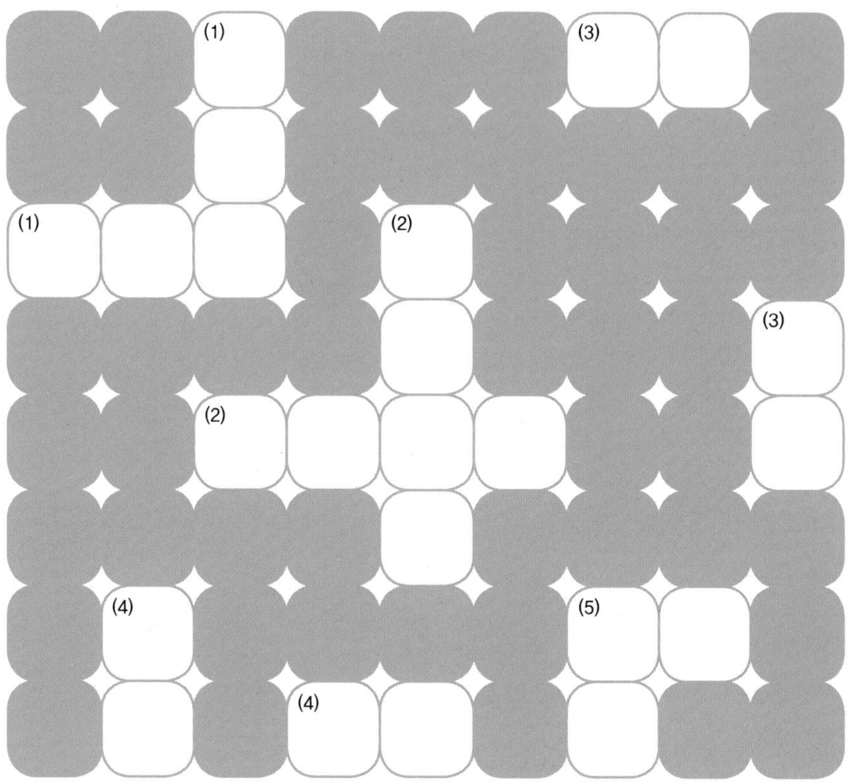

4 주차

가로

(1) 마음속에서 어떤 욕구 같은 것이 갑작스럽게 일어나는. 또는 그런 것.

(2) 깊이 파고들거나 빠지다.

(3) 운반하여 냄.

(4) 어떤 일을 이루기 위하여 서로 의논하고 절충함.

(5) 어떤 목표로 뜻이 쏠리어 향함. 또는 그 방향이나 그쪽으로 쏠리는 의지.

세로

(1) 주관이나 원칙이 없이 덮어놓고 행동하는. 또는 그런 것.

(2) (비유적으로) 어떤 분야에서 절대적인 세력을 가지고 남을 압도하다.

(3) 꺼리거나 싫어하여 피함.

(4) 열렬하게 바람.

(5) 더 높은 단계로 오르기 위하여 어떠한 것을 하지 아니함.

어휘 확인하기 22일

[02~06] 빈칸에 들어갈 어휘를 〈보기〉에서 골라 쓰시오.

보기

군림하다　몰입하다　부합하다　절제하다　축적하다

02 인터넷을 이용하여 다양한 지식을 [　　　　].

03 수사 결과 피해자의 이야기가 증거와 [　　　　].

04 건강을 생각하여 단것을 먹고 싶은 욕구를 [　　　　].

TIP 무엇을 얻거나 무슨 일을 하고자 바라는 일.

05 스마트폰에 지나치게 [　　　　]가는 건강이 나빠질 수 있다.

06 그는 육상 분야에서 세계 최강자로 [　　　　]가 최근에 은퇴하였다.

[07~09] 제시된 초성과 뜻을 참고하여 빈칸에 들어갈 알맞은 어휘를 쓰시오.

07 **ㄱㅅ**: 어떤 일을 이루기 위하여 서로 의논하고 절충함.

→ 노사 간의 (　　　　　)이/가 극적으로 타결되어 파업의 위기를 넘겼다.

TIP 의견이 대립된 양편에서 서로 양보하여 일을 마무름.

08 **ㅁㅁㅈ**: 주관이나 원칙이 없이 덮어놓고 행동하는. 또는 그런 것.

→ 자녀에 대한 (　　　　　)인 사랑은 오히려 해를 끼칠 수 있다.

09 **ㅇㅁ**: 열렬하게 바람.

→ 이 작품에는 평화로운 삶에 대한 (　　　　　)이/가 드러나 있다.

[10~12] 다음 문장에 알맞은 어휘를 고르시오.

10 그는 친구에게 (잠재적 / 충동적)으로 자신의 마음을 고백했다.

11 그녀는 음식에 (절제하여 / 탐닉하여) 쉬지 않고 먹다가 탈이 났다.

아이템 발견!

12 관광객들의 안전을 위해서 7월부터 9월까지 파출소에서 구명조끼 무료 (대여 / 반출) 서비스를 실시합니다.

[13~15] 다음 빈칸에 들어갈 어휘를 찾아 연결하시오.

13	부정하게 쌓은 재산에 대한 (　　　) 절차가 시작되었다. •		• ㉠ 기피
14	오늘의 성공은 30년 도전과 노력의 (　　　)(이)라고 할 수 있다. •		• ㉡ 산물
15	고령층의 일자리는 다른 연령층이 (　　　)하는 직종에 몰려 있다. •		• ㉢ 환수

16 **다음 중 밑줄 친 어휘의 쓰임이 적절하지 않은 것은?**

① 불량 식품을 모두 회수하여 폐기하였다.
② 학교의 물품을 마음대로 반출해서는 안 된다.
③ 조용한 형과 달리 동생은 내향적이어서 대화를 좋아한다.
④ 어른들은 아이들을 잠재적 위협으로부터 보호해야 한다.
⑤ 내 마음속에서 더 나은 연주를 하고 싶은 열망이 점점 커졌다.

4 주차

17 **다음 중 글의 빈칸에 들어갈 어휘로 가장 적절한 것은?**

> 심리 치료는 심리학적 지식을 바탕으로 심리적 고통과 부적응 문제를 해결하고자 한다. 이에 대부분의 심리 치료는 상처, 결핍, 장애 등의 증상에 초점을 맞추고, 이들이 제거되어 고통에서 벗어난 일상을 (　　　)한다.

① 군림　　② 기피　　③ 절제　　④ 지양　　⑤ 지향

18 **다음 중 밑줄 친 어휘와 바꿔 쓰기에 가장 적절한 것은?**

> 어떤 농민이 가을에 거둔 과일을 보관한다고 가정해 보자. 만일 그 과일을 내년 봄까지 그대로 보관하려면 비용과 노력이 필요할 뿐만 아니라 경우에 따라 과일의 가치가 훼손될 수도 있다. 하지만 과일을 팔아 화폐로 바꾸면 내년 봄까지 그 가치를 손쉽게 저장할 수 있다. 이와 같이 화폐는 물건이 가진 가치를 저장할 수 있어, 물건의 가치를 쉽게 보관·유지·축적하게 해 주었다.

① 열중하다　　② 일치하다　　③ 자제하다　　④ 적립하다　　⑤ 조절하다

예술 분야의 글과 관련한 어휘

◗ 어휘 책을 펼쳐 보아요.

◗ 아는 어휘에 ○표 해요. (/ 18)

공감각	구도	나열하다	사조	조형성
찬미하다	추상적	탈바꿈	관습	기점
냉각	단열재	배수로	수월하다	
아치형	양면성	지연하다	촉매제	

◗ 어휘 퍼즐을 완성해요. (/ 10)

◗ 확인 문제로 복습해요. (/ 15)

주제 1 미술과 관련한 어휘

1회 □
2회 □

공감각

함께 共
느끼다 感
깨닫다 覺

어떤 하나의 감각이 다른 영역의 감각을 일으키는 일. 또는 그렇게 일으켜진 감각. 소리를 들으면 빛깔이 느껴지는 것 등이다.

(실전) **공감각**적 이미지를 사용하여 표현 효과를 높이고 있다. | 20 고1 3월

1회 □
2회 □

구도

얽다 構
그림 圖

1) 그림에서 모양, 색깔, 위치 등의 짜임새.

(실전) 벽에 걸린 그림과 전체 그림의 **구도**가 어떻게 다른지 비교하면 이중 메시지 **구조**를 알 수 있겠군. | 14 고1 6월

2) 여러 요소가 한데 어울려 이룬 전체적인 모습.

(실전) 새로운 인물을 등장시켜 인물 간의 대립 **구도**를 드러내고 있다. | 18 고1 9월

1회 □
2회 □

나열하다

그물 羅
벌이다 列

죽 벌여 놓다.

(실전) 동일한 색채어를 **나열하여** 현장감을 표현하고 있다. | 21 고1 11월

(유의) 열거하다 여러 가지 예나 사실을 낱낱이 죽 늘어놓다.

1회 □
2회 □

사조

생각 思
조수 潮

어떤 시대의 전체에 걸쳐 나타난 사상의 흐름.

(실전) 그는 이성만 중시했던 당시 철학 **사조**에 반기를 들고 경험을 중심으로 지식 및 진리의 문제를 탐구했다는 점에서 근대 철학에 새로운 방향성을 제시했다는 평가를 받는다. | 18 고1 3월

(유의) 조류 시대 흐름의 경향이나 동향.

1회 ▢
2회 ▢

조형성

짓다 **造**
형상 **形**
성품 **性**

여러 가지 재료를 이용하여 구체적인 형태나 형상을 만드는 조형 예술의 작품이 지니고 있는 특성.

(예문) 웃는 얼굴이 조각된 하회탈에는 대칭과 음각을 활용한 **조형성**이 드러난다. / 섬유 예술은 평면성에서 벗어나 **조형성**을 강조하는 여러 기법들을 활용하고 있다.

1회 ▢
2회 ▢

찬미하다

기리다 **讚**
아름답다 **美**

아름답고 훌륭한 것이나 위대한 것 등을 기리어 칭송하다.

(예문) 팝 아트 작가들의 작품은 현대의 소비문화를 **찬미하는** 동시에 비판한다. / 시인은 아름다운 자연 경관을 바라보며 이를 **찬미하는** 노래를 지었다.

(유의) **예찬하다** 무엇이 훌륭하거나 좋거나 아름답다고 찬양하다.

1회 ▢
2회 ▢

추상적

빼다 **抽**
형상 **象**
과녁 **的**

1) 어떤 사물이 직접 경험하거나 지각할 수 있는 일정한 형태와 성질을 갖추고 있지 않은. 또는 그런 것.

(실전) 아름다움, 정의, 평화, 사랑 등의 **추상적**인 개념이나 인간의 삶에 대한 교훈, 도덕적 가치를 드러내는 데 주력한다. **| 14 고1 6월**

2) 구체성이 없이 사실이나 현실에서 멀어져 막연하고 일반적인. 또는 그런 것.

(실전) 청소년의 언어생활이라고 하니까 범위가 넓고 **추상적**이어서 무엇에 대해 쓸지 결정하기 어려웠다. **| 14 고2 3월**

(반의) **구체적** 1) 눈으로 볼 수 있게 직접 형태를 갖춘. 또는 그런 것.
2) 실제적이고 자세한. 또는 그런 것.

1회 ▢
2회 ▢

탈바꿈

원래의 모양이나 형태를 바꿈.

(예문) 동네의 작은 축제가 전 국민이 열광하는 축제로 **탈바꿈**을 했다.

(실전) '털보네 대장간'을 통해 자신을 단련하여 **탈바꿈**하고 싶은 마음을 드러내고 있다. **| 21 고2 6월**

(유의) **변모** 모양이나 모습이 달라지거나 바뀜.

주제 2 건축과 관련한 어휘

1회 ▢
2회 ▢

관습

버릇 **慣**
익히다 **習**

어떤 사회에서 오랫동안 지켜 내려와 그 사회 성원들이 널리 인정하는 질서나 풍습.

(실전) 북아메리카 원주민들에게는 독특한 방식으로 선물을 주는 '포틀래치(potlatch)'라는 **관습**이 있다. **| 21 고1 9월**

(유의) **관례** 한 사회에서 오래 전부터 반복적으로 일어나 관습처럼 된 일.

1회 ▢
2회 ▢

기점

일어나다 **起**
점 **點**

어떠한 것이 처음으로 일어나거나 시작되는 곳.

(실전) 신라 종의 조형 양식은 조선 초기를 **기점**으로 한 큰 변화가 나타나기 전까지 후대의 범종으로 계승되었다. **| 17 고1 3월**

(유의) **출발점** 일을 시작하거나 일이 비롯되는 지점.

1회 ☐ 2회 ☐

냉각

차다 冷
물리치다 却

식어서 차게 됨. 또는 식혀서 차게 함.

(예문) 이 제품에는 과열을 방지하기 위한 **냉각** 장치가 설치되어 있다. / 석빙고 내부가 **냉각**이 잘되는 것은 겨울바람을 이용할 수 있게 만든 날개벽 때문이다.

1회 ☐ 2회 ☐

단열재

끊다 斷
덥다 熱
재목 材

보온을 하거나 열을 차단할 목적으로 쓰는 재료. 열이 전도되기 어려운 석면, 유리 섬유, 코르크, 발포 플라스틱 등을 쓴다.

(실전) 특수 **단열재**를 사용해 내부의 열 손실을 최소화한다. | 13 고2 3월

1회 ☐ 2회 ☐

배수로

물리치다 排
물 水
길 路

물이 빠져나갈 수 있도록 만든 길.

(예문) **배수로**와 하수 시설을 통해 배설물을 흘려보냈다. / 비가 오기 전에 논의 **배수로**를 더 넓게 정비해야겠다.

(유의) 배수구 물을 빼내거나 물이 빠져나가는 곳.

1회 ☐ 2회 ☐

수월하다

까다롭거나 힘들지 않아 하기가 쉽다.

(실전) 공급자가 한정된 상황에서는 더 많은 양을 주문해야 제품을 공급받기가 **수월하기** 때문이다. | 20 고1 6월

(유의) 손쉽다 어떤 것을 다루거나 어떤 일을 하기가 퍽 쉽다.

1회 ☐ 2회 ☐

아치형

arch
형상 形

활과 같은 곡선으로 된 형태나 형식.

(예문) 고딕 양식의 성당은 주로 골조와 뾰족탑이 있는 **아치형** 천장이 특징적이다. / **아치형** 다리는 기원전 2500년경 인더스 문명에서 최초로 사용되었다.

1회 ☐ 2회 ☐

양면성

두 兩
낯 面
성품 性

한 가지 사물에 속하여 있는 서로 맞서는 두 가지의 성질.

(예문) 폭약은 암석이나 바위를 손쉽게 부숴 도로나 철도 공사에 도움을 주지만 전쟁에서 수많은 생명을 빼앗아 가는 **양면성**을 가지고 있다.

1회 ☐ 2회 ☐

지연하다

더디다 遲
끌다 延

일을 예정보다 오래 걸리게 하거나 시간을 늦추다.

(예문) 비타민 K가 부족하면 혈액 응고가 **지연**된다. / 폭우로 비행기의 이륙이 **지연**되었다.

(유의) 미루다 정한 시간이나 기일을 나중으로 넘기거나 늘이다.

1회 ☐ 2회 ☐

촉매제

닿다 觸
중매 媒
약제 劑

1) 자신은 변화하지 아니하면서 다른 물질의 화학 반응을 매개하여 반응 속도를 빠르게 하거나 늦추는 물질.

(예문) 음이온 **촉매제**를 사용하면 전자의 재배열을 유도할 수 있다.

2) 어떤 일을 유도하거나 변화하게 하는 계기를 비유적으로 이르는 말.

(예문) 그 단체의 설립은 우리 고장 발전의 **촉매제** 역할을 하였다.

01 다음 뜻에 알맞은 어휘를 찾아 가로, 세로, 대각선으로 표시하시오.

신	만	화	사	조	연	조	시	민
공	감	각	재	국	장	독	형	가
문	사	각	형	새	제	양	면	성
관	억	권	냉	각	리	단	번	광
습	울	독	자	국	논	열	부	역
원	사	촉	매	제	란	재	족	사
구	약	민	절	부	혈	배	수	로
족	아	치	형	실	공	적	상	체

(1) 식어서 차게 됨.
(2) 물이 빠져나갈 수 있도록 만든 길.
(3) 활과 같은 곡선으로 된 형태나 형식.
(4) 어떤 시대의 전체에 걸쳐 나타난 사상의 흐름.
(5) 보온을 하거나 열을 차단할 목적으로 쓰는 재료.
(6) 어떤 하나의 감각이 다른 영역의 감각을 일으키는 일.
(7) 한 가지 사물에 속하여 있는 서로 맞서는 두 가지의 성질.
(8) 어떤 사회에서 오랫동안 지켜 내려와 그 사회 성원들이 널리 인정하는 질서나 풍습.
(9) 여러 가지 재료를 이용하여 구체적인 형태나 형상을 만드는 조형 예술의 작품이 지니고 있는 특성.
(10) 자신은 변화하지 아니하면서 다른 물질의 화학 반응을 매개하여 반응 속도를 빠르게 하거나 늦추는 물질.

4주차

[02~05] 빈칸에 들어갈 어휘를 〈보기〉에서 골라 쓰시오.

보기

나열했다　　수월했다　　지연했다　　찬미했다

02 부반장이 도와주니 혼자 일하는 것보다 한결 [　　　　].

03 구청에서는 위생상의 문제를 들어 허가 날짜를 [　　　　].

04 나는 선생님 앞에서 그 아이의 잘못을 조목조목 [　　　　].

05 시인은 전국을 여행하면서 시를 지으며 아름다운 자연을 [　　　　].

[06~08] 제시된 초성과 뜻을 참고하여 빈칸에 들어갈 알맞은 어휘를 쓰시오.

06 **ㄱㄷ**: 그림에서 모양, 색깔, 위치 등의 짜임새.

→ 그녀는 캔버스 앞에 앉아서 (　　　　　　)을/를 잡기 위해 노력하고 있었다.

07 **ㄱㅈ**: 어떠한 것이 처음으로 일어나거나 시작되는 곳.

→ 그 방송이 (　　　　　　)이/가 되어 아빠들이 육아에 참여하는 태도가 달라졌다.

08 **ㄷㅇㅈ**: 보온을 하거나 열을 차단할 목적으로 쓰는 재료.

→ 겨울에 상수도관을 (　　　　　　)(으)로 감싸면 동파 사고를 막을 수 있다.

TIP 동파: 얼어서 터짐.

[09~11] 다음 문장에 알맞은 어휘를 고르시오.

09 요즘 사람들은 사회적 (관습 / 기점)을 그대로 따르기보다는 자신의 생각을 우선시한다.

10 고전주의는 단정한 형식미를 중시하며 조화·균형·완성 등을 추구하는 예술 (변모 / 사조)이다.

11 이번 공연에서는 소리·조명·무용 등이 함께 빚어내는 (공감각 / 양면성)의 효과를 극대화할 계획이다.

12 〈보기〉의 빈칸에 공통으로 들어갈 어휘로 가장 적절한 것은?

보기

- 곡물을 활용한 촉감 놀이는 아이들의 상상력을 자극하는 (　　　)이/가 될 것이다.
- '풍덩'이라는 시의 제목은 공감각을 자극하는 (　　　) 역할을 하여, 사람들이 그림 속의 수영장을 보며 소리까지 상상할 수 있도록 유도하였다.

① 관습　② 구도　③ 기점　④ 냉각　⑤ 촉매제

13 다음 중 밑줄 친 어휘와 바꿔 쓰기에 적절하지 않은 것은?

이 도서관은 주제와 분야별로 책 정리가 잘되어 있어서 책을 찾기가 수월하다.

① 쉽다　② 손쉽다　③ 아쉽다　④ 어렵지 않다　⑤ 힘들지 않다

14 다음 중 밑줄 친 어휘와 바꿔 쓰기에 가장 적절한 것은?

폐교가 복합 놀이 시설로 탈바꿈하여 주민들에게 즐거움을 주고 있다.

① 변론　② 변명　③ 변모　④ 변상　⑤ 변호

15 다음 중 밑줄 친 어휘의 뜻으로 알맞은 것을 고르시오.

김○○ 작가는 수많은 고민을 거쳐 지금의 추상적인 주제를 표현하게 되었다. 그는 그림을 그릴수록 풍경을 완벽히 묘사하는 것보다 자신이 바라보는 자연에 대한 느낌을 나타내는 것이 중요하다고 여겼다. 그리하여 그는 세밀한 묘사를 포기하고, 굵은 선들로 이루어 낸 단순한 구도를 통해 생명의 아름다움을 표현하게 되었다.

(1) 구체성이 없이 사실이나 현실에서 멀어져 막연하고 일반적인. 또는 그런 것.　(　　　)
(2) 어떤 사물이 직접 경험하거나 지각할 수 있는 일정한 형태와 성질을 갖추고 있지 않은. 또는 그런 것.　(　　　)

24일 4주차 종합 문제 19일 ~ 23일

01 〈보기〉의 뜻을 참고하여, 문장에 알맞은 어휘를 고르시오.

보기

재원 재화나 자금이 나올 원천.

재화 사람이 바라는 바를 충족시켜 주는 모든 물건.

공공재 일반 대중이 공동으로 사용하는 물건이나 시설.

(1) 우리나라에서는 의무 교육에 필요한 (재원 / 재화 / 공공재)을/를 확보하고자 세금을 거두고 있다.

(2) 시장은 상품으로서의 (재원 / 재화 / 공공재)와/과 서비스의 거래가 이루어지는 영역을 가리킨다.

(3) 지하철은 (재원 / 재화 / 공공재)이므로 지하철 역명을 특정 기관이나 기업이 점유하는 것은 바람직하지 않다.

[02~03] 다음 중 글의 빈칸에 들어갈 어휘로 가장 적절한 것을 〈보기〉에서 찾아 그 기호를 쓰시오.

보기

㉠ 법인 ㉡ 축적 ㉢ 환수 ㉣ 외향적 ㉤ 잠재적

02

NASA에 따르면 태양계에는 100만 개 이상의 소행성이 존재하며, 이 가운데 2만 개 이상은 지구와 가까운 '지구근접천체'(NEO)로 분류되어 있다. 이 중 지구와 가까운 거리에 있는 지름 140m 이상의 소행성은 지구에 추락할 경우 국가 하나를 초토화할 수 있다고 보고, 이를 (　　　) 위협 소행성으로 분류해 관측하고 있다.

(　　　)

03

국립 고궁 박물관 특별전 '나라 밖 문화재의 여정'은 나라 밖에서 (　　　)한 우리 문화재 40여 점을 망라한 전시이다. 일본에 빼앗겼다 공공 기관과 시민 단체가 힘을 합쳐 돌려받은 오대산사고본 『조선왕조실록』, 한국 전쟁 때 미국으로 새어 나갔다 미국과 공조하여 찾아낸 국새 등 쟁쟁한 국보와 보물들이 저마다의 사연과 함께 관람객을 맞이한다.

(　　　)

04 다음 중 글의 빈칸에 들어갈 어휘로 가장 적절한 것은?

전국 곳곳을 여행하며 동네의 숨은 매력을 전하는 프로그램을 진행해 온 배우 ○○○이 본업에 충실하고자 하차를 결정했다. 그는 '전국 모든 지역과 도시를 찾아가는 프로그램 특성상 진행자가 일주일에 3일을 프로그램 제작에 (　　　　)해야 하는데, 드라마와 영화 출연을 병행하는 자신에게는 여유가 없는 일정이다.'라고 하면서 '배우로서의 충전 시간을 갖기 위해 아쉽지만 하차한다.'라고 밝혔다.

① 나열　② 도래　③ 수월　④ 찬미　⑤ 할애

05 〈보기〉의 빈칸에 공통으로 들어갈 어휘로 가장 적절한 것은?

보기

- 코로나19로 인해 (　　　　)의 소비 활동이 위축되었다.
- 아버지께서는 어렸을 때부터 (　　　　)이/가 넉넉지 못하여 쉬지 않고 일하셔야 했다.
- 삼촌의 빚보증 때문에 (　　　　)이/가 어려워졌지만 숙모는 그림만은 빼앗기지 않으려고 하였다.

① 가계　② 가난　③ 가문　④ 가장　⑤ 가족

06 다음 중 밑줄 친 어휘의 쓰임이 적절하지 않은 것은?

① 세 사람은 업무를 똑같이 분배받았다.
② 우리 회사는 최근 자금난을 겪으면서 신제품 생산 중단을 결정했다.
③ 물놀이장에서 튜브를 대여하려면 보증금을 내거나 신분증을 맡기도록 되어 있다.
④ 교황은 전 세계 인류가 이기적인 태도를 지향하고 사랑으로 맺어지는 날이 오기를 바랐다.
⑤ 과일이나 생선 같은 식품은 그것을 얼마나 신선하고 신속하게 유통할 수 있는지가 관건이다.

4주차 종합 문제 19일 ~ 23일

[07~08] 다음 문장의 밑줄 친 어휘와 같은 뜻으로 쓰인 것을 찾아 ○표 하시오.

07

이번 호 잡지의 발행 부수를 늘리기로 결정했다.

(1) 청첩장이 발행되어 나온 것을 보니 결혼이 실감 났다. (　　)
(2) 화폐를 너무 많이 발행하면 사회·경제적 부작용이 발생할 수 있다. (　　)

08

이번 사건은 사회적인 측면에서 부정적으로 인식될 수 있다.

(1) 그 선수는 정면보다는 측면을 공격하는 것이 유리하다. (　　)
(2) 줄넘기 운동은 교육적 측면에서 여러 가지 이점이 있어 권장되고 있다. (　　)

09 **다음 글을 참고할 때 딜레마 의 상황과 관련지을 수 있는 어휘로 가장 적절한 것은?**

딜레마 는 그리스어의 'di(두 번)'와 'lemma(제안·명제)'의 합성어에서 유래한 말이다. 두 가지 제안 가운데 어느 하나를 선택해야 하지만 어느 한쪽을 선택하기가 거의 불가능해서 이러지도 저러지도 못하는 난감한 상황을 의미한다.

① 난공불락　② 다사다난　③ 동고동락　④ 진퇴양난　⑤ 풍전등화

10 **다음 글을 참고할 때 공감각 의 예로 적절하지 않은 것은?**

공감각 이란 시각, 청각, 미각, 후각, 촉각 등의 감각 중 어느 하나의 감각이 다른 종류의 감각을 불러일으키는 것을 뜻한다. 문학 작품에서도 공감각적 심상이 자주 사용된다. 예를 들어, '멀리서 들려오는 푸른 종소리'라는 문장에서는 '종소리'라는 청각적 심상이 '푸르다'라는 시각적 심상을 불러일으키고 있다.

① 짭조름한 금빛 태양
② 벌처럼 웅성거리는 별
③ 향기로운 님의 말소리
④ 향료를 뿌린 듯이 고운 노을
⑤ 끈적한 여름의 아스팔트 냄새

11 다음 중 **표준** : **준거** 와 같은 의미 관계로 짝지어지지 않은 것은?

문체부는 방송 **표준** 계약서를 제정하고, 이것이 방송 프로그램의 제작과 구매 및 대중 문화 예술인의 방송 출연과 관련된 계약의 **준거** 로 작용할 것을 기대하고 있다.

① 나열하다 : 열거하다 ② 악용하다 : 선용하다 ③ 인지하다 : 인식하다
④ 찬미하다 : 예찬하다 ⑤ 추산되다 : 계산되다

12 다음 중 **납세** : **징세** 와 같은 의미 관계로 짝지어진 것은?

오늘날 국민이 국가에 화폐로 세금을 내듯이, 조선 시대에도 국가에 세금을 내는 제도가 있었다. 다만 화폐 대신 각 지역의 특산물을 공물로 바쳐 **납세** 를 하였다. 그러나 특산물의 가치가 달라 공물의 양을 정하는 데 어려움이 있었고, 자연재해로 피해를 입거나 흉년인 경우에도 특산물을 바쳐야 해 큰 문제가 생겼다. 이러한 문제를 해결한 것이 대동법이다. 대동법은 백성들에게 특산물 대신 쌀로 **징세** 하는 제도이다. 대동법을 통해 백성들은 특산물을 내는 부담을 덜었고, 국가는 세금을 정확하게 계산하고 거둘 수 있었다.

① 갈망 : 열망 ② 관습 : 관례 ③ 무상 : 유상
④ 복지 : 복리 ⑤ 환수 : 회수

13 다음 글의 ㉠~㉣에 들어갈 어휘로 적절하지 않은 것은?

자율 주행 자동차는 운전자가 핸들·브레이크·페달 등을 조작하지 않아도 스스로 주행하고, 센서를 통해 주변 상황을 파악하여 장애물과 (㉠)을/를 피하고, 목적지까지 최적의 주행 경로를 선택하여 자동으로 주행할 수 있는 자동차이다. 202○년을 (㉡)(으)로 (㉢)이/가 가능할 것으로 전망되고 있으나, 일각에서는 우려의 목소리도 나오고 있다. 분명 운전자의 편의성을 고려한 기술이지만 사고의 책임이 불명확하다는 (㉣)을/를 지니고 있어 구체적인 법안을 마련할 때까지는 조심스럽다는 의견이다.

① 기점 ② 냉각 ③ 양면성 ④ 상용화 ⑤ 보행자

어휘로 수능 연습하기

[14~15] 다음 글을 읽고, 물음에 답하시오. | 13 고1 11월

▶ 어휘 체크 □ 보장 □ 정의 □ 이윤 □ 보완 □ 권익

롤스는 개인의 자유를 보장하면서도 사회적 약자를 배려하는 사회가 정의로운 사회라고 말한다. 롤스는 정의로운 사회가 되기 위해서는 세 가지 조건을 만족해야 한다고 주장한다. 첫 번째 조건은 사회 원칙을 정하는 데 있어서 사회 구성원 간의 ㉠합의 과정이 있어야 한다는 것이다. 이러한 합의를 통해 정의로운 세계의 규칙 또는 기준이 만들어진다고 보았다. 두 번째 조건은 사회적 약자의 입장을 고려해야 한다는 것이다. 롤스는 인간의 출생, 신체, 지위 등에는 우연의 요소가 많은 영향을 미칠 수 있다고 본다. 따라서 누구나 우연에 의해 사회적 약자가 될 수 있기 때문에 사회적 약자를 차별하는 것은 정당하지 못한 것이 된다. 마지막 조건은 개인이 정당하게 얻은 소유일지라도 그 이익의 일부는 사회적 약자에게 돌아가야 한다는 것이다. 왜냐하면 사회적 약자가 될 가능성은 누구에게나 있으므로, 자발적 기부나 사회적 제도를 통해 사회적 약자의 처지를 최대한 배려하는 것이 사회 전체로 볼 때 공정하고 정의로운 것이기 때문이다.

사회적 약자: 사회에서 신체적·문화적·경제적·사회적으로 소외되어 차별받는 집단이나 개인.

요소: 무엇을 이루는 데 반드시 있어야 할 중요한 성분이나 조건.

노직과 롤스는 이윤 추구나 자유 경쟁 등을 허용한다는 면에서는 공통점을 보인다. 그러나 노직은 개인의 자유를 중시하여 사회적 약자의 자연적·사회적 불평등의 해결을 개인의 선택에 맡긴다. 반면에 롤스는 개인의 자유를 중시하는 한편, 사람들이 공정한 규칙에 합의하는 과정도 중시하며, 자연적·사회적 불평등을 ⓐ복지를 통해 보완해야 한다고 주장한다. 롤스의 주장은 소수의 권익을 위한 이론적 틀을 제시했으며, 평등의 이념을 확장시켜 복지 국가에 대한 이론적 근거를 마련했다고 할 수 있다.

14 문맥상 ㉠과 바꿔 쓸 수 있는 것으로 가장 적절한 것은?

① 강의 ② 동의 ③ 득의 ④ 토의 ⑤ 회의

15 문맥으로 볼 때, ⓐ의 뜻으로 가장 적절한 것은?

① 땅에 엎드림.
② 복덕과 지혜.
③ 신선들이 사는 곳.
④ 살 만한 곳을 가려서 정함.
⑤ 편안하고 행복하게 사는 삶.

▶ 빈칸에 공통으로 들어갈 어휘는 무엇일까요? 심리와 관련 있는 관용 표현들을 알아보세요.

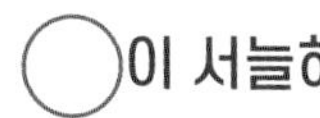

위험하고 두려워 매우 놀라다.

○을 졸이다

매우 걱정되고 불안스러워 마음을 놓지 못하다.

○이 오그라들다

몹시 두려워지거나 무서워지다.

○이 작다

대담하지 못하고 몹시 겁이 많다.

○이 떨어지다

매우 놀라다.

○이 철렁하다

몹시 놀라 충격을 받다.

답 간

5주차

일차	학습 내용	학습 확인
25일	과학 분야의 글과 관련한 어휘 ❶ 주제 1 소화와 관련한 어휘 주제 2 신체 건강과 관련한 어휘	
26일	과학 분야의 글과 관련한 어휘 ❷ 주제 1 생태계와 관련한 어휘 주제 2 자원과 관련한 어휘	
27일	과학 분야의 글과 관련한 어휘 ❸ 주제 1 기후, 기상 현상과 관련한 어휘 주제 2 환경 오염과 관련한 어휘	
28일	과학 분야의 글과 관련한 어휘 ❹ 주제 1 지구와 관련한 어휘 주제 2 지형, 지질과 관련한 어휘	
29일	기술 분야의 글과 관련한 어휘 주제 1 소리와 관련한 어휘 주제 2 음식과 관련한 어휘 주제 3 전기와 관련한 어휘	
30일	5주차 종합 문제	

과학 분야의 글과 관련한 어휘 ❶

▶ 어휘 책을 펼쳐 보아요.

▶ 아는 어휘에 ○표 해요. (　　/ 17)

배출하다	섭취	열량	정제	진화
함유하다	노폐물	방역	완화하다	
유해하다	증진하다	증후군	지각	
지구력	질환	통각	합병증	

▶ 십자말풀이를 완성해요. (　　/ 10)

▶ 확인 문제로 복습해요. (　　/ 17)

주제 1 소화와 관련한 어휘

1회☐ 2회☐

배출하다
물리치다 排
나다 出

1) 안에서 밖으로 밀어 내보내다.

(예문) 대기 오염 물질을 많이 **배출하는** 회사에는 세금이 추가로 부과된다. / 음식물 쓰레기를 **배출할** 때에는 종량제 봉투를 사용해야 한다.

2) 동물이 섭취한 음식물을 소화하여 항문으로 내보내다.

(예문) 사육사들은 동물이 **배출한** 대변으로 동물의 건강 상태를 확인한다.

(유의) **배설하다** 안에서 밖으로 새어 나가게 하다.

1회☐ 2회☐

섭취
당기다 攝
취하다 取

생물체가 양분 따위를 몸속에 빨아들이는 일.

(예문) 청소년기에는 성장에 필요한 영양소를 골고루 **섭취**해야 한다. / 비만을 예방하기 위해서는 지방이나 과당의 **섭취**를 줄여야 한다.

(실전) 지방의 과잉 **섭취**나 특정 영양소의 부족은 건강에 악영향을 끼친다. | 21 고1 3월

1회☐ 2회☐

열량
덥다 熱
헤아리다 量

열에너지의 양. 단위는 보통 칼로리(cal)로 표시한다.

(예문) 음식의 부피가 크다고 해서 **열량**이 높은 것은 아니다. / 다이어트를 할 때에는 **열량**이 적은 음식을 먹고 활동량을 늘려야 한다.

(유의) **칼로리(calorie)** 열량의 단위.

1회☐ 2회☐

정제
찧다 精
짓다 製

물질에 섞인 불순물을 없애 그 물질을 더 순수하게 함.

(예문) 우유는 원유를 **정제**하여 만들어진다. / **정제**된 탄수화물은 건강에 좋지 않다.

(참고) **정제(整齊)** 정돈하여 가지런히 함. 격식에 맞게 차려입고 매무시를 바르게 함.

1회 □
2회 □

진화

나아가다 進
되다 化

1) 일이나 사물 등이 점점 발달하여 감.

(예문) 오늘날의 필기구는 오랜 기간의 **진화**를 거쳐 만들어졌다.

2) 생물이 생명의 기원 이후부터 점진적으로 변해 가는 현상.

(예문) 새의 소화 기관은 부리로 삼킨 것을 소화할 수 있도록 **진화**되었다.

(실전) 인체는 무균 지대나 청정 지대가 아니라 세균과 바이러스, 기생충 등과 함께 **진화**해 왔다. | 20 고2 6월

(반의) **퇴화** 생물체의 기관이나 조직이 진화나 발달 이전의 모습으로 변화함. 또는 그런 변화.

1회 □
2회 □

함유하다

머금다 含
있다 有

물질이 어떤 성분을 포함하고 있다.

(예문) 식이 섬유를 많이 **함유하고** 있는 버섯은 장운동을 도와 변비를 예방합니다. / 커피는 카페인을 많이 **함유하고** 있어 수면을 방해할 수 있다.

(유의) **포함하다** 어떤 사물이나 현상 가운데 함께 들어가게 하거나 함께 넣다.

주제 2 신체 건강과 관련한 어휘

1회 □
2회 □

노폐물

늙다 老
폐하다 廢
만물 物

생체 내에서 생성된 대사산물 중 생체에서 필요 없는 것. 날숨, 오줌, 땀, 대변 등에 섞여 몸 밖으로 배출되거나 배설된다.

(예문) 목욕은 몸속의 **노폐물**을 제거하는 데 효과가 있다.

(참고) **대사** 생물체가 몸 밖으로부터 섭취한 영양물질을 몸 안에서 분해하고, 합성하여 생체 성분이나 생명 활동에 쓰는 물질이나 에너지를 생성하고 필요하지 않은 물질을 몸 밖으로 내보내는 작용.

1회 □
2회 □

방역

막다 防
염병 疫

감염병이 발생하거나 유행하는 것을 미리 막는 일.

(예문) 감염병을 막기 위해서는 소독과 **방역**을 철저히 해야 한다. / 개인이 일상생활에서 지켜야 하는 생활 **방역** 중 하나는 손 씻기이다.

1회 □
2회 □

완화하다

느리다 緩
화목하다 和

1) 긴장된 상태나 급박한 것을 느슨하게 하다.

(실전) 조세의 공평성은 납세자의 조세 저항을 **완화하는** 데 도움이 된다. | 18 고1 3월

2) 병의 증상을 줄어들게 하거나 누그러지게 하다.

(예문) 따뜻한 물을 마시면 감기 증상을 **완화하는** 데 도움이 된다.

1회 □
2회 □

유해하다

있다 有
해롭다 害

해로움이 있다.

(예문) 학생들이 즐겨 먹는 간식에서 **유해한** 물질이 검출되었다. / 과자, 탄산음료 등 건강에 **유해한** 음식 섭취를 줄이려고 노력하고 있다.

(실전) 미세 플라스틱 알갱이는 물론 플라스틱에서 발생하는 **유해** 물질이 먹이사슬 과정에서 농축되고 있는 상황입니다. | 19 고1 6월

(반의) **무해하다** 해로움이 없다.

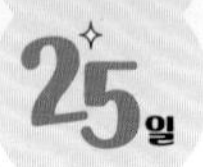

1회 □
2회 □
증진하다
더하다 增
나아가다 進

기운이나 세력 등을 점점 더 늘려 가고 나아가게 하다.

(실전) 질병으로 인한 사회 경제적 비용을 감소시켜 사회 전체의 이익을 **증진할** 수 있습니다. | 20 고2 11월

(반의) **감퇴하다** 기운이나 세력 등이 줄어 쇠퇴하다.

1회 □
2회 □
증후군
증세 症
기후 候
무리 群

직접적인 원인이 무엇인지 분명하지 않은 채 한꺼번에 나타나는 여러 가지 병적인 증세.

(실전) 장시간의 스마트폰 사용은 시력 저하, 수면 장애, 거북목 **증후군** 등을 유발하여 신체적 기능을 떨어뜨립니다. | 22 고2 6월

1회 □
2회 □
지각
알다 知
깨닫다 覺

1) 알아서 깨달음. 또는 그런 능력.

(실전) 길을 만든 이들이 누구인지 **지각**하고 있다. | 19 고2 6월

2) 감각 기관을 통하여 대상을 인식함. 또는 그런 작용.

(실전) 기호는 어떤 대상을 지시하는 상징으로서 문자나 음성같이 감각으로 **지각**되는 기표와 의미 내용인 기의로 구성되는데, 기표와 기의의 관계는 자의적이다. | 22 고1 3월

1회 □
2회 □
지구력
가지다 持
오래 久
힘 力

오랫동안 버티며 견디는 힘.

(예문) 마라톤 선수들은 장거리를 긴 시간 동안 달리기 때문에 **지구력**을 기르는 것이 중요하다. / 수영은 심장이나 폐의 기능을 향상할 뿐만 아니라 근력·**지구력**·유연성 등을 기를 수 있어서 신체를 발달시키는 데 도움을 준다.

(참고) **순발력** 순간적으로 판단하여 말하거나 행동하는 능력.

1회 □
2회 □
질환
병 疾
근심 患

몸의 온갖 병.

(예문) 건강 관리에 소홀했던 그는 이제 각종 **질환**에 시달리고 있다. / 겨울철에는 충혈, 안구 건조 등 각종 안과 **질환**이 발생할 확률이 높다.

(유의) **질병** 몸의 온갖 병.

1회 □
2회 □
통각
아프다 痛
깨닫다 覺

고통스러운 감정이 따르는 감각. 피부의 자극이나 신체 내부의 자극에 의하여 일어난다.

(예문) **통각**은 여러 위험으로부터 몸을 보호하기 위한 감각이다. / 옛날에는 가려움이 **통각**의 일종이라고 생각했지만, 오늘날에는 가려움을 느끼는 신경이 따로 있다는 것이 밝혀졌다.

1회 □
2회 □
합병증
합하다 合
나란히하다 併
증세 症

어떤 질병에 곁들여 일어나는 다른 질병.

(실전) 감염 환자의 약 20%는 간에 염증이 나타나고 이에 따른 **합병증**이 나타나기도 한다. | 20 고2 9월

01 다음 뜻풀이를 보고 십자말풀이를 완성하시오.

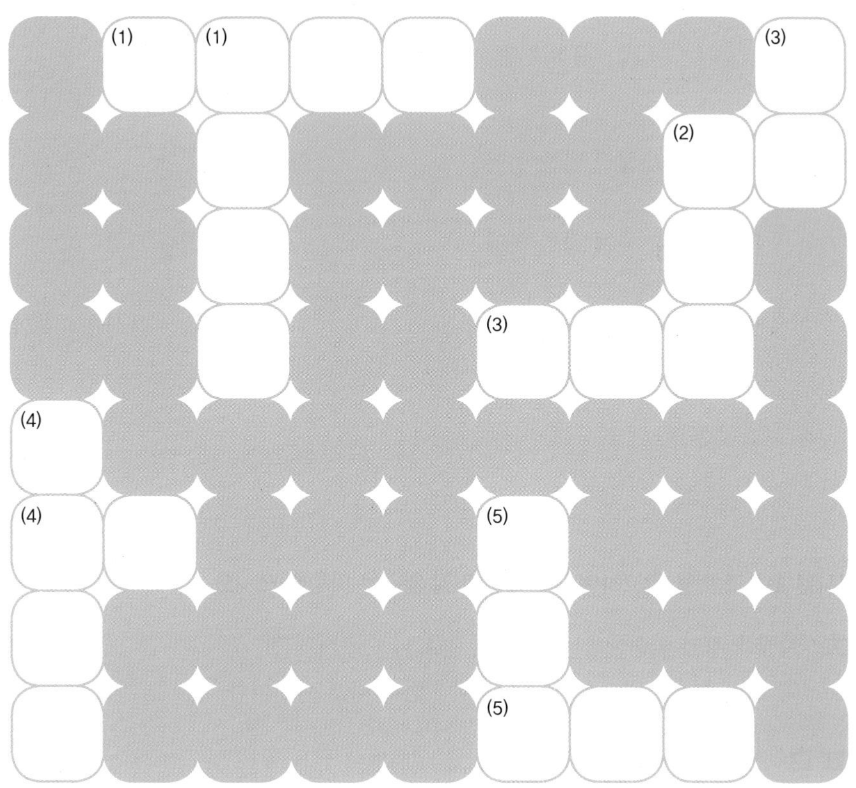

(1) 물질이 어떤 성분을 포함하고 있다.
(2) 알아서 깨달음. 또는 그런 능력.
(3) 순간적으로 판단하여 말하거나 행동하는 능력.
(4) 생물이 생명의 기원 이후부터 점진적으로 변해 가는 현상.
(5) 직접적인 원인이 무엇인지 분명하지 않은 채 한꺼번에 나타나는 여러 가지 병적인 증세.

세로

(1) 해로움이 있다.
(2) 오랫동안 버티며 견디는 힘.
(3) 고통스러운 감정이 따르는 감각.
(4) 기운이나 세력 등을 점점 더 늘려 가고 나아가게 하다.
(5) 어떤 질병에 곁들여 일어나는 다른 질병.

5주차

어휘 확인하기 25일

[02~04] 다음 빈칸에 들어갈 어휘를 〈보기〉에서 골라 쓰시오.

보기

섭취 열량 통각

02 실수로 촛불에 손가락이 닿자 타는 듯한 [ ] 이/가 느껴졌다.

03 전문가들은 음식을 통한 균형 잡힌 영양 [ ] 을/를 권장한다.

04 내장 지방을 줄이기 위해서는 피자, 햄버거 등 [ ] 이/가 높은 음식은 피해야 한다.

[05~07] 제시된 초성과 뜻을 참고하여 빈칸에 들어갈 알맞은 어휘를 쓰시오.

05 ㅈㅈ: 물질에 섞인 불순물을 없애 그 물질을 더 순수하게 함.

→ 휘발유는 원유를 (   )할 때 나오는 것이다.

TIP 땅속에서 뽑아낸, 정제하지 아니한 그대로의 기름.

06 ㄴㅍㅁ: 생체 내에서 생성된 대사산물 중 생체에서 필요 없는 것.

→ 찜질은 몸속의 (   )을/를 몸 밖으로 내보내는 데 효과가 있다.

07 ㅂㅇ: 감염병이 발생하거나 유행하는 것을 미리 막는 일.

→ 전염병 확산을 막기 위해 국가에서 (   ) 정책을 펼치고 있다.

[08~11] 다음 문장에 알맞은 어휘를 고르시오.

08 핀치새는 먹이에 따라 부리 모양이 다르게 (진화 / 퇴화)하였다.

09 우리나라는 건강에 (무해한 / 유해한) 식품 첨가물 사용을 규제하고 있다.

10 그는 체력을 (완화하기 / 증진하기) 위해 밤마다 공원에서 달리기를 시작했다.

11 책을 읽을 때는 바른 자세를 유지해야 거북목 (증후군 / 합병증)을 예방할 수 있다.

◐ 바른답 · 알찬풀이 28쪽

[12~14] 다음 빈칸에 들어갈 어휘를 찾아 연결하시오.

12	오래달리기를 꾸준히 하면 (　　　)을 기를 수 있다. •	•	㉠ 질환
13	호흡기 (　　　)이 전 세계적으로 유행하므로 주의해야 한다. •	•	㉡ 지구력
14	의사는 당뇨병 환자에게 여러 가지 (　　　)을 조심하라고 당부했다. •	•	㉢ 합병증

15 **다음 중 밑줄 친 어휘의 쓰임이 적절하지 않은 것은?**

① 너무 어두워서 방향을 지각할 수 없었다.
② 아직 어린아이라 실수를 지각하지 못했다.
③ 그는 예술 작품을 지각하는 훈련을 해 왔다.
④ 나이가 들면 사물을 지각하는 능력이 향상된다.
⑤ 그는 나에게 길 건너편을 지각하며 같이 가자고 했다.

5주차

[16~17] 다음 중 밑줄 친 어휘의 뜻으로 알맞은 것을 고르시오.

16

독감이 유행하는 계절이다. 감기나 독감은 면역력이 떨어졌을 때 걸리기 쉬우므로 평소에 면역력을 유지하는 것이 중요하다. 유산균이 면역력에 좋은 것으로 알려지면서 유산균을 함유하고 있는 식품을 찾는 사람이 늘어나고 있다.

(1) 누리어 가지다. (　　　)
(2) 물질이 어떤 성분을 포함하고 있다. (　　　)

17

매년 6~8월이면 비가 많이 오는 시간을 틈타 불법으로 폐수를 흘려보내는 일이 늘어난다고 한다. 이에 따라 ○○도 등 많은 광역시 도에서는 장마철을 대비하여 폐수를 무단으로 배출하는 등의 불법 행위를 특별 감시한다고 발표했다.

(1) 안에서 밖으로 밀어 내보내다. (　　　)
(2) 전체 속에서 어떤 물건, 생각, 요소 등을 뽑아내다. (　　　)

과학 분야의 글과 관련한 어휘 ❷

▶ 어휘 책을 펼쳐 보아요.

▶ 아는 어휘에 ○표 해요. (　　/ 18)

개체	근절	멸종	밀렵	박멸하다
비옥하다	산란	생존	서식지	자생
외래종	희귀종	가속화	고갈	
공급	매장	원산지	유전	

▶ 어휘 퍼즐을 완성해요. (　　/ 10)

▶ 확인 문제로 복습해요. (　　/ 18)

주제 1 생태계와 관련한 어휘

1회 ☐ 2회 ☐

개체

낱 個
몸 體

1) 전체나 집단에 상대하여 하나하나의 낱개를 이르는 말.

(실전) 인간을 비롯한 대상의 의미나 본질은 하나의 **개체**로서가 아니라 전체 안에서 다른 것들과 맺은 관계 때문에 결정된다는 관점을 '구조주의'라고 한다. | **21 고1 9월**

2) 하나의 독립된 생물체. 살아가는 데에 필요한 독립적인 기능을 갖고 있다.

(실전) 어패류를 채집해 내장과 배설물을 분석한 결과 139**개체** 중 97%에서 5mm 미만 크기의 미세 플라스틱이 검출되었습니다. | **19 고1 6월**

1회 ☐ 2회 ☐

근절

뿌리 根
끊다 絶

다시 살아날 수 없도록 아주 뿌리째 없애 버림.

(예문) 천연두는 완전히 **근절**된 유일한 감염병이다. / 생태계를 파괴하는 불법 사냥이 **근절**되지 않고 있다.

(유의) **발본색원(拔本塞源)** 좋지 않은 일의 근본이 되는 요소를 완전히 없애 버려서 다시는 그런 일이 생길 수 없도록 함.
척결 나쁜 부분이나 요소들을 깨끗이 없애 버림.

1회 ☐ 2회 ☐

멸종

멸망하다 滅
씨 種

생물의 한 종류가 아주 없어짐. 또는 생물의 한 종류를 아주 없애 버림.

(실전) 생태계 보호의 필요성을 강조하기 위해 **멸종** 위기의 물고기 모양을 디자인한 필통을 만들어 볼까 합니다. | **19 고1 9월**

1회 ☐ 2회 ☐

밀렵

빽빽하다 密
사냥하다 獵

허가를 받지 않고 몰래 사냥함.

(예문) 무분별한 **밀렵** 때문에 야생 동물의 생존이 위협을 받고 있다. / 허가되지 않은 곳에서 **밀렵** 활동을 하는 것은 위험하다.

1회 □ 2회 □

박멸하다

치다 撲
멸망하다 滅

모조리 잡아 없애다.

(예문) 새로 개발된 이 약은 동물의 몸속 기생충을 **박멸하는** 데 쓰인다. / 시 당국은 갑자기 출몰한 메뚜기를 도시에서 **박멸하**기 위해 힘썼다.

1회 □ 2회 □

비옥하다

살찌다 肥
기름지다 沃

땅이 걸고 기름지다.

(예문) 이 지역의 토양은 매우 **비옥하여** 어떤 작물이든 잘 자란다. / **비옥한** 땅에서는 일 년에 두 번 농사를 짓는 것도 가능하다.

(반의) **척박하다** 땅이 기름지지 못하고 몹시 메마르다.

1회 □ 2회 □

산란

낳다 産
알 卵

알을 낳음.

(실전) 신선한 달걀을 사기 위해서는 이 **산란** 일자를 꼭 확인해야겠죠?
| 21 고2 9월

1회 □ 2회 □

생존

나다 生
있다 存

살아 있음. 또는 살아남음.

(실전) 바다 사막화로 인한 해조류의 소멸은 해양 생물들의 **생존**을 크게 위협하고 있다.
| 22 고1 6월

1회 □ 2회 □

서식지

깃들이다 棲
숨쉬다 息
땅 地

생물 따위가 일정한 곳에 자리를 잡고 사는 곳.

(예문) 독도는 여러 희귀 생물들의 **서식지**이다. / 지구 온난화로 빙하가 녹아서 북극곰들이 **서식지**를 잃고 있다.

1회 □ 2회 □

자생

스스로 自
나다 生

저절로 나서 자람.

(예문) 그 숲에는 다양한 종류의 **자생** 식물이 서식하고 있다. / 원산지가 우리 땅인 식물을 '**자생** 식물'이라고 하고, 다른 나라에서 들어온 식물을 '외래 식물'이라고 한다.

1회 □ 2회 □

외래종

바깥 外
오다 來
씨 種

다른 나라에서 들어온 씨나 품종.

(예문) 이 지역 하천에서 **외래종** 물고기가 발견되었다. / 황소개구리와 같은 **외래종**은 천적이 없어 우리나라 생태계를 교란시키고 있다.

(참고) **개량종** 교배나 접목 등을 하여 독특하거나 우수한 형질을 갖도록 길러 낸 동식물의 새 품종.
재래종 예전부터 전하여 내려오는 농작물이나 가축의 종자. 다른 지역의 종자와 교배되는 일이 없이, 어떤 지역에서만 여러 해 동안 기르거나 재배되어 그곳의 풍토에 알맞게 적응된 종자를 이른다.

1회 □ 2회 □

희귀종

드물다 稀
귀하다 貴
씨 種

드물어서 매우 진귀한 물건이나 품종.

(예문) 멸종 위기에 처한 **희귀종** 동식물을 보호하기 위해 노력해야 한다. / 식물원에 가니 쉽게 보기 힘든 **희귀종** 식물을 찾아볼 수 있었다.

주제 2 자원과 관련한 어휘

1회 □
2회 □

가속화

더하다 加
빠르다 速
되다 化

속도를 더하게 됨. 또는 그렇게 함.

(실전) 데이터 센터가 늘어나면 디지털 탄소 발자국이 증가하여 지구 온난화를 **가속화**하기 때문에 사회적 문제가 되고 있다. | 22 고2 3월

1회 □
2회 □

고갈

마르다 枯
목마르다 渴

1) 물이 말라서 없어짐.

(예문) 가뭄이 계속되면서 마을 사람들이 식수 **고갈**로 힘들어하고 있다.

2) 어떤 일의 바탕이 되는 돈이나 물자, 소재, 인력 등이 다하여 없어짐.

(예문) 화석 에너지의 **고갈**이 현실화되면서 신재생 에너지와 같은 대체 에너지의 개발이 시급해지고 있다.

3) 느낌이나 생각 등이 다 없어짐.

(예문) 사회가 각박해지면서 남을 배려하는 마음이 **고갈**되어 가고 있다.

1회 □
2회 □

공급

이바지하다 供
주다 給

1) 요구나 필요에 따라 물품 따위를 제공함.

(실전) 수소 전기차는 **공급**되는 외부 공기를 필터로 걸러 사용하므로 정화된 공기가 배출되겠군. | 21 고1 9월

2) 교환하거나 판매하기 위하여 시장에 재화나 용역을 제공하는 일. 또는 그 제공된 상품의 양.

(실전) 대량 생산 기술의 발전으로 수요를 충족하고 남을 만큼의 **공급**이 이루어져 사물 자체의 유용성은 더 이상 소비를 결정하는 요인으로 작용할 수 없기 때문이다. | 22 고1 3월

참고 수요 어떤 재화나 용역을 일정한 가격으로 사려고 하는 욕구.

1회 □
2회 □

매장

묻다 埋
감추다 藏

1) 묻어서 감춤.

(예문) 그 상자는 바위 밑에 **매장**되어 있었다. / 도둑들은 보물을 동굴에 **매장**해 두었다.

2) 지하자원 따위가 땅속에 묻히어 있음.

(실전) 지금까지 알려진 일라이트 **매장** 지역은 그리 많지 않다. | 21 고2 6월

1회 □
2회 □

원산지

근원 原
낳다 産
땅 地

1) 물건의 생산지.

(예문) 그는 상품을 살 때 **원산지**를 꼭 확인한다. / 이 옷의 **원산지**는 독일이다.

2) 동식물이 맨 처음 자라난 곳.

(예문) 무궁화의 **원산지**는 시리아이다. / 베트남은 계피의 **원산지**라고 알려져 있다.

1회 □
2회 □

유전

기름 油
밭 田

석유가 나는 곳.

(예문) 중동 지역에는 **유전**이 많이 있다. / 그는 심해에서 **유전**을 탐사하는 일을 하고 있다.

참고 **유전(遺傳)** 물려받아 내려옴. 어버이의 성격, 체질, 형상 등의 형질이 자손에게 전해짐.

01 다음 뜻에 알맞은 어휘를 찾아 가로, 세로, 대각선으로 표시하시오.

교	푸	박	멸	하	다	생	희	네
저	생	존	리	명	금	모	귀	확
촌	포	적	대	험	개	량	종	규
고	갈	우	멸	주	국	게	행	양
근	담	로	종	태	만	서	식	지
산	절	성	한	맥	요	가	은	초
손	투	외	래	종	기	속	재	밀
자	건	해	미	수	전	화	복	렵

(1) 모조리 잡아 없애다.

(2) 살아 있음. 또는 살아남음.

(3) 허가를 받지 않고 몰래 사냥함.

(4) 다른 나라에서 들어온 씨나 품종.

(5) 속도를 더하게 됨. 또는 그렇게 함.

(6) 드물어서 매우 진귀한 물건이나 품종.

(7) 다시 살아날 수 없도록 아주 뿌리째 없애 버림.

(8) 생물 따위가 일정한 곳에 자리를 잡고 사는 곳.

(9) 어떤 일의 바탕이 되는 돈이나 물자, 소재, 인력 등이 다하여 없어짐.

(10) 생물의 한 종류가 아주 없어짐. 또는 한 종류의 생물을 완전히 없애 버림.

5주차

어휘 확인하기 26일

[02~06] 다음 빈칸에 들어갈 어휘를 〈보기〉에서 골라 쓰시오.

보기

고갈 매장 멸종 자생 가속화

02 도도새는 인간에 의해 [ ]된 대표적인 동물이다.

03 그는 집 근처 산에 [ ]하는 식물들을 많이 알고 있다.

04 화석 연료의 사용은 지구 온난화를 점점 [ ]하고 있다.

05 사람들이 떠난 그 마을은 우물의 물까지 [ ]되어 버렸다.

06 중동 지역에는 전 세계 절반 정도에 해당하는 많은 양의 석유가 [ ]되어 있다.

[07~09] 제시된 초성과 뜻을 참고하여 빈칸에 들어갈 알맞은 어휘를 쓰시오.

07 **ㅅ ㄹ**: 알을 낳음.
→ 닭은 생후 5~6개월부터 ( )을/를 시작한다.

08 **ㄱ ㅊ**: 하나의 독립된 생물체.
→ 환경 변화에 적응한 새로운 ( )이/가 보고되고 있다.

09 **ㅇ ㄹ ㅈ**: 다른 나라에서 들어온 씨나 품종.
→ ( ) 식물이 퍼지면 우리나라의 생태계가 위협받을 수 있다.

[10~12] 다음 문장에 알맞은 어휘를 고르시오.

10 이 약은 작물을 병들게 하는 해충을 (박멸해 / 공급해) 줍니다.

11 이 쌀은 (비옥한 / 척박한) 농토에서 자라서 쌀알이 굵고 크다.

12 환경청은 이번 달에 야생 동물 (밀렵 / 채집)을 집중적으로 단속하기로 했다.

TIP 규칙이나 법령, 명령 등을 지키도록 통제하다.

[13~15] 다음 빈칸에 들어갈 어휘를 찾아 연결하시오.

13 우리나라에서 ( )에 속하는 나비가 발견되었다. • • ㉠ 유전

14 우리는 백로의 ( )(으)로 알려진 지역을 방문하였다. • • ㉡ 서식지

15 여러 나라에서 석유를 얻기 위한 새로운 ( )을/를 탐색 중이다. • • ㉢ 희귀종

16 **다음 중 밑줄 친 어휘의 쓰임이 적절하지 않은 것은?**

① 가스 공급이 끊겨 난방이 안 되고 있다.
② 그는 도매상에서 채소 공급을 담당하고 있다.
③ 그는 우리 단체에 장학금 공급을 약속하였다.
④ ○○시는 가뭄이 심한 지역에 식수를 공급하였다.
⑤ 원활한 상품 공급을 위해서는 먼저 수요를 파악해야 한다.

5 주차

[17~18] 다음 중 빈칸에 들어갈 어휘로 적절한 것을 찾아 ○표 하시오.

17

겨울을 위해 김장을 담그는 집이 많다. 국립 농산물 품질 관리원은 김장 재료인 배추와 무, 고춧가루 등을 판매할 때 ( ) 표시를 위반하는 업체를 단속하고 있다. 이를 위반하는 업체에 대해서는 시정 명령과 과태료를 부과할 방침이다.

TIP 시정: 잘못된 것을 바로 잡음.

(1) 소비지 ( )
(2) 원산지 ( )

18

홍역 바이러스는 감염성이 강해 면역이 약한 사람들에게 급속도로 퍼지는 홍역의 원인 병원체이다. 홍역은 백신의 예방 효과가 뛰어나 선진국에서는 드문 질병이지만 일부 사람들이 백신 거부 운동을 벌이기도 하여 홍역 바이러스가 완전히 ( )되지 않고 있다.

(1) 근절 ( )
(2) 단절 ( )

과학 분야의 글과 관련한 어휘 ③

▶ 어휘 책을 펼쳐 보아요.

▶ 아는 어휘에 ○표 해요. (　　/ 17)

대류	실효성	온난화	온실가스	증발하다
할당하다	급감하다	방류	방치	
배양	병행하다	부산물	부유	
중금속	타개하다	폐기물	회수하다	

▶ 십자말풀이를 완성해요. (　　/ 10)

▶ 확인 문제로 복습해요. (　　/ 18)

주제 1 기후, 기상 현상과 관련한 어휘

1회 □ 2회 □

대류

대하다 對
흐르다 流

기체나 액체에서, 물질이 이동함으로써 열이 전달되는 현상.

(예문) 날씨가 좋은 날은 공기의 **대류** 운동이 활발해진다. / 온돌방은 바닥부터 따뜻해지고 **대류**를 통해 위쪽 공기도 더워진다.

1회 □ 2회 □

실효성

열매 實
본받다 效
성품 性

실제로 효과를 나타내는 성질.

(예문) 태풍의 피해를 막기 위해서는 **실효성** 있는 대책을 세워야 한다.

(실전) 기존 방식의 장점을 제시한 후 새로운 방식의 **실효성**에 의문을 제기하고 있다. | 17 고2 6월

1회 □ 2회 □

온난화

따뜻하다 溫
따뜻하다 暖
되다 化

지구의 기온이 높아지는 현상.

(예문) **온난화**의 영향으로 전 세계에 기상 이변이 나타나고 있다.

(실전) 전문가들은 특히 바다 사막화의 주요 원인으로 지구 **온난화**에 따른 해수 온도의 상승을 지목하고 있다. | 22 고1 6월

1회 □ 2회 □

온실가스

따뜻하다 溫　집 室
gas

지구 대기를 오염시켜 온실 효과를 일으키는 가스를 통틀어 이르는 말. 이산화 탄소, 메탄 등의 가스를 말한다.

(실전) 불필요한 전기 사용 줄이기, 재활용품 분리배출 등 **온실가스**를 줄이기 위한 노력들이라면 모두 사막화된 바다를 되살리는 중요한 실천이 될 수 있습니다. | 22 고1 6월

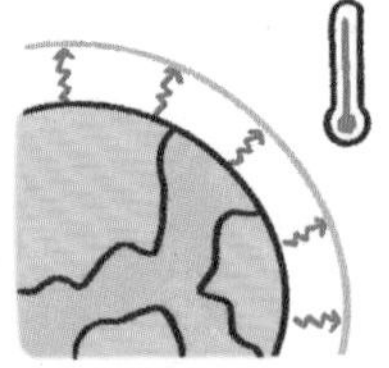

1회 ▢ 2회 ▢

증발하다

찌다 蒸
피다 發

어떤 물질이 액체 상태에서 기체 상태로 변하다.

예문 미지근한 물병에 젖은 수건을 감싸면 수건의 물이 **증발하며** 병 속의 물이 시원해진다.

실전 기공을 통해 공기가 들락날락하거나 잎의 물이 공기 중으로 **증발하기도** 한다. | 19 고1 6월

1회 ▢ 2회 ▢

할당하다

나누다 割
마땅하다 當

몫을 갈라 나누다.

실전 탄소 배출권 제도란 정부가 매년 온실가스를 많이 배출하는 기업들의 탄소 배출 총량을 정한 뒤 배출권을 **할당해** 주고 배출권이 모자라는 기업은 남는 기업에 비용을 지불하여 사서 쓰도록 하는 제도입니다. | 18 고1 6월

유의 **배정하다** 몫을 나누어 정하다.

주제 2 환경 오염과 관련한 어휘

1회 ▢ 2회 ▢

급감하다

급하다 急
덜다 減

급작스럽게 줄다.

예문 도서관 이용 시간이 짧아지면서 도서관 이용자가 **급감했다.** / 토마토 수확량이 **급감하여** 토마토 케첩 가격이 상승했다.

반의 **급증하다** 갑작스럽게 늘어나다.

1회 ▢ 2회 ▢

방류

놓다 放
흐르다 流

1) 모아서 가두어 둔 물을 흘려 보냄.

예문 댐 **방류**로 하천이 크게 불어났다. / 공장에서 폐수를 무단 **방류**하여 강물이 오염되었다.

2) 물고기를 기르기 위하여, 어린 새끼 고기를 강물에 놓아 보냄.

예문 4년 전 하천에 **방류**했던 연어가 산란을 위해 돌아왔다. / 어부들은 너무 어린 물고기를 잡으면 **방류**한다.

1회 ▢ 2회 ▢

방치

놓다 放
두다 置

무관심하게 내버려 둠.

예문 피서객들이 음식물 쓰레기를 **방치**하여 벌레가 들끓었다. / 환경 오염 문제를 그대로 **방치**할 경우 인류에게 재난이 닥칠 수 있다.

유의 **방관** 어떤 일에 직접 나서서 관여하지 않고 곁에서 보기만 함.
좌시 참견하지 아니하고 앉아서 보기만 함.

1회 ▢ 2회 ▢

배양

북돋우다 培
기르다 養

1) 식물을 북돋아 기름.

예문 농작물 **배양**에는 많은 노력이 들어간다. / 어머니는 집에서 취미로 화초를 **배양**하신다.

2) 인격, 역량, 사상 등이 발전하도록 가르치고 키움.

예문 인재를 키우는 것이 국력 **배양**의 길이다.

3) 인공적인 환경에서 동식물 세포와 조직의 일부나 미생물 등을 가꾸어 기름.

실전 인공 세포나 조직을 **배양**하는 것은 비용이 너무 많이 든다는 단점이 있습니다. | 18 고2 6월

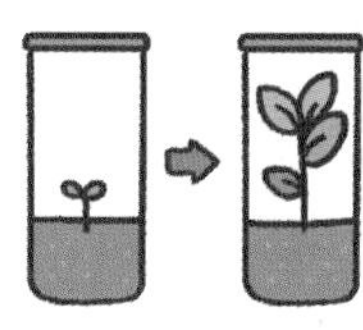

5주차

1회 □
2회 □

병행하다

아우르다 竝
다니다 行

1) 둘 이상의 사물이 나란히 가다.

(예문) 연산 장치나 논리 장치에서는 둘 이상의 연산이 동시에 또는 **병행**으로 실행된다.

2) 둘 이상의 일을 한꺼번에 행하다.

(실전) 산림청에서는 4차 산업 혁명 시대를 맞이하여 디지털 산림 경영 기반을 조성하기 위한 노력도 **병행하고** 있습니다. | 21 고1 9월

1회 □
2회 □

부산물

버금 副
낳다 産
만물 物

1) 주산물의 생산 과정에서 더불어 생기는 물건.

(예문) 타이어 고무를 만들 때 생기는 **부산물**이 운동화 밑창으로 재탄생하였다.

2) 어떤 일을 할 때에 부수적으로 생기는 일이나 현상.

(예문) 환경 오염은 전 세계 산업화의 **부산물**이다. / 올림픽 유치의 **부산물**로 각종 체육 시설들이 생겨났다.

1회 □
2회 □

부유

뜨다 浮
놀다 遊

1) 물 위나 물속, 또는 공기 중에 떠다님.

(예문) 해양 쓰레기 중 바닷물에 떠다니는 쓰레기를 **부유** 쓰레기라고 한다.

2) 행선지를 정하지 아니하고 이리저리 떠돌아다님.

(예문) 그는 전쟁으로 집을 잃고 **부유**를 하며 생활하는 사람들을 돕고 있다.

1회 □
2회 □

중금속

무겁다 重
쇠 金
무리 屬

비중이 4 이상인 금속을 통틀어 이르는 말. 철, 금, 백금, 납 등이 있다.

(예문) 체내에 누적된 **중금속**은 인체에 치명적이다. / 전자 폐기물을 함부로 땅에 묻으면 각종 **중금속** 성분이 토양과 하천을 오염시킬 우려가 있다.

(참고) **경금속** 다른 금속에 비하여 무게가 가벼운 금속. 알루미늄 따위가 있다.

1회 □
2회 □

타개하다

치다 打
열다 開

매우 어렵거나 막힌 일을 잘 처리하여 해결의 길을 열다.

(예문) 그는 기술적 어려움을 **타개할** 연구 성과에 주목하고 있다.

(실전) 힘겨운 경제적 상황을 **타개해** 나갈 수 없는 비관적 현실을 엿볼 수 있군. | 21 고2 3월

1회 □
2회 □

폐기물

폐하다 廢
버리다 棄
만물 物

못 쓰게 되어 버리는 물건.

(예문) 주민들은 생활 **폐기물**을 줄이기 위해 노력하고 있다.

(실전) 생활 속에서 쓸모없어진 **폐기물**에 생명을 불어넣는 '업사이클링'에 주목하고 있다. | 19 고1 9월

1회 □
2회 □

회수하다

돌아오다 回
거두다 收

도로 거두어들이다.

(예문) 폐열을 **회수하는** 기술이 국산화됨에 따라 에너지 절약에 박차를 가하고 있다.

(실전) 지역난방은 열 병합 발전소에서 전기 생산을 위해 사용된 열을 **회수하여** 인근 지역의 난방에 활용하는 것이다. | 19 고1 11월

01 다음 뜻풀이를 보고 십자말풀이를 완성하시오.

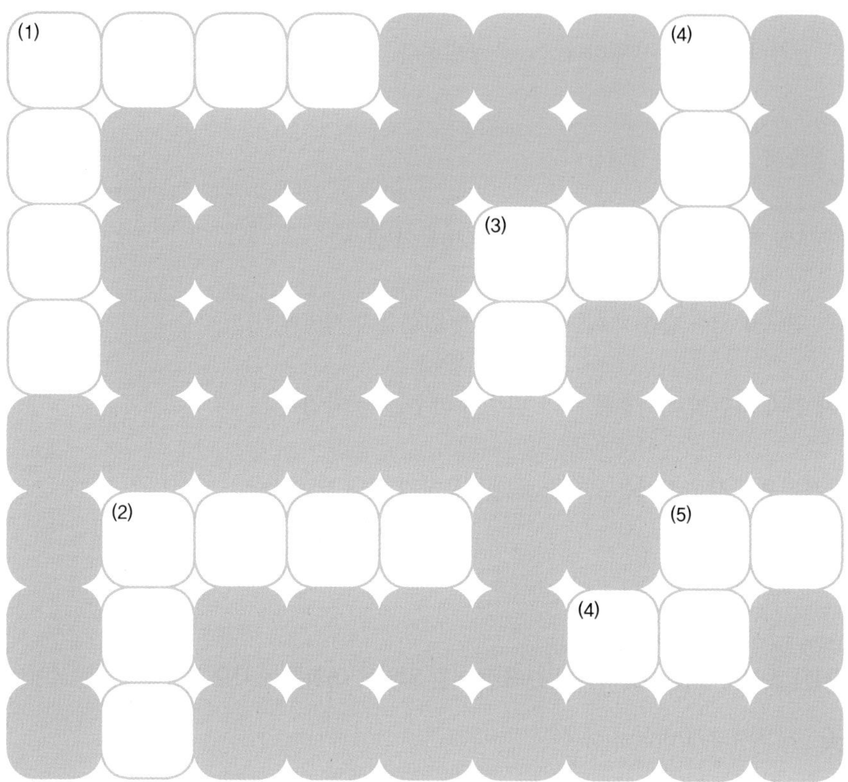

가로

(1) 급작스럽게 줄다.

(2) 지구 대기를 오염시켜 온실 효과를 일으키는 가스를 통틀어 이르는 말.

(3) 주산물의 생산 과정에서 더불어 생기는 물건.

(4) 기체나 액체에서, 물질이 이동함으로써 열이 전달되는 현상.

(5) 무관심하게 내버려 둠.

세로

(1) 갑작스럽게 늘어나다.

(2) 지구의 기온이 높아지는 현상.

(3) 물 위나 물속, 또는 공기 중에 떠다님.

(4) 못 쓰게 되어 버리는 물건.

(5) 모아서 가두어 둔 물을 흘려 보냄.

5주차

어휘 확인하기 27일

[02~06] 다음 빈칸에 들어갈 어휘를 〈보기〉에서 골라 그 기호를 쓰시오.

보기

㉠ 급감하다　㉡ 병행하다　㉢ 증발하다　㉣ 할당하다　㉤ 회수하다

02 백신 접종 후 바이러스 감염률이 [　　　　].

03 뜨거운 6월 뙤약볕에 웅덩이에 고여 있던 빗물이 금세 [　　　　].

04 양질의 연구를 위해 순수 과학 이론 공부와 실험을 한꺼번에 [　　　　].

05 정부가 전파 자원의 독과점을 막기 위해 주파수를 각 기업에 [　　　　].

06 의류, 부직포와 같은 새로운 자원으로 재활용하기 위해 각 가정에서 페트병을 [　　　　].

[07~09] 제시된 초성과 뜻을 참고하여 빈칸에 들어갈 알맞은 어휘를 쓰시오.

07 **ㅂㅊ**: 무관심하게 내버려 둠.

→ 깨진 유리를 치우지 않고 (　　　　　　)했다가 발을 다치고 말았다.

08 **ㅅㅎㅅ**: 실제로 효과를 나타내는 성질.

→ 국민들은 (　　　　　　) 있는 사고 예방 대책을 당국에 요구하였다.

09 **ㄷㄹ**: 기체나 액체에서, 물질이 이동함으로써 열이 전달되는 현상.

→ 햇빛을 받아 공기가 뜨겁게 달궈지면 더운 공기는 위쪽으로, 찬 공기는 아래쪽으로 이동하는 (　　　　　　)이/가 일어난다.

[10~12] 다음 문장에 어울리는 어휘를 고르시오.

10 얼음 덩어리가 바다 위에 (부유 / 증발)하고 있다.

11 폭우가 내리면 댐의 수문을 열어 물을 (방류 / 배양)한다.

12 김 씨는 산업 활동 후에 발생하는 (주산물 / 폐기물)을 재활용하는 업체의 대표이다.

[13~15] 다음 빈칸에 들어갈 어휘를 찾아 연결하시오.

13	이산화 탄소는 기후 변화를 일으키는 (　　　)이다. •		• ㉠ 온난화
14	몸집이 큰 물고기일수록 축적된 (　　　) 농도가 높다. •		• ㉡ 중금속
15	지구 (　　　)(으)로 인한 급격한 기후 변화는 생태계 파괴의 주요 원인이 된다. •		• ㉢ 온실가스

16 **다음 중 밑줄 친 어휘의 쓰임이 적절하지 않은 것은?**

① 이 상추는 대학 연구실에서 배양된 것이다.
② 실험실에서 미생물을 배양하는 연구를 하였다.
③ 어린아이를 집에서 배양하는 것은 어려운 일이다.
④ 조선 시대에 서원은 인재를 배양하는 역할을 하였다.
⑤ 그는 백신을 개발하기 위해 바이러스를 배양하는 일을 한다.

5주차

[17~18] 밑줄 친 어휘의 뜻으로 알맞은 것을 고르시오.

17

> 오늘날의 코로나바이러스 감염증 대유행과 같은 위기를 타개할 수 있는 중요한 해결책의 하나로 과학 기술 혁신을 들 수 있다. 특히 바이러스가 전 세계로 확산되면서 바이러스 감염 구조를 파악하고, 그 결과를 신속하게 공유할 수 있는 기술의 중요성이 부각되고 있다.

(1) 어떤 일을 서로 양보하여 협의하다. (　　　)
(2) 매우 어렵거나 막힌 일을 잘 처리하여 해결의 길을 열다. (　　　)

18

> 환경 오염을 해결하기 위한 다양한 재활용 아이디어가 나오고 있다. 한 기업은 해산물을 채취하면서 버려지는 미역과 우뭇가사리 같은 부산물을 이용해 종이컵을 만들어 냈다. 이 종이컵은 플라스틱이 사용되지 않아 재활용이 쉽다고 한다.

(1) 어떤 지역의 특별한 산물. (　　　)
(2) 주산물의 생산 과정에서 더불어 생기는 물건. (　　　)

과학 분야의 글과 관련한 어휘 ❹

▶ 어휘 책을 펼쳐 보아요.

▶ 아는 어휘에 ○표 해요. (/ 18)

극지	대륙	면적	미지	불모지
운석	유빙	해류	경사면	수심
조산대	지질	지층	지형	
퇴적물	파식	평탄하다	해저	

▶ 어휘 퍼즐을 완성해요. (/ 10)

▶ 확인 문제로 복습해요. (/ 18)

주제 1 지구와 관련한 어휘

1회 □ 2회 □

극지

지극하다 **極**
땅 **地**

남극과 북극을 중심으로 한 그 주변 지역.

(예문) 지구 온난화로 **극지**의 빙하가 녹고 있다. / 쇄빙선은 얼음을 깨며 **극지**를 향해할 때 사용되는 배이다.

1회 □ 2회 □

대륙

크다 **大**
뭍 **陸**

넓은 면적을 가지고 해양의 영향이 내륙부에까지 직접적으로 미치지 않는 육지. 일반적으로 유럽, 아시아, 아프리카, 북아메리카, 남아메리카, 오스트레일리아, 남극 등을 이른다.

(예문) 우리나라가 속해 있는 **대륙**은 아시아이다.

(실전) 남극 **대륙**의 빙하는 빙벽의 후퇴 속도가 일 년에 평균 50m에 이를 정도로 빠르게 녹고 있다. | **13시행 고입 선발**

(참고) **내륙** 바다에서 멀리 떨어져 있는 육지.

1회 □ 2회 □

면적

낯 **面**
쌓다 **積**

일정한 평면이나 곡면이 차지하는 크기.

(실전) 영구 동토층이 분포해 있는 지대는 지구 전체 **면적**의 약 14%에 해당하며, 시베리아, 캐나다 북부, 알래스카 등 북극권에 주로 분포해 있습니다. | **22 고1 3월**

1회 □ 2회 □

미지

아니다 **未**
알다 **知**

아직 알지 못함.

(실전) 데렐은 이질을 연구하던 중 환자의 분변에 이질균을 녹이는 물질이 포함되어 있다는 것을 발견하고, 이 **미지**의 존재를 '박테리오파지'라고 불렀다. | **16 고1 3월**

1회 ☐
2회 ☐

불모지

아니다 不
털 毛
땅 地

1) 식물이 자라지 못하는 거칠고 메마른 땅.

(예문) 사막은 **불모지**여서 사람이 살기 힘들다. / **불모지**로 버려진 땅을 사서 일구었다.

2) 어떠한 사물이나 현상이 발달되어 있지 않은 곳. 또는 그런 상태를 비유적으로 이르는 말.

(예문) 그는 의학의 **불모지**인 개발도상국에서 봉사 활동을 하였다. / 인공위성을 쏘아 올린 우리나라에서 항공 우주 공학 분야는 더이상 **불모지**가 아니다.

(참고) **황무지** 손을 대어 거두지 않고 내버려 두어 거친 땅.

1회 ☐
2회 ☐

운석

떨어지다 隕
돌 石

지구상에 떨어진 유성. 대기 중에 돌입한 유성이 다 타버리지 않고 땅에 떨어진 것으로, 철·니켈 합금과 규산염 광물이 주성분이다.

(예문) 학자들은 **운석**의 충돌로 인해 공룡이 멸종된 것이라고 추측한다. / 한국 지질 자원 연구원은 **운석** 신고 센터를 운영하고 있다.

1회 ☐
2회 ☐

유빙

흐르다 流
얼음 氷

물 위에 떠내려가는 얼음덩이.

(예문) 온난화의 영향으로 북극해의 **유빙**이 사라지고 있다. / 추운 겨울이 가고 봄이 왔지만 아직 강가에 **유빙**이 떠다닌다.

1회 ☐
2회 ☐

해류

바다 海
흐르다 流

일정한 방향과 속도로 이동하는 바닷물의 흐름.

(예문) 북극은 주변에 있는 바다와 **해류**의 영향을 받는다. / 조력 발전은 자연적인 **해류**의 흐름만을 이용하는 친환경적인 대체 에너지로 인정받고 있다.

5주차

주제 2 지형, 지질과 관련한 어휘

1회 ☐
2회 ☐

경사면

기울다 傾
비끼다 斜
낯 面

비스듬히 기울어진 면.

(예문) 그 나무는 산속 **경사면**에 비스듬하게 자리 잡고 있었다. / 가느다란 물줄기가 시멘트의 **경사면**을 타고 아래쪽으로 흘러내렸다.

(유의) **비탈면** 비스듬히 기울어진 면.

1회 ☐
2회 ☐

수심

물 水
깊다 深

강이나 바다, 호수 등의 물의 깊이.

(예문) 이 강은 **수심**이 깊어서 수영을 금지하고 있다. / 바닷물의 온도는 **수심**에 따라 달라진다.

1회 ☐
2회 ☐

조산대

짓다 造
산 山
띠 帶

조산 운동이 있었거나 일어날 가능성이 큰 지역.

(예문) '불의 고리'는 환태평양 **조산대**의 다른 이름이다. / 일반적으로 진도 7.0 이상의 강진은 환태평양 **조산대**에 위치한 태평양 연안 국가에서 자주 발생한다.

(참고) **조산 운동** 산맥을 형성하는 지각 변동. 마그마의 활동이나 변성 작용이 없어도 습곡이나 단층 작용에 의하여 지각이 상대적으로 높아져 대규모의 습곡 산맥을 만든다.

1회 ☐ 2회 ☐

지질

땅 **地**
바탕 **質**

지각을 이루는 여러 가지 암석이나 지층의 성질 또는 상태.

(예문) 백악기 말에는 **지질**의 큰 변동이 있었다.

(참고) **지각(地殼)** 지구의 바깥쪽을 차지하는 부분.

1회 ☐ 2회 ☐

지층

땅 **地**
층 **層**

알갱이의 크기·색·성분 등이 서로 달라서 위아래의 퇴적암과 구분되는 퇴적암체.

(실전) 지질학적 시간 척도는 상대적인 척도로 한 **지층**이 다른 **지층**보다 오래되었는지 아닌지를 말해 줄 수는 있어도 실질적으로 얼마나 오래되었느냐는 말해 줄 수 없었다. | 20 고1 6월

1회 ☐ 2회 ☐

지형

땅 **地**
형상 **形**

땅의 생긴 모양이나 형세.

(실전) 한대 마을의 전설에서 인상 깊었던 점은 **지형**을 바꾸는 것에서 더 나아가 마을 사람들이 스스로의 성찰을 통해 말다툼을 해결하려고 함께 노력했다는 것이다. | 17 고1 11월

1회 ☐ 2회 ☐

퇴적물

흙무더기 **堆**
쌓다 **積**
만물 **物**

1) 많이 덮쳐 쌓인 물건.

(예문) 해양 환경 공단은 해양 오염 **퇴적물**의 정화 사업을 관리한다.

2) 암석의 파편이나 생물의 유해 등이 물, 빙하, 바람, 중력 등의 작용으로 운반되어 땅 표면에 쌓인 물질.

(예문) 갯벌은 갯벌을 구성하는 **퇴적물**에 의해 다양하게 구분할 수 있다. / 퇴적암은 암석의 파편 등이 오랫동안 쌓여 생성된 **퇴적물**이 굳어진 것이다.

1회 ☐ 2회 ☐

파식

물결 **波**
갉아먹다 **蝕**

물결이 육지를 침식하는 일.

(예문) 이 아름다운 해안은 계속해서 **파식** 작용이 일어나면서 면적이 줄어들고 있다.

(참고) **침식** 비, 하천, 빙하, 바람 등의 자연 현상이 지표(지구의 표면, 땅의 겉면)를 깎는 일.
파식 대지 파도의 침식과 풍화 작용으로 해안에 가까운 해저에 생긴 평탄한 면.

1회 ☐ 2회 ☐

평탄하다

평평하다 **平**
평평하다 **坦**

1) 바닥이 평평하다.

(실전) 대개 사람의 마음이란 변덕스러운 것이어서, **평탄한** 땅을 디디면 느긋해지고, 험한 지경에 처하면 두려워 조심하는 법이다. | 22 고1 6월

2) 마음이 편하고 고요하다.

(예문) 스트레스를 받는 상황에서는 **평탄함**을 유지할 수 없었다.

3) 일이 순조롭게 되어 나가는 데가 있다.

(예문) 새로운 과학 기술에 대한 연구는 비교적 **평탄하게** 흘러갔다.

1회 ☐ 2회 ☐

해저

바다 **海**
밑 **底**

바다의 밑바닥.

(실전) '독도의 가치'에서는 독도 근해의 풍부한 수산 자원과 **해저**에 매장되어 있는 천연 자원의 현황을 파악할 수 있습니다. | 18 고2 9월

어휘 확인하기 28일

01 다음 뜻에 알맞은 어휘를 찾아 가로, 세로, 대각선으로 표시하시오.

고	당	래	식	해	개	쇠	전	퇴
불	모	지	걸	류	밥	소	령	적
가	깨	굴	침	국	받	유	양	물
극	지	대	지	층	축	강	빙	서
야	상	상	고	진	물	윤	파	전
비	금	치	수	심	지	양	묘	식
간	추	미	도	라	눈	월	삽	술
소	경	늘	지	비	예	대	륙	무

(1) 아직 알지 못함.

(2) 많이 덮쳐 쌓인 물건.

(3) 물결이 육지를 침식하는 일.

(4) 물 위에 떠내려가는 얼음덩이.

(5) 강이나 바다, 호수 등의 물의 깊이.

(6) 식물이 자라지 못하는 거칠고 메마른 땅.

(7) 남극과 북극을 중심으로 한 그 주변 지역.

(8) 일정한 방향과 속도로 이동하는 바닷물의 흐름.

(9) 넓은 면적을 가지고 해양의 영향이 내륙부에까지 직접적으로 미치지 않는 육지.

(10) 알갱이의 크기·색·성분 등이 서로 달라서 위아래의 퇴적암과 구분되는 퇴적암체.

5주차

어휘 확인하기 28일

[02~06] 다음 빈칸에 들어갈 어휘를 〈보기〉에서 골라 쓰시오.

보기
수심 유빙 파식 해류 해저

02 먹이를 찾던 북극곰이 바다 위의 [ ] 위로 올라갔다.

03 오랜 가뭄으로 낙동강의 [ ] 이/가 얕아져 문제이다.

04 깊은 [ ] 의 모래에서도 플라스틱 쓰레기가 발견되고 있다.

05 이 지역은 [ ] 작용으로 인해 해변의 모양이 계속하여 변화하고 있다.

06 지구 온난화의 영향으로 극지방과 열대 지방 사이의 온도차가 커지며 바다의 [ ] 속도가 빨라졌다.

[07~09] 제시된 초성과 뜻을 참고하여 빈칸에 들어갈 알맞은 어휘를 쓰시오.

07 ㅇㅅ: 지구상에 떨어진 유성.
→ 우주에서 날아온 (   )을/를 줍는 것은 하늘의 별 따기이다.

08 ㄱㅅㅁ: 비스듬히 기울어진 면.
→ 그들은 (   )을/를 힘겹게 올라가서 산 정상에 도달하였다.

09 ㅈㅅㄷ: 조산 운동이 있었거나 일어날 가능성이 큰 지역.
→ 환태평양 (   )에서는 지진과 화산 활동이 자주 일어나고 있다.
TIP 태평양을 두르고 있는 지역.

[10~12] 다음 문장에 알맞은 어휘를 고르시오.

10 설계도를 통해 건물의 구조와 (면적 / 지질)을 확인하였다.

11 그는 새로 발견한 (미지 / 주지)의 생물들을 연구하고 있다.

12 홍수를 대비하여 빗물받이에 쌓인 (부산물 / 퇴적물)을 제거하였다.

[13~15] 다음 빈칸에 들어갈 어휘를 찾아 연결하시오.

13 우리는 세계에서 가장 큰 (　　　　)인 아시아에서 살고 있다. • 　• ㉠ 극지

14 북극이나 남극과 같은 (　　　　)의 기후는 인간이 살기 힘들다. • 　• ㉡ 대륙

15 이 지역은 화강암과 같은 단단한 (　　　　)(으)로 이루어져 있다. • 　• ㉢ 지질

16 **다음 중 밑줄 친 어휘의 쓰임이 적절하지 <u>않은</u> 것은?**

① <u>평탄하고</u> 넓은 길을 지나자 좁은 골목이 보였다.
② 그의 일생은 <u>평탄하지는</u> 않았지만 만족할 만했다.
③ 명상을 하면 마음이 <u>평탄하고</u> 가벼워지게 될 것이다.
④ 건물을 짓기 전에 저 언덕을 <u>평탄하게</u> 만들어야 한다.
⑤ 그는 오랜 기간 운동으로 다져진 <u>평탄한</u> 몸을 자랑한다.

경험치 획득!

5주차

[17~18] 다음 중 글의 빈칸에 들어갈 어휘로 가장 적절한 것을 고르시오.

17

우리나라에서 의학 교육을 받고 고향으로 돌아간다는 두 명의 개도국 청년들이 있다. 두 사람은 우리나라에서 기초 의학 학위를 받았다. 그들은 의료 (　　　　)나 다름없는 자신들의 조국으로 돌아가 의료인 양성에 기여하겠다는 꿈을 밝혔다.

(1) 개발지 (　　　　)
(2) 불모지 (　　　　)

18

국제 연합 해양 회의는 "전 세계의 해저 (　　　　)을 조사하여 정밀하게 나타낸 지도를 23% 정도 그렸다."고 발표하였다. 나머지는 2030년쯤 완성된다고 한다. 이 지도가 완성되면 바다를 오가는 선박의 안전에 도움이 될 것으로 전망된다.

(1) 지각 (　　　　)
(2) 지형 (　　　　)

기술 분야의 글과 관련한 어휘

- 어휘 책을 펼쳐 보아요.
- 아는 어휘에 ○표 해요. (/ 17)

대역	소음	음폭	초음파	달이다
미생물	발효	우려내다	유용하다	
증식하다	도체	방전되다	송출하다	
전류	전압	접지	중화하다	

- 십자말풀이를 완성해요. (/ 10)
- 확인 문제로 복습해요. (/ 17)

주제 1 소리와 관련한 어휘

1회 ☐ 2회 ☐

대역
띠 帶
지경 域

어떤 폭으로써 정해진 범위. 최대 주파수에서 최저 주파수까지의 구역을 말한다.

(실전) 이퀄라이저는 특정 주파수 **대역**의 음을 세게 하거나 약하게 하여 음악에 따라 음색을 조절하며 감상할 수 있게 하는 장치이다. | 17 고2 3월

1회 ☐ 2회 ☐

소음
떠들다 騷
소리 音

불규칙하게 뒤섞여 불쾌하고 시끄러운 소리.

(예문) 우리 가족은 인근 공사장에서 들려오는 **소음** 때문에 괴로워하였다.

(실전) 너무 조용한 곳보다는 약간의 **소음**이 있는 곳에서 공부가 더 잘 된다고 여기신다면 그것은 백색 소음이 만들어 낸 효과라고 볼 수 있습니다. | 17 고1 6월

1회 ☐ 2회 ☐

음폭
소리 音
폭 幅

사람의 목소리나 악기가 낼 수 있는 최저 음에서 최고 음까지의 넓이.

(예문) 전문 성악가의 **음폭**은 일반 사람들보다 훨씬 넓다. / 그는 소리가 나면 **음폭**에 따라 물이 쏟아지는 분수를 개발하고 있다.

(유의) 음역 사람의 목소리나 악기가 낼 수 있는 최저 음에서 최고 음까지의 넓이.

1회 ☐ 2회 ☐

초음파
넘다 超
소리 音
물결 波

사람의 귀에 소리로 들리는 한계 주파수 이상이어서 들을 수 없는 음파.

(예문) **초음파**를 사용하여 바다의 깊이를 잴 수 있다. / 그는 **초음파** 영상 진단기를 사용하는 병원에서 건강 검진을 하였다.

1회 ▢ 2회 ▢

달이다

1) 액체 따위를 끓여서 진하게 만들다.

(예문) 이 요리에는 집에서 **달여** 만든 간장을 넣어야 제맛이 난다.

2) 약재 따위에 물을 부어 우러나도록 끓이다.

(예문) 그는 할머니께서 정성껏 **달인** 한약을 먹는다. / 어머니는 물 대신 차를 **달여** 드셨다.

(참고) **조리다** 양념한 고기나 생선, 채소 등을 국물에 넣고 바짝 끓여 양념이 배어들게 하다.

1회 ▢ 2회 ▢

미생물

작다 微
나다 生
만물 物

눈으로는 볼 수 없는 아주 작은 생물. 보통 세균, 효모, 원생동물 등을 이르는데, 바이러스를 포함하는 경우도 있다.

(실전) 우리 몸에는 외부의 환경이나 **미생물**로부터 스스로를 지키기 위한 자기 방어 시스템이 있는데, 이를 자연 치유력이라고 한다. | **19 고1 9월**

1회 ▢ 2회 ▢

발효

술 괴다 醱
발효하다 酵

효모나 세균 등의 미생물이 탄소 화합물을 분해하여 알코올류, 이산화 탄소 따위를 생기게 하는 작용.

(실전) 효모는 주위 환경에 산소가 있으면 산소를 이용한 호흡을 하고, 산소가 없으면 **발효**를 한다. | **16 고2 11월**

1회 ▢ 2회 ▢

우려내다

1) 물체를 액체에 담가 성분, 맛, 빛깔 등이 배어들게 하다.

(예문) 그는 손님을 위해 녹차를 **우려내어** 가지고 나왔다.

2) 꾀거나 위협하거나 하여서 자신에게 필요한 돈이나 물품을 빼내다.

(예문) 경찰은 노인들을 속여 돈을 **우려낸** 일당을 검거하였다.

1회 ▢ 2회 ▢

유용하다

있다 有
쓰다 用

쓸모가 있다.

(예문) 즉석 식품은 바쁜 현대인들에게 아주 **유용하다**.

(실전) 강연자는 상품의 규격을 표준화할 때 평균이 **유용한** 값이라고 생각하고 있어. | **19 고1 9월**

(참고) **유용(流用)하다** 남의 것이나 다른 곳에 쓰기로 되어 있는 것을 다른 데로 돌려쓰다.

1회 ▢ 2회 ▢

증식하다

더하다 增
번성하다 殖

1) 늘어서 많아지다. 또는 늘려서 많게 하다.

(실전) 정부에서 사육 곰 **증식**을 금지하여 이제는 더 이상 철창 안에서 태어나는 곰은 없습니다. | **21 고2 6월**

2) 생물이나 조직 세포 따위가 세포 분열을 하여 그 수가 늘어나다.

(예문) 학자들은 야간 조명이 세포의 **증식**과 사멸을 조절하는 멜라토닌 분비를 방해해서 암을 유발할 수 있다고 경고했다.

주제 3 전기와 관련한 어휘

1회 ☐ 2회 ☐

도체

이끌다 導
몸 體

열 또는 전기의 전도율이 비교적 큰 물체를 통틀어 이르는 말. 열에는 금속, 전기에는 금속이나 전해 용액 등이 이에 속한다.

(실전) 그 위에 **도체**인 냄비를 놓으면 교류 자기장에 의해 냄비 바닥에는 수많은 폐회로가 생겨난다. | 19 고1 9월

(참고) **반도체** 상온에서 전기 전도율이 도체와 절연체의 중간 정도인 물질. 낮은 온도에서는 거의 전기가 통하지 않으나 높은 온도에서는 전기가 잘 통한다.

1회 ☐ 2회 ☐

방전되다

놓다 放
번개 電

전지나 축전기 또는 전기를 띤 물체에서 전기가 외부로 흘러나오다.

(예문) 자동차의 배터리가 **방전되면** 시동을 걸 수 없다. / 습도가 높으면 공기 중의 수분이 도체 역할을 하여 정전기가 수시로 **방전된다**.

1회 ☐ 2회 ☐

송출하다

보내다 送
나다 出

1) 물품, 전기, 전파, 정보 등을 기계적으로 전달하다.

(예문) 라디오를 **송출하는** 시간이 정해져 있다. / 나라마다 방송을 **송출하는** 방식이 다르다.

2) 사람을 해외로 내보내다.

(예문) 우리 회사는 한국어 교육 자격증을 가진 유학생들을 해외로 **송출하여** 취업을 주선하고 있다.

1회 ☐ 2회 ☐

전류

번개 電
흐르다 流

전하가 연속적으로 이동하며 전기가 흐르는 현상.

(실전) **전류**의 방향이 바뀌는 주기를 짧게 할수록 주파수가 높아져 높은 음의 소리가 난다. | 22 고1 6월

(참고) **전하** 물체가 띠고 있는 정전기의 양. 같은 부호의 전하 사이에는 미는 힘이, 다른 부호의 전하 사이에는 끄는 힘이 작용한다.

1회 ☐ 2회 ☐

전압

번개 電
누르다 壓

전기장이나 도체 안에 있는 두 점 사이의 전기적인 위치 에너지 차. 단위는 볼트.

(예문) 에어컨을 설치하기 전후에는 **전압**을 측정해야 한다. / **전압**이 높으면 감전 위험도 높아지므로 주의해야 한다.

1회 ☐ 2회 ☐

접지

접하다 接
땅 地

전기 회로를 구리선 따위의 도체로 땅과 연결함. 또는 그런 장치.

(예문) 기술자들은 전기 공사 전에 **접지**를 하였다. / 높은 건물 꼭대기에 피뢰침을 설치하는 것은 **접지**를 응용하여 전기 사고를 예방하기 위한 것이다.

1회 ☐ 2회 ☐

중화하다

가운데 中
화목하다 和

1) 같은 양의 양전하와 음전하가 하나가 되어 전체로는 전하를 가지지 아니하다.

(예문) 섬유 유연제는 양전기를 띠어 음전기를 띤 합성 섬유에 붙어 전기를 **중화한다**.

2) 서로 다른 성질을 가진 것이 섞여 각각의 성질을 잃거나 그 중간의 성질을 띠게 하다.

(예문) 채소는 혈액의 산성을 **중화한다**. / 둥근 안경이 날카로운 인상을 **중화해** 준다.

01 다음 뜻풀이를 보고 십자말풀이를 완성하시오.

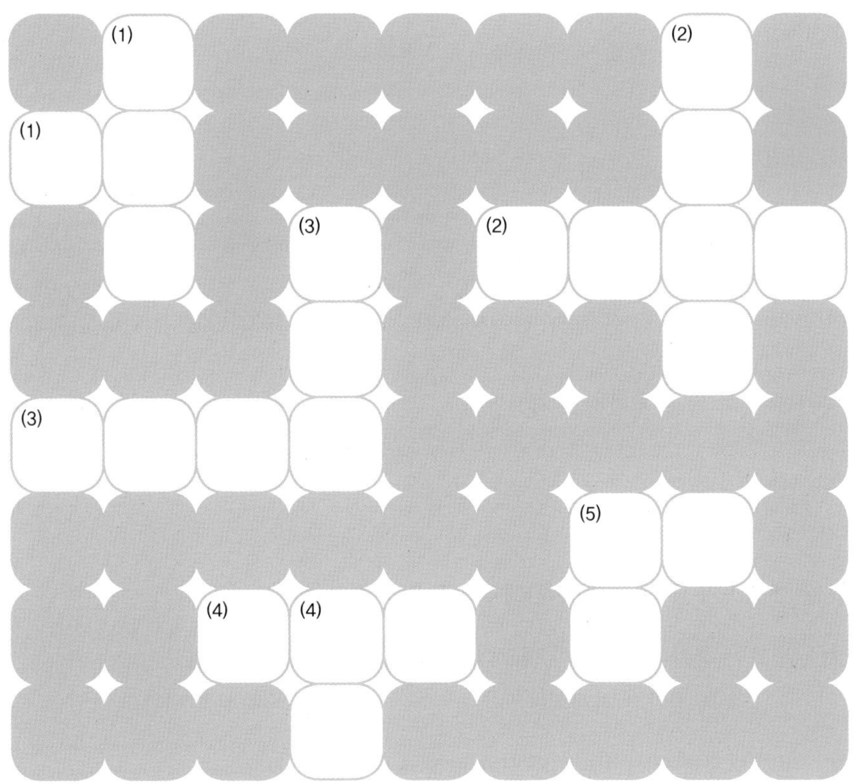

(1) 불규칙하게 뒤섞여 불쾌하고 시끄러운 소리.
(2) 쓸모가 있다.
(3) 전지나 축전기 또는 전기를 띤 물체에서 전기가 외부로 흘러나오다.
(4) 상온에서 전기 전도율이 도체와 절연체의 중간 정도인 물질.
(5) 전하가 연속적으로 이동하며 전기가 흐르는 현상.

(1) 사람의 귀에 소리로 들리는 한계 주파수 이상이어서 들을 수 없는 음파.
(2) 같은 양의 양전하와 음전하가 하나가 되어 전체로는 전하를 가지지 아니하다.
(3) 액체 따위를 끓여서 진하게 만들다.
(4) 열 또는 전기의 전도율이 비교적 큰 물체를 통틀어 이르는 말.
(5) 전기장이나 도체 안에 있는 두 점 사이의 전기적인 위치 에너지 차.

5주차

어휘 확인하기 29일

[02~05] 다음 빈칸에 들어갈 어휘를 〈보기〉에서 골라 쓰시오.

보기
발효 음폭 전류 전압

02 가수는 자신의 [ ]을/를 넓히려고 꾸준히 연습했다.

03 된장과 고추장은 우리나라의 대표적인 [ ] 식품이다.

04 정전기의 [ ]은/는 수천에서 수만 볼트(V)에 달하지만 감전 위험은 거의 없다.

05 야생 동물로부터 밭을 지키려고 저전압의 [ ]이/가 흐르는 전기 울타리를 설치하였다.

[06~09] 제시된 초성과 뜻을 참고하여 빈칸에 들어갈 알맞은 어휘를 쓰시오.

06 **ㄷㅊ**: 열 또는 전기의 전도율이 비교적 큰 물체를 통틀어 이르는 말.
→ 금속은 전기가 전달되는 ( )(이)라는 특성을 지닌다.

07 **ㅈㅈ**: 전기 회로를 구리선 따위의 도체로 땅과 연결함.
→ 전기 공사 전에는 반드시 ( )을/를 해야 위험하지 않다.

08 **ㄷㅇ**: 어떤 폭으로써 정해진 범위.
→ 데이터 통신에 사용되는 주파수 ( )에는 여러 종류가 있다.

09 **ㅁㅅㅁ**: 눈으로는 볼 수 없는 아주 작은 생물.
→ 학교 급식실에서는 매일 ( ) 검사를 통해 위생을 관리하고 있다.

[10~12] 다음 문장에 알맞은 어휘를 고르시오.

10 요리사는 음식을 맛있게 만들기 위해 다시마를 (우려낸 / 송출한) 물을 사용한다고 말했다.

11 여름철의 고온다습한 날씨에는 세균이 금방 (증식하여 / 증진하여) 탈이 날 수 있으니 음식물 섭취에 주의해야 한다.

12 휴대 전화 배터리가 완전히 (방류되어 / 방전되어) 꺼지기 전에 충전해야 배터리 수명이 줄어드는 것을 방지할 수 있다.

[13~14] 다음 빈칸에 들어갈 어휘를 찾아 연결하시오.

13 박쥐는 ( )을/를 이용하여 장애물을 피하고 먹잇감을 찾는다. • • ㉠ 소음

14 층간 ( ) 때문에 공동 주택 주민들 사이에 다툼이 벌어지기도 한다. • • ㉡ 초음파

15 **다음 중 밑줄 친 어휘의 의미가 다른 하나는?**

① 삼각대는 여행지에서 사진을 찍을 때 매우 유용하다.
② 이 책은 상식을 넓히는 데 유용한 내용을 담고 있다.
③ 그는 동아리 회비를 유용한 것으로 의심을 받고 있다.
④ 도서관 자료를 유용하게 활용하여 과제를 작성하였다.
⑤ 이 요리법은 쉽고 간단하여 바쁜 아침에 유용하게 쓸 수 있다.

5주차

[16~17] 다음 중 밑줄 친 어휘의 뜻으로 알맞은 것을 고르시오.

16

> 한 지방 자치 단체가 지역 내 어린이들에게 인삼과 오미자 등을 달여서 만든 전통 차(茶)를 지원한다고 밝혔다. 관계자는 이 사업이 어린이들이 여름철 원기 회복과 면역력 증진을 통해 건강한 여름을 보낼 수 있도록 돕기 위한 것이라고 말했다.

(1) 약재 따위에 물을 부어 우러나도록 끓이다. ( )
(2) 양념한 고기나 생선, 채소 등을 국물에 넣고 바짝 끓여서 양념이 배어들게 하다. ( )

17

> 한 경찰서가 노인 교통사고 예방 동영상을 송출하여 좋은 반응을 얻고 있다. 이 경찰서는 지역 안의 노인 종합 복지관 동영상 채널을 활용하여 고령자 교통사고 예방 수칙을 담은 영상을 방송하여 고령자 교통안전 요령을 홍보하고 있다.

(1) 전화, 라디오, 텔레비전 방송 등의 신호를 받다. ( )
(2) 물품, 전기, 전파, 정보 등을 기계적으로 전달하다. ( )

30일 5주차 종합 문제 25일 ~ 29일

01 〈보기〉의 뜻을 참고하여, 다음 문장에 알맞은 어휘를 고르시오.

보기

전류 전하가 연속적으로 이동하며 전기가 흐르는 현상.

전압 전기장이나 도체 안에 있는 두 점 사이의 전기적인 위치 에너지 차. 단위는 볼트.

전하 물체가 띠고 있는 정전기의 양. 같은 부호의 전하 사이에는 미는 힘이, 다른 부호의 전하 사이에는 끄는 힘이 작용한다.

(1) 해외여행을 가기 전에는 그 나라의 (전류 / 전압 / 전하)을/를 확인하여 그에 맞는 변압기를 준비해 가는 것이 좋다.

(2) 각각의 전선에는 안전하게 흐를 수 있는 최대 (전류 / 전압 / 전하)이/가 정해져 있으므로 실생활에서도 이를 확인하고 안전하게 사용하는 습관을 길러야 한다.

(3) 정전기는 마찰로 인해 우리 몸에 쌓인 (전류 / 전압 / 전하)이/가 불꽃을 내며 이동하는 현상이다.

02 다음 중 어휘의 선택이 적절하지 <u>않은</u> 것은?

- 농토가 (비옥하여 / 척박하여) 작물이 잘 자란다. ········· ①
- 정유 공장에서는 원유를 (정리한다 / 정제한다). ········· ②
- 그는 두 가지 연구를 (병행하고 / 병존하고) 있다. ········· ③
- 이 호수는 두루미의 (서식지 / 소재지)로 유명하다. ········· ④
- 이 강은 (수심 / 수질)이 깊어서 수영이 금지되어 있다. ········· ⑤

03 다음 중 글의 빈칸에 들어갈 어휘로 가장 적절한 것은?

○○군은 농작물 수확기를 끝내는 시기에 폐비닐 등 농사를 짓고 나서 발생하는 각종 (   )을 불법으로 태우는 행위를 집중 단속하겠다고 밝혔다. 관계자는 불법 소각으로 발생하는 대기 오염을 줄이기 위한 방법이라고 설명했다.

① 노폐물　② 생산물　③ 주산물
④ 특산물　⑤ 폐기물

04 〈보기〉의 빈칸에 공통으로 들어갈 어휘로 가장 적절한 것은?

보기

- 경찰에서는 (   ) 버린 범인을 계속 찾고 있다.
- 계속된 무더위로 인해 저수지의 물이 (   ) 버렸다.
- 컵에 담아 두었던 물이 공기 중으로 (   ) 날아갔다.

① 달아나 ② 도주해 ③ 메말라
④ 없어져 ⑤ 증발해

05 〈보기〉의 빈칸에 공통으로 들어갈 어휘로 적절하지 <u>않은</u> 것은?

보기

- 이번 교류는 남북한 간의 긴장 상태를 (   ) 위한 것이다.
- 운동을 시작하기 전에는 근육의 긴장을 (   ) 위해 스트레칭을 한다.

① 풀기 ② 완화하기 ③ 타개하기
④ 해소하기 ⑤ 누그러뜨리기

06 다음 글의 ㉠과 ㉡에 들어갈 어휘를 차례대로 나열한 것은?

한여름에는 무더위뿐만 아니라 열대야로 인해 신체 리듬이 깨지기 쉽다. 쉽게 지치고 무기력해지며 식욕마저 (㉠   )하게 된다. 이럴 때 규칙적인 생활과 숙면을 하고, 영양가 있는 음식을 먹으면 활력을 (㉡   )시킬 수 있다.

① 감소 – 감퇴 ② 감소 – 저하 ③ 감퇴 – 증진
④ 증가 – 감소 ⑤ 증진 – 감퇴

5주차 종합 문제 25일~29일

[07~09] 다음 문장의 밑줄 친 어휘와 같은 뜻으로 쓰인 것을 찾아 ○표 하시오.

07

운동 효과를 높이려면 양질의 단백질을 섭취해야 한다.

(1) 문명의 발달을 위해서는 선진적인 문화를 섭취해야 한다. ( )
(2) 성인병을 예방하려면 고열량의 음식 섭취를 자제해야 한다. ( )

08

법원은 폐수를 몰래 방류한 회사에 벌금을 부과했다.

(1) 어린 물고기를 강에 방류하는 행사는 중단되었다. ( )
(2) 농민들의 요청으로 저수지의 물을 방류하기로 했다. ( )

09

그는 진하게 우려낸 차를 나에게 따라 주었다.

(1) 멸치로 육수를 우려낸 다음 된장을 풀어 국을 끓였다. ( )
(2) 그는 오랫동안 우려낸 생각을 바탕으로 하여 시를 썼다. ( )
(3) 그는 선량한 시민들의 마음을 이용해 우려낸 돈을 흥청망청 썼다. ( )

10

다음을 참고할 때 부패 의 쓰임으로 적절하지 않은 것은?

부패 는 생물과 관련하여 쓰일 때에는 단백질이나 지방 따위의 유기물이 미생물의 작용에 의하여 분해되는 과정이나 그런 현상을 가리킨다. 한편으로는 정치, 사상, 의식 등이 타락함을 뜻하기도 한다.

① 여름이 되면 음식물의 부패를 조심해야 한다.
② 국민들은 정치인들의 부패를 늘 감시해야 한다.
③ 식재료를 냉장고에 보관하면 부패를 늦출 수 있다.
④ 기계는 오래 사용하지 않고 그냥 두면 부패되기 쉽다.
⑤ 그 소설은 정부의 부패한 모습을 풍자하여 인기를 얻었다.

11 **다음 중 밑줄 친 어휘의 쓰임이 적절하지 않은 것은?**

① 방역 당국에서 전염병 관리를 시작하였다.
② 신장은 우리 몸의 노폐물을 걸러 주는 역할을 한다.
③ 여름 전에 뇌염모기를 밀렵하는 활동이 시작되었다.
④ 해저에서 고대의 보물이 발견되었다는 뉴스가 전해졌다.
⑤ 공동 주택에서 생활할 때에는 소음 발생을 조심해야 한다.

12 **다음 중 ㉠과 바꿔 쓰기에 가장 적절한 것은?**

여름에서 가을로 계절이 바뀌면서 아침저녁으로 기온이 낮아지고 있다. 이러한 환절기에는 건강 관리에 더욱 신경을 써야 한다. 기온이 급격하게 변화하면 신체의 면역력이 떨어지기 쉬워 여러 가지 ㉠질환에 걸릴 수 있기 때문이다.

① 감염　② 병마　③ 우환　④ 증세　⑤ 질병

5주차

13 **다음 중 성인 : 어른 과 같은 의미 관계로 짝지어진 것은?**

보통 만 19세 이상의 남녀를 성인(成人)이라고 한다. 그러나 진정한 **성인** 이라면 자기가 하는 일에 책임을 져야 한다. 그래야만 사회에서 **어른** 으로 대접을 받을 수 있다.

① 수요 : 공급　② 생물 : 무생물　③ 방치 : 방관
④ 진화 : 퇴화　⑤ 지구력 : 순발력

14 **다음 중 수신 : 송신 과 같은 의미 관계로 짝지어지지 않은 것은?**

자신이 알지 못하는 주소로부터 전자 우편을 **수신** 했을 경우, 메일을 열어 볼 때 주의해야 한다. 광고성 메일이거나 범죄에 이용하기 위해 보낸 것일 수도 있기 때문이다. 이런 경우 메일에 포함된 사이트에 접속하거나 답장을 **송신** 하지 않도록 한다.

① 급감 : 급증　② 증진 : 감퇴　③ 경사면 : 비탈면
④ 무해하다 : 유해하다　⑤ 유용하다 : 무용하다

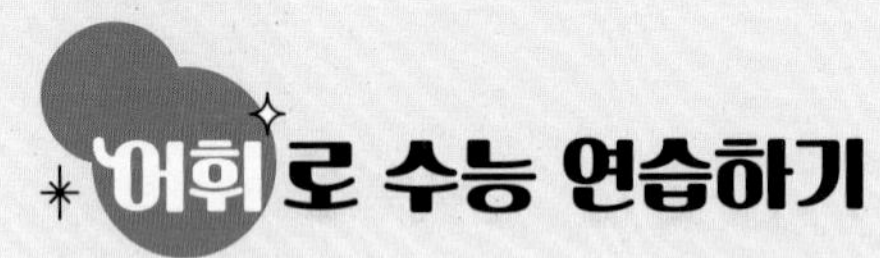

어휘로 수능 연습하기

[15~16] 다음 글을 읽고, 물음에 답하시오. | 22 고2 3월

▶ 어휘 체크 ☐ 기기 ☐ 유형 ☐ 저장 ☐ 전력 ☐ 송수신 ☐ 기여

디지털 기기 사용이 어떻게 이산화 탄소 배출을 늘리는 것일까. 일반적으로 디지털 기기는 와이파이나 LTE, 5G와 같은 네트워크를 사용하는데, 이때 사용되는 다양한 유형의 디지털 정보는 모두 데이터 센터라는 곳에 저장된다. 그리고 데이터 센터에 저장된 정보를 처리할 때 ⓐ나오는 열을 ⓑ식히거나 네트워크를 통해 정보를 송수신할 때 많은 전력이 소비된다. 이때 데이터 센터에 필요한 전기를 ⓒ만드는 과정에서 이산화 탄소가 ㉠배출되는 것이다.

그러면 학생인 우리가 디지털 탄소 발자국을 줄이기 위해 실천할 수 있는 방법은 무엇일까. 가장 핵심적인 방법은 데이터 센터에 저장되는 정보의 양과 데이터 센터를 통해 송수신되는 정보의 양을 줄이는 것이다. 이를 위해 이메일 계정이나 포털 사이트에 저장되어 있는 불필요한 이메일, 인터넷 게시물, 동영상 자료를 ⓓ지우는 것이 바람직하다. 또 불필요한 전화 통화, 이메일이나 메시지의 송수신, 인터넷 검색 등을 줄여 네트워크 사용량을 ⓔ줄이는 것도 도움이 될 수 있다. 그리고 이러한 방법들의 실천을 생활화하여 환경을 고려한 디지털 기기 이용 습관을 형성한다면 디지털 탄소 발자국으로 인한 지구 온난화 문제를 개선하는 데 기여할 수 있을 것이다.

15 다음 밑줄 친 어휘의 의미가 ㉠과 다른 것은?

① 각 가정에서 배출된 생활 폐수가 이곳에 모이고 있다.
② 피서지마다 각종 쓰레기가 배출되고 있어서 문제이다.
③ 자동차를 운행하는 경우에 대기 오염 물질이 배출된다.
④ 이 학교에서 많은 음악가와 화가들이 배출되었다고 한다.
⑤ 국제 사회는 바다에 배출되는 방사능 오염수를 감시한다.

16 문맥상 ⓐ~ⓔ를 바꿔 쓴 것으로 적절하지 않은 것은?

① ⓐ: 발생하는 ② ⓑ: 냉각하거나 ③ ⓒ: 생산하는
④ ⓓ: 삭제하는 ⑤ ⓔ: 단축하는

◗ 빈칸에 들어갈 어휘는 무엇일까요? 자연 현상을 바탕으로 한 관용 표현들을 알아보세요.

벼 이삭은 익을수록 고개를 숙인다

교양이 있고 수양을 쌓은 사람일수록 겸손하고 남 앞에서 자기를 내세우려 하지 않는다는 것을 비유적으로 이르는 말.

구름이 자주 끼면 (1) ◯가 온다

일정한 징조가 있으면 그에 따르는 결과가 있기 마련임을 비유적으로 이르는 말.

(2) ◯도 차면 기운다

세상의 온갖 것이 한 번 번성하면 다시 쇠하기 마련이라는 말.

낙숫물이 댓돌을 뚫는다

작은 힘이라도 꾸준히 계속하면 큰일을 이룰 수 있음을 비유적으로 이르는 말.

비 온 뒤에 (3) ◯이 굳어진다

어떤 시련을 겪은 뒤에 더 강해짐을 비유적으로 이르는 말.

구르는 (4) ◯은 이끼가 안 낀다

부지런하고 꾸준히 노력하는 사람은 침체되지 않고 계속 발전한다는 말.

30강까지 학습을 마쳤으면 QR 코드를 찍어 진단 평가를 해 보세요.

답 (1) 비 (2) 달 (3) 땅 (4) 돌

헷갈리기 쉬운 어휘

✧ 걷잡다 | 겉잡다

걷잡다 한 방향으로 치우쳐 흐르는 것을 붙들어 바로잡다.
(예시) 조금씩 방학 숙제를 미루다 보니 어느새 **걷잡을** 수 없게 되었다.

겉잡다 겉으로 보고 대충 짐작하여 헤아리다.
(예시) 이번 청소는 **겉잡아** 하루 정도는 걸릴 것 같다.

✧ 고역 | 곤욕 | 곤혹

고역 몹시 힘들고 고되어 견디기 어려운 일.
(예시) 전날 늦게 자는 바람에 졸음을 참느라 **고역**이었다.

곤욕 심한 모욕이나 참기 힘든 일.
(예시) 유명 연예인은 가짜 뉴스 때문에 **곤욕**을 치렀다.

곤혹 곤란한 일을 당하여 어찌해야 할지 모름.
(예시) 그 선수는 이번 경기에 선발되지 않은 것에 **곤혹**을 느꼈다.

✧ 다치다 | 닫치다 | 닫히다

다치다 부딪치거나 맞거나 하여 신체에 상처가 생기다. 또는 상처를 입다.
(예시) 함부로 창밖으로 손을 내밀었다가는 손을 **다칠** 수도 있다.

닫치다 열린 문짝, 뚜껑, 서랍 등을 꼭꼭 또는 세게 닫다.
(예시) 진규는 모기 한 마리도 들어오지 않도록 문을 **닫치고** 누웠다.

닫히다 열린 문짝, 뚜껑, 서랍 등을 도로 제자리로 가 막히다.
(예시) 바람이 세게 부는 바람에 문이 저절로 **닫혔다**.

✧ -던지 | -든지

-던지 막연한 의문이 있는 채로 그것을 뒤 절의 사실과 관련시키는 데 쓰는 연결 어미.
(예시) 저번에 먹었던 국수가 얼마나 맛있**던지** 아직도 생각이 난다.

-든지 여러 동작이나 대상 중에 어느 것을 선택해도 상관이 없음을 나타내는 연결 어미.
(예시) 다음에 만날 때에는 밥을 먹**든지** 차를 마시**든지** 하자.

✧ -대 | -데

-대 '-다고 해'가 줄어든 말.
(예시) 이번 축제에는 곤충 그리기 활동도 할 수 있**대**.

-데 말하는 사람이 과거에 직접 경험한 사실을 현재에 그대로 옮겨 와서 말함을 나타내는 종결 어미.
(예시) 어제 축제에서 아이들이 웃는 것을 보니 참 뿌듯하고 좋**데**.

✧ -러 | -려

-러 가거나 오거나 하는 동작의 목적을 나타내는 연결 어미.
(예시) 어머니는 채소를 사**러** 시장에 가셨다.

-려 어떤 행동을 할 의도나 욕망을 가지고 있음을 나타내는 연결 어미.
(예시) 나는 아랫목에 누워 어머니를 기다리**려** 했다.

✧ -로서 | -로써

-로서 지위나 신분 또는 자격을 나타내는 격 조사.
(예시) 친구**로서** 그 애의 이야기를 모두 들어 주었다.

-로써 어떤 일의 수단이나 도구를 나타내는 격 조사.
(예시) 배우는 연기**로써** 관객과 소통한다.

✧ 막역하다 | 막연하다

막역하다 허물이 없이 아주 친하다.
(예시) 우리는 언제 보아도 어색하지 않은 **막역한** 사이이다.

막연하다 갈피를 잡을 수 없게 아득하다.
(예시) 지금 헤어지면 언제 다시 만날지 **막연하다**.

✧ 마치다 | 맞추다 | 맞히다

마치다 하던 일이나 과정이 끝나다. 또는 그렇게 하다.
(예시) 무사히 시험을 **마쳤다**.

맞추다 둘 이상의 대상을 같이 놓고 비교하여 살피다.
(예시) 짝꿍과 나는 서로 생각한 답이 맞는지 **맞추어** 보았다.

맞히다 문제에 대한 답을 옳게 대다.
(예시) 우리 둘 다 정답을 **맞혔다**.

✧ 바라다 | 바래다

바라다 어떤 일이 이루어졌으면 하고 생각하다.
(예시) 친구에게 편지를 쓰며 친구가 얼른 낫기를 **바랐다.**

바래다 볕이나 습기를 받아 색이 변하다.
(예시) 편지지를 서랍에 오랫동안 넣어 두었더니 편지지의 색이 **바랬다.**

✧ 받다 | 밭다

받다 다른 사람이 주거나 보내오는 물건 따위를 가지다.
(예시) 식목일에 화분을 선물 **받아서** 멋지게 가꾸었다.

밭다 시간이나 공간이 다붙어 몹시 가깝다.
(예시) 다락은 천장과 바닥 사이의 공간이 **밭아서** 불편하다.

✧ 보안 | 보완

보안 안전을 유지함.
(예시) 문서의 **보안**이 중요하여 생체 인식 시스템을 도입하였다.

보완 모자라거나 부족한 것을 보충하여 완전하게 함.
(예시) 부족한 서류를 **보완**하기 위해 행정복지센터에 들렀다.

✧ 배다 | 베다

베다 누울 때, 베개 따위를 머리 아래에 받치다.
(예시) 나무 그늘 아래 팔을 **베고** 누웠다.

배다 스며들거나 스며 나오다.
(예시) 다시마를 사용해야 국물에 깊은 맛이 **배고** 감칠맛이 난다.

✧ 실재 | 실제

실재 실제로 존재함.
(예시) 그 소설 속의 인물이 **실재**하는지에 대해 작가는 대답하지 않았다.

실제 있는 그대로의 상태나 사실.
(예시) 지진 대피 훈련은 **실제**로 일어난 것처럼 진행되었다.

✧ 아름 | 알음

아름 둘레의 길이를 나타내는 단위.
(예시) 나무의 둘레는 세 **아름**이나 되었다.

알음 사람끼리 서로 아는 일.
(예시) 사진 속 인물과 나는 **알음**이 있는 사이이다.

✧ 어떻다 | 어떡하다

어떻다 생각, 느낌, 상태, 형편 등이 어찌 되어 있다. '어떠하다'의 준말이다.
(예시) 요즘 **어떻게** 지내는지 궁금하다. / 주문한 음식이 남았는데 **어떻게** 하지?

어떡하다 '어떠하게 하다'가 줄어든 말.
(예시) 도와줄 사람이 없어서 **어떡해**. / 이 길로 가면 늦을 것 같은데 **어떡하지**?

✧ 왠지 | 웬

왠지 왜 그런지 모르게. 또는 뚜렷한 이유도 없이.
(예시) 싫어하던 떡이 **왠지** 맛있게 느껴졌다.

웬 어찌 된. 또는 어떠한.
(예시) 이게 **웬** 떡이냐.

✧ 자처하다 | 자청하다

자처하다 자신을 어떤 사람이라고 여겨 스스로 그렇게 행동하다.
(예시) 학부모들은 아이들의 안전을 위해 자발적으로 등교 도우미를 **자처했다**.

자청하다 스스로 어떤 일을 하겠다고 나서다.
(예시) 강아지는 길 안내를 **자청하는** 듯이 앞장서서 걸어갔다.

✧ 좇다 | 쫓다

좇다 목표, 이상, 행복 등을 추구하다.
(예시) 화가는 최고가 되겠다는 목표를 **좇아** 도전해 왔다.

쫓다 어떤 대상을 잡거나 만나기 위하여 뒤를 급히 따르다.
(예시) 나는 다람쥐를 **쫓아** 산을 오르다가 정상에 다다랐다.

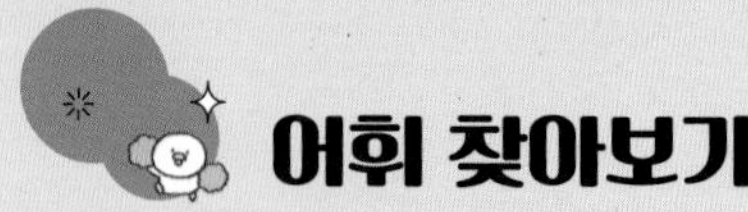

어휘 찾아보기

ㄱ

가계 124
가산세 134
가속화 170
가슴을 뒤흔들다 45
가슴을 펴다 45
가슴이 무너져 내리다 45
가슴이 미어지다 45
가슴이 아리다 45
가슴이 트이다 45
가치관 34
가획 111
가히 67
간을 졸이다 159
간이 떨어지다 159
간이 서늘하다 159
간이 오그라들다 159
간이 작다 159
간이 철렁하다 159
간절하다 36
간접세 132
간행 126
감정 74
감정적 143
갈등 60
갈망 142
감탄사 106
갑절 55
개도 주인을 알아본다 83
개량종 169
개 발에 편자 83
개인적 상징 16
개천 61
개체 168
거느리다 67
건방지다 67
걸출하다 138
격노하다 73
격분하다 73
격정 11
견강부회 29
겸연쩍다 49, 73
겹받침 111
경금속 176
경기 128
경범죄 130
경사면 181
경수필 34
경위 62
경제 주체 125
경청 94
계산되다 131
계절적 배경 60
계획하다 67
고갈 170
고깝다 49
고유어 104
고정 관념 73
고혈 67
고혈을 짜다 67
골 74
골똘하다 11
곯는다 82
곱절 55
공감각 148
공고 110
공공재 124
공과금 125
공급 170
공동체 92
공생 29
공유 87
공정성 93
공치사 49
공포 110
과의존 137
과잉 140
과장 12
관계언 106
관념 28
관대하다 15
관례 149
관습 149
관습적 상징 16
관점 60
관포지교 17
관형사 106
교감 140
교만 32
교묘하다 55
교섭 143
교섭 단체 143
구도 148
구르는 돌은 이끼가 안 낀다 197
구름이 자주 끼면 비가 온다 197
구성 54, 86
구성 요소 86
구제 136
구체적 149
구호 136
구호 단체 136
군림하다 144
굳건하다 12
굵다 24
궐련 82
귀양 30
규범 137
그러쥐다 11
극지 180
근거 96
근본 67
근절 168
금기 위반 54
급감하다 175
급증하다 175
기개 30
기묘하다 55

기반 138
기절초풍 30
기점 149
기탄없다 99
기피 142
기피 시설 142
기획 86
깜찍하다 52
꽃비 26
꾸중 74
꾸짖다 11

ㄴ

나무라다 11
나열하다 148
낙담하다 35
낙숫물이 댓돌을 뚫는다 197
낙심하다 35
남루하다 55
납부 125
납세 131
내레이션 87
내륙 180
내재율 10
내적 갈등 60
내포 22
내향적 143
냉각 150
냉기 18
너저분하다 55
너절하다 55
노잣돈 62
노폐물 163
녹음 17
논의 92
논제 92
누리 소통망 88
누진 131
누진세 131
누추하다 55
느닷없이 14, 35
느물거리다 49
능글맞다 49

ㄷ

단 17
단속 130, 172
단열재 150
달도 차면 기운다 197
달이다 187
닭 쫓던 개 지붕 쳐다보듯 83
담화 98
담화의 구성 요소 98
당최 82
대거리 49
대류 174
대륙 180
대립 73
대명사 106
대본 72
대부 144
대사 163
대여 144
대역 186
대치 73
덕성 29
덧없다 35
도모하다 67
도무지 61
도랑 61
도래하다 125
도리 137
도시 61
도지다 11
도체 188
도탑다 35
독립언 106
돈독하다 35
돌연 35
동구 62
동년 18
동사 106
동선 86
동음이의어 104
동의 138
동조하다 99
동파 152
두엄 29
뒤꼍 61
뒤뜰 61
뒷받침하다 137
득득 23
들볶다 11
들창 61
딜레마 137
땔감 64
똥 묻은 개가 겨 묻은 개 나무란다 83

ㄹ

롱 숏 86

ㅁ

마지못하다 138
막 72
막역지간 17
말로 온 공을 갚는다 121
말 많은 집은 장맛도 쓰다 121
말 안 하면 귀신도 모른다 121
말은 보태고 떡은 뗀다 121
말이 고마우면 비지 사러 갔다가 두부 사 온다 121
말이란 아 해 다르고 어 해 다르다 121
망연자실 35
매다 29
매스껍다 24
매장 170
매진 71
매체 88
맥 52
맥락 98
맹랑하다 50

맹목적 142
멋쩍다 49
면담 92
면적 180
멸종 168
명사 106
모 61
모독하다 73
모바일 페이 126
모욕하다 73
모종 61
모질다 12
모티프 54
목 61
목적어 106
몰입하다 142
못자리 17
몽타주 87
무궁무진 35
무대 지시문 72
무분별하다 99
무비판적 142
무상 131
무상 교육 131
무상하다 35
무성하다 23
무안하다 73
무조건적 142
무진장 35
무해하다 163
묵묵히 12
문자 언어 87
물어뜯다 11
물질문화 36
뭇짐승 58
미닫이 61
미루다 150
미생물 187
미지 180
밀렵 168
밀반출 144

ㅂ

바탕 67
박멸하다 169
반도체 188
반성 34
반어 22
반의어 104
반입 144
반출 144
반포 110
받침소리 111
발간 126
발본색원 168
발음 기관 110
발행 126
발화 98
발효 187
방관 175
방류 175
방언 104
방역 163
방자하다 67
방전되다 188
방치 175
배경 60
배설하다 162
배수구 150
배수로 150
배양 175
배정하다 175
배척 94
배출하다 162
배포하다 88
배회하다 67
범칙금 130
법안 130
법인 130
벼 이삭은 익을수록 고개를 숙인다 197
변모 149
변용되다 58
병서 115
병행하다 176
보복 50
보편화 126
보행자 131
보험 131
복수 50
복리 132
복지 132
복지 국가 132
복합적 91
부사 106
부산물 176
부산하다 23
부유 176
부임 68
부정부패 29
부합하다 144
분개 73
분노 73
분배 124
분별하다 99
분분하다 23
분석 100
분수 68
분주하다 23
불가피하다 138
불모지 181
불특정 138
불특정 다수 138
불현듯 35
블로그 88
비교·대조 100
비단 55
비범하다 68
비언어적 표현 94
비옥하다 169
비 온 뒤에 땅이 굳어진다 197
비유 16
비준되다 136
비탈면 181
빠드러지다 55

ㅅ

사건 54
사고 35
사상 36
사설시조 28
사유 35
사조 148
사회·문화적 맥락 98
사회 방언 104
사회성 105
사회 시스템 136
사회적 약자 158
삭정이 61
산란 169
산물 144
삼가다 99
삼인칭 48
상부상조 29
상속 132
상용화 126
상징 16
상처 62
상충 120
상형 110
상황 맥락 98
색안경을 쓰다 99
생경하다 55
생산 124
생색 49
생색내다 49
생존 169
생채기 62
서당 개 삼 년에 풍월을 읊는다 83
서비스 125
서술어 105
서술자 48
서슬 56
서슬이 푸르다 56
서식지 169
선례 119
선입견 73
설왕설래 74
섭취 162
성마르다 49
성수기 18
성 역할 76
성찰 34
성품 32
성화 73
소득 격차 132
소득 불평등 132
소득 양극화 132
소음 186
속절없이 56
손발을 맞추다 50
손쉽다 150
손이 맞다 50
송출하다 188
쇠락하다 136
쇠퇴하다 136
숏 86
수사 106
수식언 106
수심 181
수어지교 17
수요 170
수용 94
수월하다 150
수필 34
순발력 164
스산하다 62
스토리보드 87
승인되다 136
시나리오 72, 87
시내 61
시대적·사회적 배경 60
시스템 136
시어 16
시장 125
시장 경제 125
시점(視點) 48, 60
시점(時點) 48
시정 173
시조 28
신뢰성 93
신조어 105
실랑이 74
실명 90
실상 93
실업률 137
실질 형태소 112
실태 93
실팍하다 56
실효성 174
심경 74
심술 74
심정 74
심통 74
쌍받침 111
쌩이질 50

ㅇ

아득히 23
아랫목 17
아련히 20
아무개 17
아부 29
아전인수 29
아첨 29
아치형 150
악성 댓글 76
악용하다 137
안위 29
알은체 50
암암리 36
앙갚음 50
양면성 150
양상 62
어간 112
어귀 62
어근 112
어두 112
어리다 23
어말 112
어미 112
어절 111
언어적 표현 94

여닫이 61
여비 62
여울 17
역겹다 24
역사성 105
역설(逆說) 22
역설(力說) 22
역정 74
열거하다 148
열량 162
열망 142
열중하다 142
영상 매체 88
영상 언어 87
영웅의 일대기 구조 66
예시 100
예찬하다 149
오버랩 87
오용하다 137
옥신각신 74
온난화 174
온실가스 174
옹졸하다 74
완화하다 163
외국어 104
외래어 104
외래종 169
외적 갈등 60
외향적 143
외형률 10
요소 158
요약 100
욕구 146
용언 106
우려내다 187
우연성 66
우울하다 74
운석 181
운율 10
울적하다 74
원산지 170
원유 166
원주민 137
원형적 상징 16
위선 26
윗목 17
유년 18
유대감 93
유배 30
유빙 181
유상 131
유용(有用)하다 187
유용(流用)하다 187
유의어 104
유전(油田) 170
유전(遺傳) 170
유통 126
유포하다 88
유해하다 163
으스스하다 62
은연중 36
은유 16
을씨년스럽다 62
음가 112
음성 언어 87
음역 186
음절 112
음폭 186
응집성 100
의연(依然)하다 12
의연(毅然)하다 12
의존 137
의중 14
이주민 137
익명성 88
익숙하다 55
인륜대사 27
인생관 34
인서트 87
인쇄 매체 88
인식하다 131
인신공격 94
인신공격의 오류 94
인정스레 12
인지하다 131
인칭 48
인터뷰 92
인프라 138
일다 18
일대기 66
일대기적 구성 66
일반화 126
일인칭 48
일치하다 144
임대 144
입신양명 68

ㅈ

자 18
자산 125
자생 169
자의성 105
자의적 105
자정 93
자제 94
자제하다 143
자초지종 62
자화자찬 30
잔망스럽다 50
잘다 24
잠재적 143
장 72
장면 번호 87
재구성 54
재래종 169
재원 132
재화 125
저작물 88
적강 54
적립하다 144
전개 100
전기 66
전기적 66
전날 18
전류 188
전멸 32
전압 188
전파하다 88
전하 188

절개 30
절제하다 143
절충안 93
접미사 112
접속 표현 100
접지 188
정서 10
정신문화 36
정의 100
정제(精製) 162
정제(整齊) 162
정형시 28
제정 134
제철 18
조급하다 49
조류 148
조리다 187
조바심 59
조사 106
조산대 181
조산 운동 181
조절하다 143
조형성 149
종성 111
좌시 175
주어 105
주저거리다 50
주제 92
주체 125
죽 쑤어 개 준다 83
준거 126
준언어적 표현 94
줄행랑 33
중금속 176
중성 111
중수필 34
중화하다 188
증발하다 175
증식하다 187
증진하다 164
증후군 164
지각(知覺) 164
지각(地殼) 182
지경 62
지구력 164
지극하다 36
지시문 72
지시 표현 100
지양 143
지역 방언 104
지연하다 150
지원하다 137
지조 30
지질 182
지천 24
지층 182
지향 143
지형 182
직유 16
직접세 132
진동하다 24
진솔하다 100
진퇴양난 137
진화 163
질병 164
질책 99
질환 164
징세 131
쭈뼛거리다 50

ㅊ

찬미하다 149
창의성 105
창제 110
창조성 105
책망 74
처량하다 74
처사 27
척 18
척결 168
척박하다 169
천방지축 36
철 18
철학 36
첨단 138
청렴결백 29
청백리 30
청자 48
체언 106
초고 100
초성 111
초음파 186
촉매제 150
추산되다 131
추상적 149
축적하다 144
출발점 149
출세 68
출처 90
충동적 143
측면 138
치뜨다 56
치안 132
칠칠찮다 24
칠칠하다 24
침식 182

ㅋ

칼로리 162
클로즈업 87

ㅌ

타개하다 176
타결 146
타당성 93
탁월하다 138
탄식 68
탈바꿈 149
탈세 132
탐관오리 30
탐닉하다 143
토론 93
토의 93

통각 164
통솔하다 67
통일성 100
퇴적물 182
퇴화 163
툭기다 12
특정 138

ㅍ

파식 182
파식 대지 182
패러디 54
편견 99
편성하다 36
평범하다 68
평탄하다 182
페이드아웃 87
페이드인 87
폐기물 176
포탈 132
포함하다 163
포효하다 56
표준 126
품사 106
풍자 28
필연성 66, 105

ㅎ

하롱하롱 24
하릴없이 56
한기 18
한자어 104
한창 18
한철 18
한탄 68
할당하다 175
할애하다 126
함유하다 163
함축 22
합리적 93
합병증 164
합성 111
합의 138
해류 181
해저 182
행동 지시문 72
허세 30
허심탄회 99
허위(虛僞) 88
허위(虛威) 88
허장성세 30
허풍 12
헤아리다 12
협력 99
협상 143
협조 99
형식 형태소 112
형용사 106
형편 62
호령 68
호송 68
혼비백산 30
혼사 장애 54
홀연히 68
홉뜨다 56
화자 10, 48
확신 120
환수 144
환태평양 184
황공하다 50
황무지 181
황송하다 50
회복 20
회수 144
회수하다 176
획 111
후일 18
흉물 24
흉흉하다 56
흠모 70
희곡 72
희귀종 169
희로애락 38

중등 도서안내

비주얼 개념서

룩 LOOK

이미지 연상으로 필수 개념을 쉽게 익히는
비주얼 개념서

국어 문학, 문법
역사 ①, ②

필수 개념서

올리드

자세하고 쉬운 개념,
시험을 대비하는 특별한 비법이 한가득!

국어 1-1, 1-2, 2-1, 2-2, 3-1, 3-2
영어 1-1, 1-2, 2-1, 2-2, 3-1, 3-2
수학 1(상), 1(하), 2(상), 2(하), 3(상), 3(하)
사회 ①-1, ①-2, ②-1, ②-2
역사 ①-1, ①-2, ②-1, ②-2
과학 1-1, 1-2, 2-1, 2-2, 3-1, 3-2

* 국어, 영어는 미래엔 교과서 관련 도서입니다.

국어 독해·어휘 훈련서

수능 국어 독해의 자신감을 깨우는
단계별 훈련서

독해 0_준비편, 1_기본편, 2_실력편, 3_수능편
어휘 1_종합편, 2_수능편

영문법 기본서

GRAMMAR BITE

중학교 핵심 필수 문법 공략,
내신·서술형·수능까지 한 번에!

문법 PREP
Grade 1, Grade 2, Grade 3
SUM

영어 독해 기본서

READING BITE

끊어 읽으며 직독직해하는
중학 독해의 자신감!

독해 PREP
Grade 1, Grade 2, Grade 3
PLUS (수능)

중등 국어

어휘 1

종합편

쪽지 시험+ 바른답·알찬풀이

Mirae N 에듀

어휘 종합편 1

쪽지 시험 …… 2쪽

바른답 · 알찬풀이 …… 12쪽

1주차

쪽지 시험

월 일 | 맞은 개수 / 15개

[01~03] 다음 어휘의 뜻으로 알맞은 것을 고르시오.

01 화자

(1) 시 속에서 듣는 사람. ( )

(2) 시 속에서 말하는 사람. ( )

02 덕성

(1) 어질고 너그러운 성질. ( )

(2) 편안함과 위태함을 아울러 이르는 말. ( )

03 성찰

(1) 자기의 마음을 반성하고 살핌. ( )

(2) 일이 뜻대로 되지 않아 마음이 몹시 상함. ( )

[04~06] 다음 밑줄 친 어휘의 뜻을 〈보기〉에서 찾아 그 기호를 쓰시오.

보기

㉠ 말이나 글이 많은 뜻을 담고 있음.

㉡ 신념, 신의 등을 굽히지 아니하고 굳게 지키는 꿋꿋한 태도.

㉢ 서로 거스르지 않는 사이라는 뜻으로, 허물없는 아주 친한 사이를 이르는 말.

04 그와 나는 어려서부터 막역지간으로 지내온 아주 친한 사이이다. ( )

05 시어는 일상어와 달리 하나의 시어가 여러 의미를 함축하고 있기도 하다. ( )

06 예로부터 대나무와 소나무는 지조와 절개를 상징하는 소재로 사용되었다. ( )

◐ 바른답 · 알찬풀이 32쪽

[07~08] 다음 문장에 알맞은 어휘를 고르시오.

07 '결별이 이룩하는 축복'은 성숙한 만남을 위해 이별이 필요하다는 (반어 / 역설)적 표현이다.

08 일반적으로 비둘기는 평화를, 해는 희망을, 네 잎 클로버는 행운을 (상징 / 풍자)하는 소재로 쓰인다.

[09~11] 다음 빈칸에 들어갈 어휘를 찾아 연결하시오.

09 실패를 두려워하지 않고 (　　　) 태도를 보이는 동생을 보고 있자니 믿음직스러웠다. •

10 그들은 헤어진 지 오래 되었지만 여전히 연락을 주고받으며 (　　　) 관계를 유지하고 있다. •

11 운동장에서 놀다가 손목시계를 잃어버리는 바람에 어머니께 (　　　) 행동을 했다며 야단을 맞았다. •

• ㉠ 돈독한

• ㉡ 의연한

• ㉢ 칠칠치 못한

[12~15] 다음 빈칸에 들어갈 어휘를 〈보기〉에서 골라 알맞게 쓰시오.

보기			
망연자실	아전인수	자화자찬	탐관오리

12 [　　　　]의 횡포가 심해질수록 백성들의 원성은 높아져 갔다.

13 해외 여행 중 여권을 잃어버린 그는 [　　　　]하지 않을 수 없었다.

14 자신이 만든 작품이 최고라며 [　　　　]하는 그녀의 모습에 모두 할 말을 잃었다.

15 그는 자신의 의도에 맞는 연구 결과만 [　　　　] 격으로 인용하여 학계의 비난을 샀다.

2주차

쪽지 시험

월 일 | 맞은 개수 / 15개

[01~03] 다음 빈칸에 들어갈 어휘를 찾아 연결하시오.

01 그는 속이 옅고 (　　　) 성격이라서 조그만 일에도 금방 화를 내고 토라진다. •

02 동생은 어린아이임에도 불구하고 집안일을 꼼꼼히 챙기는 (　　　) 데가 있다. •

03 그의 (　　　) 옷차림과 피곤에 절어 있는 얼굴 표정을 보니 안쓰러운 마음이 들었다. •

• ㉠ 누추한

• ㉡ 옹졸한

• ㉢ 잔망스러운

[04~06] 밑줄 친 어휘의 뜻을 〈보기〉에서 찾아 그 기호를 쓰시오.

보기

㉠ 기이하여 세상에 전할 만한. 또는 그런 것.
㉡ 서로 옳으니 그르니 하며 다툼. 또는 그런 행위나 모양.
㉢ 잘 변하지 아니하는, 행동을 주로 결정하는 확고한 의식이나 관점.

04 그들은 사소한 일로 각자 자신의 주장만이 옳다며 옥신각신하며 실랑이를 벌였다. (　　　)

05 간호사는 여자가, 용접공은 남자가 한다는, 직업에 대한 고정 관념이 깨어진 지 오래이다. (　　　)

06 고전 소설에는 주인공이 축지법과 도술을 부리는 등 현실에서 일어나기 어려운 전기적인 요소들이 많이 나온다. (　　　)

[07~08] 다음 밑줄 친 어휘의 쓰임이 맞으면 ○표, 틀리면 ×표 하시오.

07 신중하지 못한 성격 때문에 매사에 실수가 잦은 그는 부모님으로부터 책망을 듣곤 했다. (　　　)

08 큰돈을 번 그는 성공한 사람답게 남루한 행색을 하고 돌아와 고향 사람들의 환대를 받았다. (　　　)

[09~10] 다음 밑줄 친 어휘의 뜻으로 알맞은 것을 고르시오.

09 그는 이제까지 일어난 일의 자초지종을 조금도 빠짐없이 낱낱이 이야기하였다.

(1) 끝이 없고 다함이 없음. ( )

(2) 처음부터 끝까지의 과정. ( )

10 홍길동은 서자라는 신분으로 인해 입신양명의 꿈을 이루지 못하게 됨을 안타까워하였다.

(1) 출세하여 이름을 세상에 떨침. ( )

(2) 자기가 한 일을 스스로 자랑함. ( )

[11~12] 제시된 초성을 참고하여 빈칸에 들어갈 알맞은 단어를 쓰시오.

11 **ㅎㄹㅇㅇ**: 달리 어떻게 할 도리가 없이.

→ 자꾸 나가자고 보채는 동생 때문에 ( ) 나갈 채비를 하는 수밖에 없었다.

12 **ㅇㅇㅊ**: 어떤 일에 관심을 가지는 듯한 태도를 보임.

→ 오지랖이 넓은 그는 남의 일에 사사건건 ( )을/를 하며 감 놔라 대추 놔라 한다.

[13~15] 다음 빈칸에 들어갈 어휘를 〈보기〉에서 골라 알맞게 쓰시오.

보기		
희곡	모티프	서술자

13 소설 속 이야기는 [ ]이/가 일인칭 주인공 시점으로 말할 때 더욱 솔직해진다.

14 ○○시 시립 극단은 이번 공모전에서 당선된 창작 [ ](으)로 연극을 준비하고 있다.

15 이번에 대중들로부터 높은 관심을 받은 드라마는 모두 권선징악 [ ]을/를 차용하였다.

3주차

쪽지 시험

월 일 | 맞은 개수 / 15개

[01~03] 다음 어휘의 뜻으로 알맞은 것을 고르시오.

01 몽타주

(1) 따로따로 촬영한 장면을 적절하게 떼어 붙여서 새로운 내용으로 만드는 것. ( )

(2) 카메라를 찍을 대상으로부터 멀리 하여 전체적인 경치를 모두 찍을 수 있도록 하는 촬영 방법. ( )

02 토론

(1) 따돌리거나 거부하여 밀어 내침. ( )

(2) 어떤 문제에 대하여 여러 사람이 각각 의견을 말하며 논의함. ( )

03 통일성

(1) 문장이 형식적으로 긴밀하게 연결되는 것. ( )

(2) 다양한 요소들이 있으면서도 전체가 마치 하나와 같이 느껴지는 성질. ( )

[04~05] 제시된 초성을 참고하여 빈칸에 들어갈 알맞은 단어를 쓰시오.

04 ㅇㄹㅇ: 외국에서 들어와 우리말처럼 쓰이는 말.

→ 외국 문물과 함께 들어온 ( )을/를 지나치게 사용하면 우리말이 혼탁해진다.

05 ㅅㅎㅅ: 언어가 그 언어를 사용하는 사람들 사이의 사회적 약속이어서, 한 개인이 마음대로 바꿀 수 없는 특성.

→ '책상'을 '공책', '의자'를 '연필'이라고 바꿔 말하면 의사소통이 어려워지는 것은 언어의 ( ) 때문이다.

[06~07] 다음 문장에 알맞은 어휘를 고르시오.

06 '돌담에 속삭이는 햇발같이'는 3 (어절 / 음절)로 이루어진 시행이다.

07 청중의 관심을 끌며 연설을 할 때에는 시선, 손짓, 표정과 같은 (비언어적 표현 / 준언어적 표현)을 효과적으로 활용해야 한다.

[08~10] 다음 밑줄 친 어휘의 뜻을 〈보기〉에서 찾아 그 기호를 쓰시오.

보기

㉠ 사물의 이치에 맞는 옳은 성질.
㉡ 서로 밀접하게 연결되어 있는 공통된 느낌.
㉢ 어떤 작용을 한쪽에서 다른 쪽으로 전달하는 물체. 또는 그런 수단.

08 친근감 있는 대화를 통해 오늘 처음 보는 사람과도 남다른 <u>유대감</u>을 형성할 수 있다. (   )

09 토론을 할 때 자기 주장의 <u>타당성</u>을 증명하기 위해서는 적절한 근거를 제시해야만 한다. (   )

10 신문, 라디오, 인터넷과 같은 대중 <u>매체</u>를 활용하여 정보를 공유하고 지식을 습득하기도 한다. (   )

[11~12] 다음 빈칸에 들어갈 어휘를 찾아 연결하시오.

11 그는 자신의 속마음을 (   )하게 털어놓았다. •   • ㉠ 인신공격

12 근거 없는 (   )(으)로 일상생활에 어려움을 겪는 사람들이 늘어나고 있다. •   • ㉡ 허심탄회

[13~15] 다음 빈칸에 들어갈 어휘를 〈보기〉에서 골라 알맞게 쓰시오.

보기

반포   방언   익명성

13 고향에 돌아가서 친구들과 만난 반가움에 나도 모르게 [   ]을/를 사용하였다.

14 한글날은 세종 대왕의 훈민정음 [   ]을/를 기념하기 위한 국경일이다.

15 인터넷 매체의 [   ]을/를 악용하여 불법 활동을 하거나 악성 댓글을 쓰는 행위가 사회 문제가 되고 있다.

4주차

쪽지 시험

월 일 | 맞은 개수 / 15개

[01~03] 다음 어휘의 뜻을 찾아 연결하시오.

01 관습 •

02 재원 •

03 공공재 •

• ㉠ 재화나 자금이 나올 원천.

• ㉡ 일반 대중이 공동으로 사용하는 시설.

• ㉢ 어떤 사회에서 오랫동안 지켜 내려와 그 사회 성원들이 널리 인정하는 질서나 풍습.

[04~06] 다음 밑줄 친 어휘의 뜻을 〈보기〉에서 찾아 그 기호를 쓰시오.

보기

㉠ 일상적으로 쓰이게 됨. 또는 그렇게 되게 함.

㉡ 인간이 행동하거나 판단할 때에 마땅히 따르고 지켜야 할 가치 판단의 기준.

㉢ 어떤 사물이 직접 경험하거나 지각할 수 있는 일정한 형태와 성질을 갖추고 있지 않은. 또는 그런 것.

04 원만한 사회 생활을 위해서는 정해진 사회 규범을 지켜 나가야 한다. (　　　)

05 그 제약 회사에서는 치매 약 상용화를 앞두고 시장의 동향을 주시하고 있다. (　　　)

06 그 화가는 사물을 사실대로 재현하지 않고 점이나 선 등을 활용한 추상적인 그림을 그려 유명해졌다. (　　　)

[07~08] 제시된 초성을 참고하여 빈칸에 들어갈 알맞은 단어를 쓰시오.

07 **ㅁㅁㅈ**: 주관이나 원칙이 없이 덮어놓고 행동하는. 또는 그런 것.

→ 서구 문화를 (　　　　　)(으)로 받아들이고 추종하는 것은 바람직하지 않다.

08 **ㅊㅁㅈ**: 어떤 일을 유도하거나 변화하게 하는 계기를 비유적으로 이르는 말.

→ 주 5일 근무제는 국내 여행을 활성화하는 데 (　　　　　) 역할을 하고 있다.

[09~10] 다음 밑줄 친 어휘의 쓰임이 맞으면 ○표, 틀리면 ×표 하시오.

09 교통 법규를 위반하여 기일 내에 범칙금을 부과하라는 고지서를 받았다. ( )

10 국세청은 이중 장부를 작성하여 악의적으로 세금 수억 원을 탈세한 기업가를 수사하고 있다. ( )

[11~13] 다음 빈칸에 들어갈 어휘를 〈보기〉에서 골라 알맞게 쓰시오.

보기

군림하다 찬미하다 할애하다

11 훌륭한 예술 작품들은 대대로 그 아름다움을 [ ] 소리가 그치지 않는다.

12 정부에서는 이번 연도에 교육 부분에 많은 예산을 [ ] 예정이라고 한다.

13 그는 해마다 기량이 상승하여 앞으로도 오랫동안 일인자로 [ ] 만한 선수이다.

[14~15] 다음 밑줄 친 어휘의 뜻으로 알맞은 것을 고르시오.

14 경기가 회복되면 실업률도 점차적으로 감소하게 된다.

(1) 직장을 옮기는 사람들의 비율. ( )

(2) 일할 생각과 능력을 가진 인구 가운데 실업자가 차지하는 비율. ( )

15 우리나라가 앞으로 지향해야 할 복지 국가의 유형에 대한 토론이 있었다.

(1) 더 높은 단계로 오르기 위해 어떠한 것을 하지 아니함. ( )

(2) 어떤 목표로 뜻이 쏠리어 향함. 또는 그 방향이나 그쪽으로 쏠리는 의지. ( )

5주차

쪽지 시험

월 일 | 맞은 개수 / 15개

[01~03] 다음 어휘에 해당하는 뜻을 고르시오.

01 외래종

(1) 다른 나라에서 들어온 씨나 품종. ( )

(2) 드물어서 매우 진귀한 물건이나 품종. ( )

02 부산물

(1) 많이 덮쳐 쌓인 물건. ( )

(2) 주산물의 생산 과정에서 더불어 생기는 물건. ( )

03 도체

(1) 상온에서 전기 전도율이 도체와 절연체의 중간 정도인 물질. ( )

(2) 열 또는 전기의 전도율이 비교적 큰 물체를 통틀어 이르는 말. ( )

[04~06] 밑줄 친 어휘의 뜻을 〈보기〉에서 찾아 그 기호를 쓰시오.

보기

㉠ 물 위에 떠내려가는 얼음덩이.
㉡ 눈으로 볼 수 없는 아주 작은 생물.
㉢ 어떤 질병에 곁들여 일어나는 다른 질병.

04 병을 치료하지 않고 방치하면 생체 저항력이 떨어져 합병증이 발생할 수도 있다. ( )

05 북극해를 떠다니는 유빙은 북극해의 가장자리에서 생기며 두께가 2m나 된다고 한다. ( )

06 병원균 또는 유익균의 양면성을 가지고 있는 미생물은 우리 삶과 밀접하게 연관되어 있다. ( )

[07~08] 다음 문장에 알맞은 어휘를 고르시오.

07 어둡고 습한 곳에는 곰팡이가 (증발 / 증식)할 수 있다.

08 우리나라는 토착형 말라리아 퇴치를 위한 적극적인 (박멸 / 완화) 사업을 벌였다.

[09~10] 제시된 초성을 참고하여 빈칸에 들어갈 알맞은 단어를 쓰시오.

09 **ㅈㅈ**: 물질에 섞인 불순물을 없애 그 물질을 더 순수하게 함.

→ 원유를 ( )한 후 가공하면 수백 가지 유용한 상품을 만들 수 있다.

10 **ㅂㅁㅈ**: 어떠한 사물이나 현상이 발달되어 있지 않은 곳. 또는 그런 상태를 비유적으로 이르는 말.

→ 우주 산업 ( )(으)로 불렸던 우리나라는 피나는 노력으로 우리 위성을 쏘아 올렸다.

[11~13] 다음 빈칸에 들어갈 어휘를 찾아 연결하시오.

11 두부는 단백질이 많이 ( ) 식품이다. • • ㉠ 비옥한

12 각자의 몫으로 ( ) 밀가루로 빵을 만들었다. • • ㉡ 할당된

13 풀조차 자라지 않던 척박한 땅이 ( ) 농토로 바뀌었다. • • ㉢ 함유된

[14~15] 다음 밑줄 친 어휘의 뜻으로 알맞은 것을 고르시오.

14

> 네 명은 족히 앉을 듯한 긴 의자가 평탄한 길가에 놓여 있다.

(1) 바닥이 평평하다. ( )

(2) 마음이 편하고 고요하다. ( )

(3) 일이 순조롭게 되어 나가는 데가 있다. ( )

15

> 조직 배양 기술은 시험관과 같은 배지에서 식물을 대량으로 증식할 때 이용된다.

(1) 식물을 북돋아 기름. ( )

(2) 인격, 역량, 사상 따위가 발전하도록 가르치고 기름. ( )

(3) 인공적인 환경을 만들어 동식물 세포와 조직의 일부나 미생물 따위를 가꾸어 기름. ( )

01일 현대시와 관련한 어휘 ❶ 13~15쪽

01 해설 참조	**02** 도지기	**03** 모질게
04 퉁기는	**05** 골똘하게	**06** 격정
07 운율	**08** 인정스레	**09** 허풍
10 헤아리기	**11** 그러쥐고	**12** ②
13 ⑤	**14** ③	**15** (2) ○

01

몇	(10)화	자	도	적	조	복	(3)헤	군
함	년	몰	황	항	정	제	아	두
우	(9)정	리	소	목	(6)운	율	리	수
금	읍	서	머	(5)그	러	쥐	다	국
책	식	임	선	(8)들	볶	다	녀	조
(2)의	연	하	다	감	원	(1)묵	묵	히
유	남	배	그	히	나	(7)허	알	롱
중	(4)나	무	라	다	름	란	풍	래

04 현악기인 하프의 줄을 당겼다 놓는 모습이라는 의미가 되도록 '기타, 하프와 같은 현악기의 현을 당겼다 놓아 소리가 나게 하다.'라는 뜻인 '퉁기다'를 활용한 '퉁기다'로 쓰는 것이 적절하다.

12 '유쾌한', '쓸쓸한'은 모두 감정이나 기분을 나타내는 어휘이므로 '화자가 시적 대상이나 시적 상황에 대해 갖는 감정이나 기분.'을 뜻하는 '정서'가 공통으로 들어가기에 적절하다.

✦ **개념어 더보기**

시적 허용	시인이 의도하는 것을 드러내기 위해 띄어쓰기나 맞춤법 등에 어긋나는 표현을 쓰는 것.
패러디	특정 작품의 소재나 작가의 문체를 흉내 내어 익살스럽게 표현하는 수법.

13 '막연하다'는 '갈피를 잡을 수 없게 아득하다.'라는 뜻이므로 '의지가 굳세어서 끄떡없다.'라는 뜻인 '의연하다'와 바꿔 쓸 수 없다.

15 독립운동가들이 학대와 고문 등의 괴로움에도 꿋꿋이 독립운동을 이어 나갔다고 하였으므로 (2)의 뜻이 적절하다.

02일 현대시와 관련한 어휘 ❷ 19~21쪽

01 해설 참조	**02** 단	**03** 녹음
04 아무개	**05** 유년	**06** 후일
07 시어	**08** 한기	**09** 세게
10 먼	**11** ③	**12** ②
13 (1) ○		

01

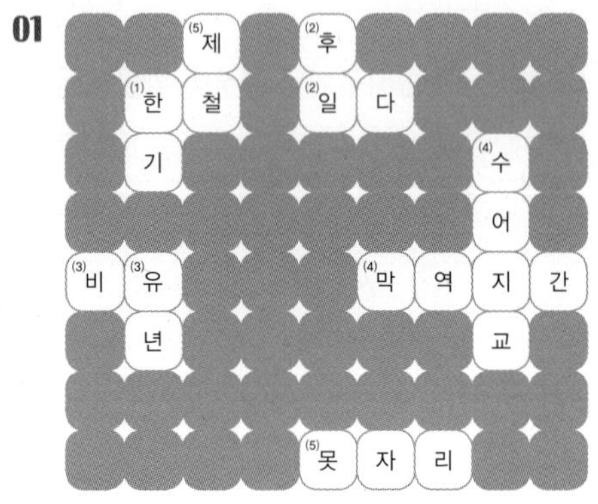

09 '여울'은 '강이나 바다 등의 바닥이 얕거나 폭이 좁아 물살이 세게 흐르는 곳.'을 뜻한다.

10 '윗목'은 '온돌방에서 아궁이로부터 먼 쪽의 방바닥.'이라는 뜻으로, 불길이 잘 닿지 않아 아랫목보다 상대적으로 차가운 쪽이다.

오답 풀이 '온돌방에서 아궁이로부터 가까운 쪽의 방바닥.'은 '아랫목'의 뜻이다.

11 모두 시어에 나타난 추상적인 견해나 생각들을 구체적인 사물로 나타내고 있으므로 '추상적인 사물이나 관념 또는 사상을 구체적인 사물로 나타내는 것.'을 뜻하는 '상징'이 공통으로 들어가기에 적절하다.

오답 풀이 ④ 추상: 여러 가지 사물이나 개념에서 공통되는 특성이나 속성 등을 뽑아내어 파악하는 것.

⑤ 해석: 문장으로 표현된 내용을 이해하고 설명함.

12 한 자와 한 척은 모두 한 치의 열 배를 뜻하는 길이의 단위이다.

오답 풀이 ① 리: 거리의 단위로, 1리는 약 0.393km에 해당한다.

③ 촌: 길이의 단위로, 1촌은 한 자의 10분의 1이다. '치'의 한자어.

④ 치: 한 치는 한 자의 10분의 1이다.

⑤ 마장: 거리의 단위로, 오 리나 십 리가 못 되는 거리를 이를 때, '리' 대신 쓰인다.

03일 현대시와 관련한 어휘 ③ 25~27쪽

01 해설 참조 **02** 진동하는 **03** 역겨운
04 부산하게 **05** 칠칠하지(칠칠치)
06 득득 **07** 하롱하롱 **08** (3) ○
09 (3) ○ **10** ⑤ **11** ①
12 (2) ○

01

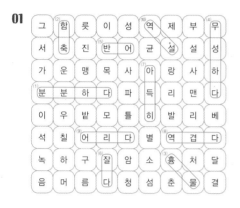

그	(2)함	릇	이	성	(10)역	제	부	(4)무
서	축	진	(5)반	어	균	설	설	성
가	운	맹	목	사	(7)아	랑	사	하
(1)분	분	하	다	파	득	리	맨	다
이	우	밭	모	틀	히	발	리	베
석	칠	(9)어	리	다	별	(8)역	겹	다
녹	하	구	(6)잘	암	소	(3)흉	처	달
음	머	름	다	청	섬	춘	물	결

02 비린내가 심하게 난다는 의미가 되도록 '냄새 따위가 아주 심하게 나다.'라는 의미인 '진동하다'를 활용한 '진동하는'으로 쓰는 것이 적절하다.

04 어머니께서 혼자 바쁘게 움직이셨다는 의미이므로 '급하게 서두르거나 시끄럽게 떠들어 어수선하다.'라는 뜻의 '부산하다'를 활용한 '부산하게'로 써야 한다.

05 주로 '못하다', '않다'와 함께 쓰여 '성질이나 일 처리가 반듯하고 야무지다.'라는 뜻을 나타내는 '칠칠하다'를 활용한 '칠칠하지(칠칠치)'가 적절하다.

07 벚꽃이 떨어지면서 흔들리는 모양을 의미하도록 '작고 가벼운 물체가 떨어지면서 잇따라 흔들리는 모양.'을 뜻하는 '하롱하롱'을 쓰는 것이 적절하다.

08 결정된 것이 없이 논의만 많다는 내용이므로 (3)의 뜻이 적절하다.

09 그분이 준 선물에 정성이 담겨 있다는 의미이므로 (3)의 뜻이 적절하다.

10 '그네', '두 손 모아'는 모두 일상적 의미 외에 다른 뜻을 담고 있으므로 '말이나 글이 많은 뜻을 담고 있음.'을 뜻하는 '함축'이 공통으로 들어가기에 적절하다.

오답 풀이 ④ '한 물질이 어떤 성분을 포함하고 있음.'이라는 뜻인 '함유'는 특정한 물체에 들어가 있는 객관적인 성분을 뜻하므로, 같은 말이라도 상황 등에 따라 의미가 달라질 수 있는 시어에 쓰기에는 적절하지 않다.

11 '지천'은 '매우 흔함.'이라는 뜻이다.
오답 풀이 ④ '빛이나 그림자, 모습 등이 희미하게 비치다.'라는 뜻인 '어리다(어리는)'는 '비치다(비치는)'과 바꿔 쓸 수 있다.

12 의논이 분분하다고 하였으므로 (2)의 뜻이 적절하다.

04일 고전 시가와 관련한 어휘 31~33쪽

01 해설 참조 **02** 두엄 **03** 안위
04 유배 **05** 시조 **06** 아첨
07 지조 **08** 덕성 **09** 매다
10 허세 **11** 절개 **12** ③
13 ⑤ **14** ④ **15** ④

01

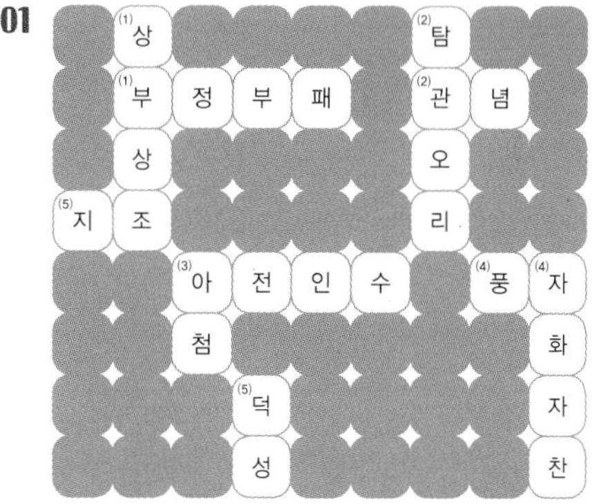

09 농부가 밭에 난 잡초를 뽑았다는 의미이므로 '논밭에 난 잡풀을 뽑다.'라는 뜻의 '매다'가 적절하다.

11 죽어서도 변하지 않는 마음이므로 '원칙과 신의 등을 굽히지 아니하고 굳게 지키는 꿋꿋한 태도.'를 뜻하는 '절개'가 적절하다.

12 '자화자찬'은 '자기가 한 일을 스스로 자랑함을 이르는 말.'이므로 '실속은 없으면서 큰소리치거나 허세를 부림.'이라는 뜻의 '허장성세'와 바꿔 쓸 수 없다.

13 변 사또와 그의 측근들은 이몽룡이 암행어사인 것을 알고 깜짝 놀라 달아난 상황이다. 이러한 상황을 나타내는 말로는 '혼백이 어지러이 흩어진다는 뜻으로, 몹시 놀라 넋을 잃음을 이르는 말.'인 '혼비백산'이 적절하다.

14 모두 등장인물의 우스꽝스러운 행동을 통해 대상을 비판하고 있으므로 '개인 또는 사회의 부정적 현상이나 모순, 어리석음 등을 우스꽝스럽게 표현함으로써 간접적으로 비판하는 방식.'이라는 뜻의 '풍자'가 공통으로 들어가기에 적절하다.

15 백성들을 괴롭히고 재물을 탐하는 행위는 '도덕적으로 바르거나 깨끗하지 못함.'을 뜻하는 '부정부패'가 적절하며, 이러한 행위를 하는 관리는 '탐관오리'라고 하는 것이 적절하다. 또한 재물을 탐하지 않는 행위를 '청렴결백'이라고 한다.

05일 수필과 관련한 어휘 37~39쪽

01 해설 참조 **02** 낙담한 **03** 지극한
04 돈독해졌다 **05** 덧없게 **06** 무궁무진
07 불현듯 **08** 천방지축 **09** 생각
10 인생관, 세계관, 신조 **11** ①
12 ④ **13** ④ **14** ⑤

01

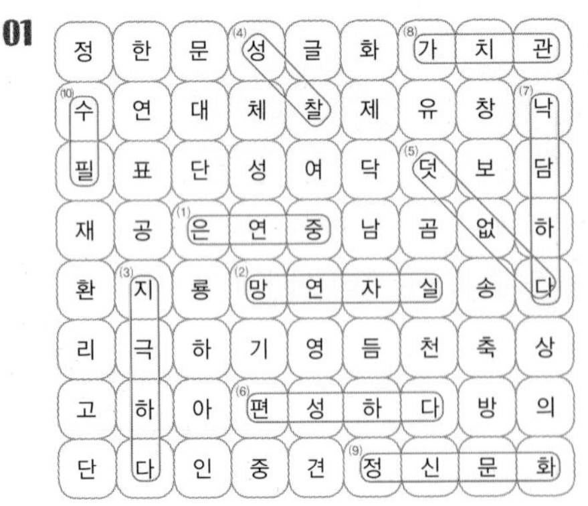

정	한	문	성	글	화	가	치	관
수	연	대	체	찰	제	유	창	낙
필	표	단	성	여	닥	덧	보	담
재	공	은	연	중	남	곰	없	하
환	지	룡	망	연	자	실	송	다
리	극	하	기	영	듬	천	축	상
고	하	아	편	성	하	다	방	의
단	다	인	중	견	정	신	문	화

10 사람들은 자신만의 체험과 사색으로 얻은 생각을 기반으로 판단하여 살아간다는 의미이므로 '인생관, 세계관, 신조'가 적절하다.

11 '효', '윤리'와 같은 가치에 대한 관점을 가리키는 말이어야 하므로 '사람이 어떤 것의 가치에 대하여 가지는 태도나 판단의 기준.'을 뜻하는 '가치관'이 적절하다.
오답 풀이 ② 경제관: 경제를 보는 태도나 입장.
③ 내세관: 죽은 뒤 다시 태어나 산다는 세상에 대한 생각.
④ 문학관: 문학에 대한 생각이나 의견.
⑤ 종교관: 종교에 대한 관념과 견해.

12 수필이 어떤 뜻을 알게 모르게 전달한다는 의미에서 '남이 모르는 가운데.'라는 뜻의 '은연중'과 '남이 모르는 사이.'라는 뜻인 '암암리'를 서로 바꿔 쓸 수 있다.
오답 풀이 ① 대거리: 상대편에게 맞서서 대듦.
② 망중한: 바쁜 가운데 잠깐 얻어 낸 틈.
⑤ 시나브로: 모르는 사이에 조금씩 조금씩.

13 '불현듯'은 '갑자기 어떠한 생각이 걷잡을 수 없이 일어나는 모양.'이라는 뜻이므로 '앞으로 있을 어떤 일이나 상황이 짐작되듯.'이라는 뜻인 '예상대로'와 바꿔 쓸 수 없다.

14 씩씩하게 밖에 나가 알찬 시간을 보내는 상황에서 '멍하니 정신을 잃음.'을 가리키는 말인 '망연자실'은 적절하지 않다.

06일 1주차 종합 문제 40~44쪽

01 (1) 역설 (2) 반어 **02** ④
03 ③ **04** ⑤ **05** ⑤
06 ③ **07** ⑤ **08** (2) ○
09 (1) ○ **10** ② **11** ②
12 ② **13** ⑤

'어휘'로 수능 연습하기 **14** ④ **15** ①

01 (1) '찬란한'과 '슬픔'은 서로 모순되는 말로 논리에 맞지 않는 역설적 표현에 해당한다. (2) 겉으로는 임이 자신을 떠날 때 눈물을 흘리지 않겠다는 표현이지만 속으로는 임과의 이별을 원하지 않는다는 의미로 반어적 표현에 해당한다.

02 마을 주민들이 어려울 때 서로 돕는 내용이 나타나 있으므로 '서로서로 도움.'이라는 뜻인 '상부상조'가 적절하다.

오답 풀이 ② 무궁무진: 끝이 없고 다함이 없음.
③ 부정부패: 도덕적으로 바르거나 깨끗하지 않음.

03 '비대면 진료'에 관한 논의를 각자에게 유리한 방향으로만 해석하는 상황이 나타나 있으므로 '자기에게만 이롭게 되도록 생각하거나 행동함을 이르는 말.'을 뜻하는 '아전인수'가 적절하다.

오답 풀이 ② 막역지간: 서로 거스르지 않는 사이라는 뜻으로, 허물없는 아주 친한 사이를 이르는 말.
⑤ 혼비백산: 혼백이 어지러이 흩어진다는 뜻으로, 몹시 놀라 넋을 잃음을 이르는 말.

04 ⑤에서 '잊었노라'는 그리워 잊지 못했음에도 속마음과 반대로 표현한 반어적 표현이다.

오답 풀이 ① '-같은'을 사용하여 '논길'을 '가르마'에 빗대어 표현한 직유법을 사용하였다.
② 마음을 호수에 비유한 은유법을 사용하였다.
③ '-같이'를 사용하여 '내 얼굴'을 '호박'에 빗대어 표현한 직유법을 사용하였다.
④ '나'를 '나룻배'에, '당신'을 '행인'에 연결하여 표현한 은유법을 사용하였다.

06 〈보기〉의 빈칸에 공통으로 들어갈 말은 '어리다(어리고)'가 적절하다. 각각 '눈에 눈물이 조금 괴다.', '어떤 현상, 기운, 추억 등이 배어 있거나 은근히 드러나다.', '빛이나 그림자, 모습 등이 희미하게 비치다.'라는 뜻으로 쓰였다.

07 '덕성'은 '어질고 너그러운 성질.'을 가리키는 말로 ㉤에 들어가기에 적절하지 않다. ㉤에는 '분', '흥분', '격정' 등의 어휘가 들어갈 수 있다.

10 봄이 되어 거리에 꽃 향기가 많이 난다는 의미이므로 '냄새 따위가 아주 심하게 나다.'라는 뜻인 '진동하다(진동한다)'가 적절하다.

오답 풀이 ① '일 처리가 반듯하고 야무지지 아니하다.'는 뜻인 '칠칠하지 못하다(칠칠하지 못하게도)'가 적절하다.

11 아무 생각 없이 쉬는 상황에서 '한 가지 일에 온 정신을 쏟아 딴생각이 없다.'라는 뜻인 '골똘하다(골똘하게)'는 적절하지 않다.

12 '굳건하다(굳건하게)'는 '뜻이나 의지가 굳세고 건실하다.'라는 뜻이고 '의연하다(의연하게)'는 '의지가 굳세어서 끄떡없게.'라는 뜻이므로 유의 관계이다. '윗목'과 '아랫목'은 각각 온돌방에서 아궁이로부터 멀고 가까운 쪽의 방바닥을 가리키는 반의 관계이다.

13 '전날'은 '이전의 어느 날. 또는 얼마 전.'을 뜻하고, '후일'은 '시간이 지나 뒤에 올 날.'을 뜻하므로 반의 관계이다. 이와 같은 의미 관계인 것은 '길이가 있는 물건의 몸피가 가늘고 작다.'라는 뜻의 '잘다'와 '물체의 지름이 보통의 경우를 넘어 길다.'라는 뜻의 '굵다'이다.

'어휘'로 수능 연습하기

[14~15] 고향

어휘 체크

- □ 그리다: 사랑하는 마음으로 간절히 생각하다.
- □ 뫼: 산을 뜻하는 예스러운 말.
- □ 항구: 배가 드나들 수 있도록 강가 · 바닷가에 만든 시설.
- □ 메마르다: 살결이 윤기가 없고 까슬까슬하다.
- □ 쓰디쓰다: 맛이 소태(약재)와 같이 몹시 쓰다.

글의 주제

고향을 잃어 버린 자의 상실감과 비애

어휘로 지문 이해하기

옛말이 쓰였지만 '그리다'와 같은 어휘를 통해 시의 정서를 이해하면 수월하게 시를 읽을 수 있다. 우리말은 소리(음)는 같지만 뜻이 완전히 다른 단어들이 많기 때문에 완전히 다른 의미로 쓰인 것인지 같거나 비슷한 의미로 쓰였는지를 살펴봐야 한다. 또한 바꿔 쓰기에 적절한 것을 찾는 문제는 어휘를 직접 바꿔 읽어 문장이 어색하지 않은지 살펴본다.

14 ㉠은 '알맞은 시절.'이라는 뜻으로 ①, ②, ③, ⑤의 '제철'은 ㉠과 같은 뜻으로 쓰였다. 그런데 ④의 '제철'은 '철광석을 제련하여 철을 뽑아내는 일.'이라는 뜻으로 쓰였다.

15 '떠돌다'는 '정한 곳 없이 이곳저곳을 옮겨 다니다.'라는 뜻이므로 '행선지를 정하지 아니하고 이리저리 떠돌아다니다.'라는 뜻의 '부유하다(부유하는)'와 바꿔 쓸 수 있다.

2주차

07일 현대 소설과 관련한 어휘 ❶ 51~53쪽

01 해설 참조 **02** 느물거리며 **03** 고깝게
04 성마른 **05** 잔망스러운 **06** 생색
07 앙갚음 **08** 쌩이질 **09** 손이 맞아
10 서술자 **11** 인칭 **12** ①
13 ④ **14** (1) ○

01

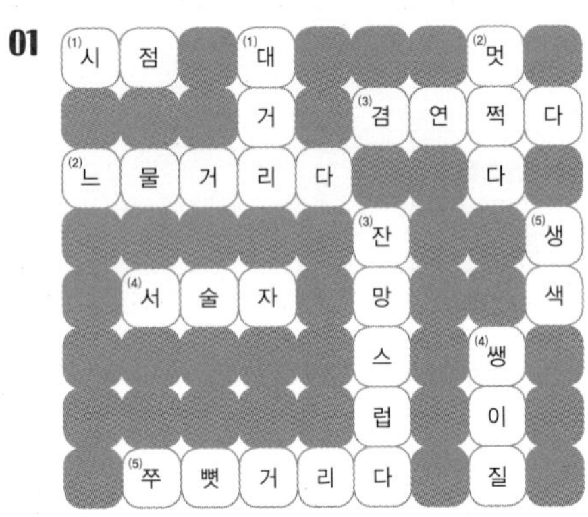

04 그가 참지 못하고 그녀를 재촉했다는 의미가 되도록 '참을성이 없고 성질이 조급하다.'라는 뜻의 '성마르다'를 활용한 '성마른'으로 쓰는 것이 적절하다.

09 '함께 일할 때 생각 · 방법 등이 서로 잘 어울리다.'라는 뜻인 '손이 맞다(손이 맞아)'가 적절하다.

10 소설 속에서 이야기를 전달하는 존재를 의미하므로 '서술자'가 적절하다.
오답 풀이 청자: 시 속에서 화자의 이야기를 듣는 사람.

11 소설 속 등장인물인 '나'가 이야기를 전달하고 있으므로 '말하는 사람이 자신이나 자신이 포함된 무리를 가리키는 말.'을 뜻하는 '일인칭'이 되도록 '인칭'을 써야 한다.
오답 풀이 시점: 소설에서 서술자의 위치와 사건 및 인물에 대한 태도. '1인칭 시점', '3인칭 관찰자 시점' 등으로 쓴다.

12 '멋쩍다'는 '하는 짓이나 모양이 격에 어울리지 않다.'라는 뜻이다. 격식에 맞게 차려입은 그의 모습이 보기 좋다는 뜻이므로 '멋쩍다(멋쩍어)'는 적절하지 않다. '보기에 썩 좋거나 훌륭하다.'라는 뜻의 '멋있다(멋있게)'로 쓸 수 있다.

13 '시점(時點)'은 '시간의 흐름 가운데 어느 한 순간.'이라는 뜻이고 '시점(視點)'은 '소설에서 서술자의 위치와 사건 및 인물에 대한 태도.'를 뜻한다. ④는 '시점(視點)'의 뜻으로 쓰였다.

14 '나'를 보고 인사를 했다는 의미이므로 (1)의 뜻이 적절하다.

08일 현대 소설과 관련한 어휘 ❷ 57~59쪽

01 해설 참조 **02** ㉠ **03** ㉢
04 ㉡ **05** 흉흉한 **06** 실팍한
07 홉뜨고(며) **08** 포효하는 **09** 재구성
10 곱절 **11** 서슬 **12** 생경하여
13 빠드러져 **14** 속절없이 **15** ①
16 (2) ○

01

(9)사	(4)실	팍	하	다	(2)빠	숭	(1)생	산
건	서	술	시	실	드	고	경	직
삼	(10)모	티	프	팍	러	자	하	지
(7)교	량	함	구	하	지	단	다	송
섭	묘	량	(5)홉	뜨	다	하	모	안
금	주	하	명	소	(3)속	절	없	이
(6)남	루	하	다	유	실	(8)비	고	많
부	시	동	내	어	태	장	단	디

02 오늘날 오직 이웃 간 정만 사라지는 게 아니라는 의미가 되도록 '다만, 오직.'이라는 뜻의 ㉠ '비단'이 적절하다.

03 폭풍우로 집에만 있어야 했다는 의미가 되도록 '달리 어떻게 할 도리가 없이.'라는 뜻인 ㉢ '하릴없이'가 적절하다.

12 낯설다는 내용이 나타나 있으므로 '익숙하지 않아 어색하다.'라는 뜻의 '생경하다(생경하여)'가 적절하다.

13 오랜 시간이 지나 치킨이 식어서 굳었다는 의미이므로 '굳어서 뻣뻣하게 되다.'라는 뜻의 '빠드러지다(빠드러져)'가 적절하다.

15 그의 가난한 처지를 나타내고 있으므로 '솜씨나 재주 등이 재치 있게 약삭빠르고 묘하다.'라는 뜻의 '교묘하다(교묘한)'는 적절하지 않다.

16 별주부는 토끼가 속임수를 쓰고 있다고 생각하지만, 용왕의 명 때문에 할 수 없이 토끼를 업고 간다. 용왕의 재촉에 어쩔 수 없이 행동하는 별주부의 모습이 나타나 있으므로 (2)의 뜻이 적절하다.

09일 현대 소설과 관련한 어휘 ❸ 63~65쪽

01 해설 참조	**02** 목	**03** 관점
04 배경	**05** 지경	**06** 양상
07 생채기	**08** 갈등	**09** 삭정이
10 뒤꼍	**11** 어귀	**12** ㉡
13 ㉠	**14** ②	**15** ②
16 ④		

01

02 장사가 잘되는 곳이라는 의미가 되도록 '자리가 좋아 장사가 잘되는 곳이나 길 등.'이라는 뜻의 '목'을 써야 한다.

09 땔감으로 쓸 것을 모아 오라는 의미이므로 '살아 있는 나무에 붙어 있는, 말라 죽은 가지.'를 뜻하는 '삭정이'가 적절하다.
오답 풀이 모종: 옮겨 심으려고 가꾼, 벼 이외의 온갖 어린 식물. 또는 그것을 옮겨 심음.

11 마을 입구에서 서성거렸다는 의미이므로 '드나드는 목의 첫머리.'를 뜻하는 '어귀'가 적절하다.

12 '여행하는 데에 드는 비용.'이라는 뜻의 '여비'와 '먼 길을 오가는 데 드는 돈.'이라는 뜻의 '노잣돈'은 문장에서 바꿔 써도 어색하지 않다.

13 '처음부터 끝까지의 과정.'을 뜻하는 '자초지종'과 '일이 진행되어 온 과정.'을 뜻하는 '경위'는 문장에서 바꿔 써도 어색하지 않다.

14 '을씨년스럽다'는 '날씨나 분위기가 스산하고 쓸쓸한 데가 있다.'라는 뜻이므로 햇살이 따스한 날씨와는 어울리지 않는다.

15 작품에 나타나는 시대적 상황을 설명하고 있으므로 '문학 작품에서 주제를 뒷받침하는 시대적·사회적 환경이나 장소.'라는 뜻의 '배경'이 적절하다.

16 '관점'은 '사물이나 현상을 관찰할 때, 그 사람이 보고 생각하는 태도나 방향, 처지.'라는 뜻이다. ④는 상대방과의 대립이 심해졌다는 의미이므로 '관점'보다는 '개인이나 집단 사이에 목표나 이해관계가 달라 서로 충돌함. 또는 그런 관계.'를 뜻하는 '갈등'이 적절하다.

10일 고전 소설과 관련한 어휘 69~71쪽

01 해설 참조	**02** 비범한	**03** 방자한
04 도모하기	**05** 배회하며	**06** ㉢
07 ㉡	**08** ㉠	**09** 홀연히
10 전기적	**11** 고혈	**12** 입신양명
13 부임	**14** 우연성	**15** ④
16 ⑤		

01

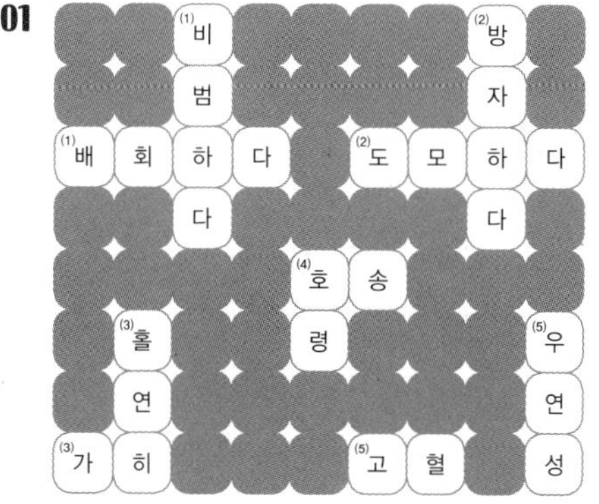

09 무지개가 갑자기 사라졌다는 의미이므로 '뜻하지 아니하게 갑자기.'라는 뜻인 '홀연히'가 적절하다.

10 도술처럼 현실에서 일어나기 어려운 요소를 뜻하므로 '기이하여 세상에 전할 만한. 또는 그런 것.'이라는 뜻의 '전기적'이 적절하다.

✦개념어 더보기

일대기적, 순차적 구성	고전 소설의 구성적 특징으로, 주인공이 태어날 때부터 죽을 때까지의 삶을 순차적으로 보여 줌.

15 서자 출신인 길동이 자신의 처지를 서러워하는 내용이므로 '부하나 동물 등을 지휘하여 명령함.' 또는 '큰 소리로 꾸짖음.'이라는 뜻의 '호령'은 적절하지 않다.

16 죄인이 된 춘향과 변사또가 감시를 받으며 이동했다는 내용이므로 '죄수나 형사 피고인을 어떤 곳에서 목적지로 감시하면서 데려가는 일.'이라는 뜻의 '호송'이 공통으로 들어가기에 적절하다.

11일 극, 시나리오와 관련한 어휘 75~77쪽

01 해설 참조	**02** 역정	**03** 옥신각신
04 고정 관념	**05** 심통	**06** 막
07 책망	**08** 모독하는	**09** ㉢
10 ㉠	**11** ㉡	**12** ①
13 ②	**14** ③	**15** ①

01

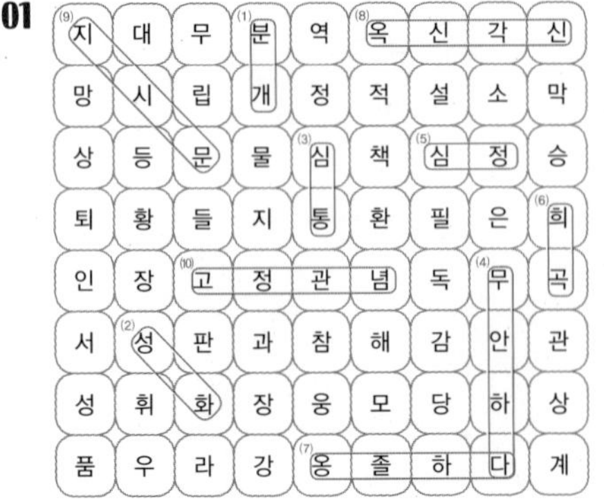

03 교통사고의 책임을 두고 운전자들끼리 옳으니 그르니 하며 다툰다는 의미가 되도록 '서로 옳으니 그르니 하며 다툼. 또는 그런 행위나 모양.'을 뜻하는 '옥신각신'을 써야 한다.

05 아이가 못마땅한 마음을 드러냈다는 내용이므로 '마땅치 않게 여기는 나쁜 마음.'을 뜻하는 '심통'이 적절하다.

06 연극 무대에서 커튼이 올라갔다 내려가는 것은 '막'을 구분하는 것이다.

오답 풀이 장: 연극의 단락을 세는 단위. '막'의 하위 단위이다.

07 아버지의 나무라거나 꾸짖는 행동을 의미하므로 '잘못을 꾸짖거나 나무라며 못마땅하게 여김.'이라는 뜻의 '책망'이 적절하다.

13 '공연을 목적으로 하는 연극의 대본.'은 '희곡'이고, '영화를 만들기 위하여 쓴 각본.'은 '시나리오'이다.

14 피해자들이 사기꾼의 뻔뻔한 태도에 모두 화를 내는 상황이므로 '의견이나 처지 등이 반대됨.'이라는 뜻의 '대립'은 적절하지 않다.

15 첫 번째 문장은 아이들이 귀찮게 요구하는 상황이므로 '몹시 귀찮게 구는 일.'이라는 뜻의 '성화'가 적절하고, 두 번째 문장은 의미가 서로 반대된다는 뜻이므로 '의견이나 처지, 속성 등이 서로 반대되거나 모순됨. 또는 그런 관계.'라는 뜻의 '대립'이 적절하다.

12일 2주차 종합 문제 78~82쪽

01 ②	**02** ⑤	**03** ⑤
04 ②	**05** ②	**06** ②
07 ③	**08** ③	**09** ④
10 ③	**11** ③	**12** ①

'어휘'로 수능 연습하기 **13** ④ **14** ③

02 ⑤는 약속을 잊어버린 잘못을 스스로 꾸짖었다는 의미이므로 '잘못을 꾸짖거나 나무라며 못마땅하게 여김.'이라는 뜻의 '책망'이 적절하다.

오답 풀이 앙갚음: 남이 저에게 해를 준 대로 저도 그에게 해를 줌.

03 '평범하다'는 '뛰어나거나 색다른 점이 없이 보통이다.'라는 뜻이고, '비범하다'는 '보통 수준보다 훨씬 뛰어나다.'라는 뜻이므로 반의 관계이다. 이러한 의미 관계로 짝지어진 것은 '생경하다'와 '익숙하다'이다. '생경하다'는 '익숙하지 않아 어색하다.'라는 뜻이고 '익숙하다'는 '어떤 대상을 자주 보거나 겪어서 처음 대하지 않는 느낌이 드는 상태에 있다.'라는 뜻이다.

오답 풀이 ①, ②, ③, ④ 유의 관계이다.

04 이 글에는 '그'가 사람들을 능청스럽고 능글대는 태도로 대하는 내용이 나타나 있으므로 '말이나 행동을 음흉하고 능글맞게 하다.'라는 뜻의 '느물거리다'가 적절하다.

05 사람들의 여가나 문화 활동 상황을 나타내는 어휘가 들어가야 하므로 '사물이나 현상의 모양이나 상태.'라는 뜻의 '양상'이 적절하다.

06 작품 속 인물이 공간을 대하는 태도에 따라 주제 의식이 달라진다는 내용이므로 '등장인물들이 행동하거나 사건이 일어나는 시간·공간·상황 등.'을 뜻하는 '배경'이 공통으로 들어가기에 적절하다.

07 '다른 사람 앞에 당당히 나설 수 있거나 자랑할 수 있는 체면.'을 뜻하는 '생색'이 공통으로 들어가기에 적절하다.

오답 풀이 ⑤ 알은체: 어떤 일에 관심을 가지는 듯한 태도를 보임. 또는 사람을 보고 인사하는 표정을 지음.

08 문장의 순서대로 '손이 맞는', '흉흉한', '목', '근본'이 들어가는 것이 적절하다.

오답 풀이 '마땅치 않게 여기는 나쁜 마음.'을 뜻하는 '심통'이 들어갈 문장은 없다.

09 '옹졸하다'는 '성품이 너그럽지 못하고 생각이 좁다.'라는 뜻이므로 실수를 너그럽게 이해하는 모습과 어울리지 않는다.

10 '아무리 해도.'라는 뜻의 '도시'와 '뜻하지 아니하게 갑자기.'라는 뜻의 '홀연히'는 서로 바꿔 쓸 수 없다.

11 대장부로 태어나 글공부를 하지 못할 바에야 무도를 익혀 이름을 널리 알리겠다는 의미이므로 '출세하여 이름을 세상에 떨침.'이라는 뜻의 '입신양명'이 적절하다.

12 박씨 부인이 별당에서 홀로 지내는 것은 현실에서 일어날 수 있는 상황이므로 '전기적' 요소로 보기는 어렵다.

어휘로 수능 연습하기

[13~14] 동백꽃

◗ 어휘 체크

- □ 도끼눈: 분하거나 미워서 매섭게 쏘아 노려보는 눈을 비유적으로 이르는 말.
- □ 약이 오르다: 비위가 상하여 언짢거나 은근히 화가 나게 하다.
- □ 골병: 겉으로 드러나지 아니하고 속으로 깊이 든 병.
- □ 넋: 정신이나 마음.
- □ 호들갑스럽다: 말이나 하는 짓이 야단스럽고 방정맞다.

◐ 글의 주제

산골 소녀와 소년의 순박한 사랑

◐ 어휘로 지문 이해하기

이 지문은 토속적인 어휘를 다채롭게 사용하여 이를 눈여겨보며 읽으면 더욱 생동감을 느낄 수 있다. '도끼눈'과 같은 어휘에서 '나'의 마음을 짐작하고, 점순이네 수탉에게 싸움을 붙였다가 되레 '앙갚음'을 당하자 후회하는 모습이 나타나는 전체적인 상황을 이해한다면, 모르는 어휘가 있더라도 대략적인 의미를 짐작할 수 있다.

13 우리 집 닭을 괴롭히는 점순이에게 하는 말이므로 ㉠은 '큰 소리로 꾸짖음.'이라는 뜻으로 쓰였다. 이와 같은 뜻으로 쓰인 문장은 ④이다.

오답 풀이 ①, ⑤ '부하나 동물 등을 지휘하여 명령함.'이라는 뜻이다.

②, ③ '여러 사람이 일정한 동작을 취하도록 하기 위하여 지휘자가 말로 내리는 간단한 명령.'이라는 뜻이다.

14 '앙갚음'과 '보복'은 '남이 저에게 해를 준 대로 저도 그에게 해를 줌.'이라는 뜻이므로 이 글에서 서로 바꿔 쓸 수 있다.

3주차

13일 매체와 관련한 어휘 89~91쪽

01 해설 참조	**02** 기획	**03** 동선
04 허위	**05** 매체	**06** 영상 언어
07 클로즈업	**08** ㉢	**09** ㉠
10 ㉣	**11** ㉡	**12** ⑤
13 ③	**14** ③	

01

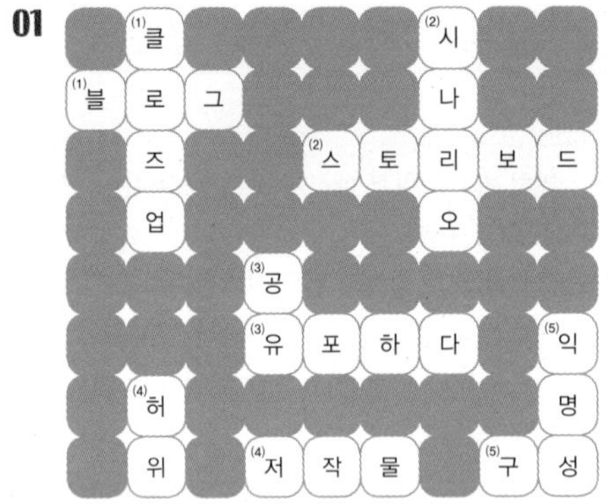

02 영상을 계획한 의도라는 뜻이 되도록 '어떤 일을 꾸미어 계획함.'이라는 뜻인 '기획'을 써야한다.

06 카메라의 거리와 각도, 자막, 색채 등의 시각적 요소와 배경 음악이나 효과음, 대사와 같은 청각적 요소로 이루어진 것은 '영상 매체에서 어떤 내용을 표현하고 전달할 때 사용하는 수단을 이르는 말.'을 뜻하는 '영상 언어'이다.

오답 풀이 문자 언어: 문자로 나타낸 말. 말을 글자로 적은 것을 이른다.

12 거짓 정보를 만들어 게시판에 퍼뜨린다는 의미가 되도록 '세상에 널리 퍼뜨리다.'라는 뜻의 '유포하다(유포하는)'를 사용하였다. 따라서 '전하여 널리 퍼뜨리다.'를 의미하는 '전파하다(전파하는)'와 바꿔 쓸 수 있다.

오답 풀이 ① 반출하다: 운반하여 내다.

② 유기하다: 내다 버리다.

③ 유용하다: 남의 것이나 다른 곳에 쓰기로 되어 있는 것을 다른 데로 돌려쓰다.

④ 유행하다: 무엇이 사람들에게 인기를 얻어 사회 전체에 널리 퍼지다.

13 인터넷에서 음성, 문자, 사진, 동영상 등이 복합적으로 사용되는 매체는 '인터넷 블로그'이다. '블로그'란 '자신의 관심사에 따라 자유롭게 칼럼, 일기, 취재 기사 등을 올리는 웹사이트.'를 뜻한다.

14 ㉠은 '카메라를 찍을 대상으로부터 멀리 하여 전체적인 경치를 모두 찍을 수 있도록 하는 촬영 방법.'을 뜻하는 '롱 숏', ㉡은 '따로따로 촬영한 장면을 적절하게 떼어 붙여서 새로운 내용으로 만드는 것.'을 뜻하는 '몽타주', ㉢은 '배경이나 인물의 일부를 화면에 크게 나타내는 일.'을 뜻하는 '클로즈업' 기법과 관련이 있다.

14일 의사소통과 관련한 어휘 ❶ 95~97쪽

01 해설 참조	**02** 토론	**03** 공동체
04 실태	**05** 수용	**06** 절충안
07 타당성	**08** 경청	**09** 배척
10 인신공격	**11** ④	**12** ⑤
13 ③		

01

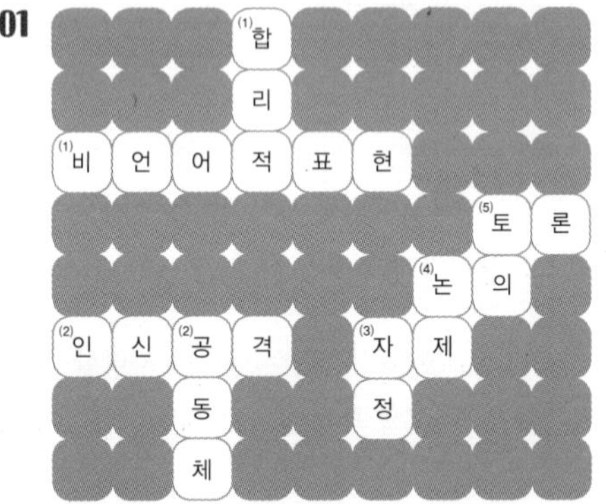

07 의견을 판단할 때는 주장을 뒷받침하는 근거나 이유가 마땅히 옳은 것인지 따져 봐야 한다는 내용이므로 '사물의 이치에 맞는 옳은 성질.'을 의미하는 '타당성'이 적절하다.

11 서로 관계가 가까워지면서 느낄 수 있는 감정을 나타낼 수 있도록 '서로 밀접하게 연결되어 있는 공통된 느낌.'을 의미하는 '유대감'을 써야 한다.

오답 풀이 ① 강박감: 무엇에 눌리거나 쫓기는 느낌.

⑤ 혐오감: 몹시 싫어하고 미워하는 감정.

12 수연과 정우는 소방관에 대한 정보를 얻기 위해 면담한다. 따라서 '서로 만나서 이야기함.'을 뜻하는 '면담'과 '특정한 목적을 가지고 개인이나 집단을 만나 정보를 수집하고 이야기를 나누는 일.'을 의미하는 '인터뷰'를 바꿔 쓸 수 있다.

13 ㉠, ㉢은 말을 할 때 언어나 음성 외에 의미를 전달하는 데 사용하는 표현인 '비언어적 표현', ㉡, ㉣은 언어적 표현과 함께 이루어지는 음성적 효과인 '준언어적 표현'과 관련이 있다.

09 지시 표현이나 접속 표현을 적절하게 사용해야 한다는 내용이므로 '문장이 형식적으로 긴밀하게 연결되는 성질.'을 뜻하는 '응집성'이 적절하다.

13 '힘을 합하여 서로 도움.'이라는 뜻의 '협력'과 '힘을 보태어 도움.'이라는 뜻의 '협조'는 유의 관계이다.

14 제시된 문장과 같이 '내용을 진전시켜 펼침.'이라는 뜻으로 쓰인 것은 ④이다.

오답 풀이 ①, ②, ③ '일을 시작하여 진행함.'이라는 뜻이다.
⑤ '수학에서 곱의 형태로 표현된 식을 합의 형태로 고치거나, 수식을 넓거나 길게 펼침.'이라는 뜻이다.

15 모두 분별 없는 행동을 나타내기에 '분별이 없다.'라는 뜻의 '무분별하게'가 적절하다.

15일 의사소통과 관련한 어휘 ❷ 101~103쪽

01 해설 참조	**02** ㉠	**03** ㉢
04 ㉡	**05** ㉣	**06** 담화
07 발화	**08** 통일성	**09** 응집성
10 ㉢	**11** ㉡	**12** ㉠
13 ㉣	**14** ④	**15** ③

01

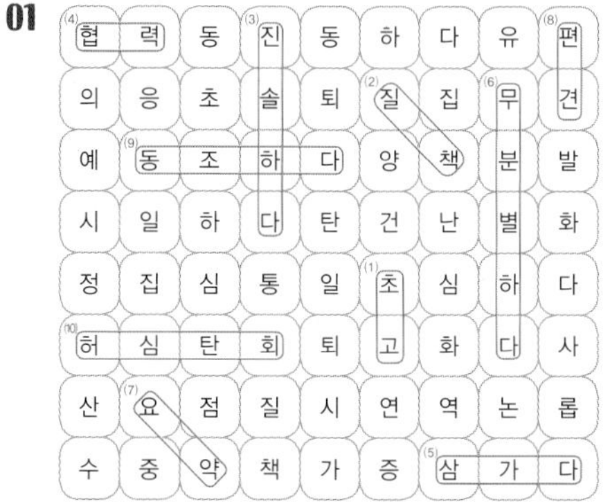

06 대화 속의 문장들을 모두 아우르도록 '문장들이 모여 이루는 말의 단위.'라는 뜻의 '담화'를 써야 한다.

07 '머릿속의 생각을 구체적인 의사소통 상황 속에서 문장 단위로 나타낸 것.'을 뜻하는 '발화'가 적절하다.

08 글의 내용이 주제와 연관되어야 한다는 내용이므로 '담화에서 문장들의 내용이 주제와 밀접하게 연관되는 것.'을 뜻하는 '통일성'이 적절하다.

16일 문법 개념어와 관련한 어휘 ❶ 107~109쪽

01 해설 참조	**02** 서술어	**03** 주어
04 사회 방언	**05** 역사성	**06** ③
07 ㉠	**08** ㉡	**09** 명사
10 관형사	**11** ①	**12** ④
13 ①		

01

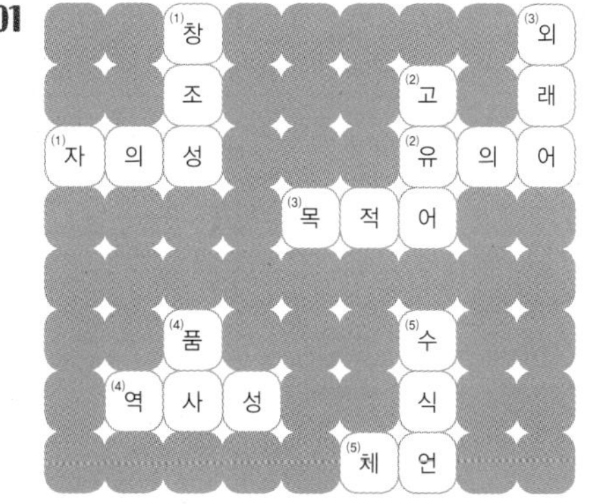

06 '고유어'는 '하늘, 치마, 얼굴'과 같이 '본래부터 우리말에 있었던 말이나 그것을 바탕으로 하여 만들어진 말.'이다. '한자어'는 '학교(學校)'와 같이 '한자를 바탕으로 하여 만들어진 말.'이다. '외래어'는 '스케이트, 티켓'과 같이 '외국에서 들어와 우리말처럼 쓰이는 말.'이다.

07 '시계'라고 부르기로 약속한 것을 내 마음대로 바꿔 부를 수 없는 상황은 '언어가 그 언어를 사용하는 사람들 사이의 사회적 약속이어서, 한 개인이 마음대로 바꿀 수 없는 특징.'을 뜻하는 '사회성'과 관련이 있다.

08 나무를 가리키는 말이 나라마다 다른 것은 '언어에서 말소리와 뜻 사이에 필연적인 관계가 없는 특성.'을 뜻하는 '자의성'과 관련이 있다.

10 '신발'을 꾸며 주는 ㉡은 '체언 앞에 놓여서 그 체언의 내용을 자세히 꾸며 주는 품사.'인 '관형사'이다.

11 '사람이나 사물의 이름을 대신 나타내는 말들을 지칭하는 품사.'는 '대명사'이다.
오답 풀이 ② 용언은 서술어의 기능을 한다.
③, ④ 용언은 동사, 형용사를 통틀어 이르는 말이다.
⑤ 용언은 문장에서 다양한 형태로 바뀌며 활용된다.

12 모두 '나이가 적은 아이.'라는 뜻을 가진 유의어이다.

13 지역에 따라 '가위'를 부르는 말이 다르므로 '한 언어가 지역적 원인 또는 사회적 원인에 따라 나누어진 말의 체계.'를 뜻하는 '방언'과 관련이 있다.

17일 문법 개념어와 관련한 어휘 ❷ 113~115쪽

01 해설 참조	**02** 음절	**03** 발음 기관
04 창제	**05** ○	**06** ○
07 ×	**08** 어간	**09** 초성
10 받침소리	**11** 어말	**12** ①
13 ①	**14** ⑤	**15** ③

01

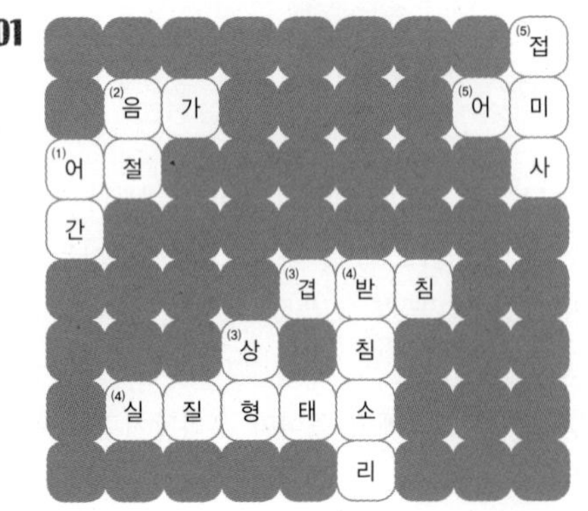

05 'ㄺ'은 '서로 다른 두 개의 자음으로 이루어진 받침.'인 '겹받침'이다.

07 '음절'은 '하나의 종합된 음의 느낌을 주는 말소리의 단위.'로, '아빠'는 '아'와 '빠'라는 두 음절로 이루어져 있다.

08 '먹다'는 '먹자, 먹는, 먹어, 먹으니'와 같이 활용하므로, '동사나 형용사가 활용할 때에 변하지 않는 부분.'인 '먹-'은 '어간'에 해당한다.
오답 풀이 '어미'는 '-자'이다.

09 '독일'은 [도길]로 발음된다. '독'의 받침 'ㄱ'이 뒤 음절의 처음 소리인 '초성'에서 발음된 것이다.

12 '합성'은 '한글 창제에서 모음 기본자를 서로 결합하여 다른 모음을 만드는 원리.'를 뜻한다. 'ㄷ'을 'ㅌ'으로 만든 것은 '원글자에 획을 더하여 글자를 만드는 방법.'인 '가획'의 원리이다.

13 '반포'는 '세상에 널리 퍼뜨려 모두 알게 함.'이라는 뜻이므로 '일반 대중에게 널리 알림.'이라는 뜻의 '공포'와 바꿔 쓸 수 있다.

14 '가획'은 'ㅋ, ㄷ, ㅌ, ㅂ, ㅍ, ㅈ, ㅊ, ㆆ, ㅎ'와 같이 '원글자에 획을 더하여 글자를 만드는 방법.'을 의미한다.

15 발음 기관이나 하늘·땅·사람 등과 같이 '대상의 모양을 본떠서 글자를 만드는 방법.'을 '상형'이라 한다.

18일 3주차 종합 문제 116~120쪽

01 (1) 배포 (2) 유포 (3) 공고		**02** ③
03 ④	**04** ①	**05** ④
06 ①	**07** ⑤	**08** ⑤
09 ④	**10** ③	**11** (2) ○
12 (3) ○	**13** ④	**14** ②
15 ④		

'어휘'로 수능 연습하기 **16** ① **17** ⑤

03 '인강'은 각 단어의 첫 글자만 따서 만든 것이므로 '하나의 종합된 음의 느낌을 주는 말소리의 단위.'를 뜻하는 '음절'이 적절하다.

04 실종자가 간 길을 파악한다는 내용이므로, '어떤 일을 할 때, 사람이나 물건의 움직임을 나타내는 선.'을 의미하는 '동선'이 적절하다.
오답 풀이 ④ 탈선: 기차나 전차 등의 바퀴가 선로를 벗어남.
⑤ 회선: 전화가 통할 수 있도록 가설된 선.

06 ㉠'민수'는 '사물의 이름을 나타내는 품사.'인 명사로 분류할 수 있다.

08 손짓은 '말을 할 때 언어나 음성 외에 의미를 전달하는 데 사용되는 표현.'인 '비언어적 표현'이다.

09 제시된 논제들은 모두 찬반으로 의견이 나뉘는 논제들이므로, '어떤 문제에 대하여 여러 사람이 각각 의견을 말하며 논의함.'을 뜻하는 '토론' 형식이 적절하다.

10 '페이드인'은 '화면이 처음에 어둡다가 점점 밝아지는 것.'을 뜻한다. 대상을 확대하여 가까이 찍는 촬영 기법은 '클로즈업'이다.

11 주어진 문장에서 '수용'은 '의견을 받아들이다.'라는 뜻으로 쓰였다. 이와 같은 뜻으로 쓰인 것은 문화를 받아들인다는 의미로 쓰인 (2)이다.
오답 풀이 (1)은 '사람들을 일정한 장소에 모아 넣음.'을 뜻한다.

12 주어진 문장에서 '자제'는 '행위를 스스로 억제함.'이라는 뜻으로 쓰였다. 이와 같은 뜻으로 쓰인 것은 도토리를 주워가지 않도록 등산객들 스스로가 억제한다는 의미로 쓰인 (2)이다.
오답 풀이 (1), (3)은 '남을 높여 그의 아들을 이르는 말.'을 뜻한다.

13 '기탄없이'와 '허심탄회'는 서로 비슷한 의미로 유의 관계이다. 이와 같은 관계는 '사실과 어긋난 것. 또는 사실이 아닌 것을 사실처럼 꾸민 것.'이라는 뜻인 '거짓'과 '진실이 아닌 것을 진실인 것처럼 꾸민 것.'을 의미하는 '허위'이다.
오답 풀이 ①, ③ 반의 관계이다.
⑤ '블로그'는 '누리 소통망'의 예시이다.

14 모음 기본자를 서로 결합하여 다른 모음을 만든 원리는 '합성'과 관련이 있다.
오답 풀이 ① 목구멍의 모양을 본떠 글자를 만드는 것은 '대상의 모양을 본떠서 글자를 만드는 방법.'인 '상형'과 관련이 있다.
④ '읽다(읽는다)'라는 동작을 풀이하는 것은 '주어의 동작이나 작용, 상태나 성질을 풀이하는 말.'인 '서술어'와 관련이 있다.
⑤ 시간이 흐르며 '과실'의 의미가 달라지는 것은 '언어가 시간이 흐르면서 새로 생기기도 하고, 사라지기도 하며, 소리나 의미가 변하기도 하는 특성.'인 '역사성'과 관련이 있다.

15 '공정하지 못하고 한쪽으로 치우친 생각.'을 의미하는 '편견'은 '좋지 않은 감정이나 주관적인 선입관을 가지다.'를 뜻하는 '색안경을 쓰다(쓰고)'와 서로 바꿔 쓸 수 있다.
오답 풀이 ② 팔짱을 끼다: 눈앞의 일을 나서서 하려 하지 않고 보고만 있다.

'어휘'로 수능 연습하기

[16~17] 확신의 덫의 위험성과 예방 방법

◗ 어휘 체크
□ 사고: 1) 생각하고 궁리함.
2) 심상이나 지식을 사용하는 마음의 작용.
3) 개념, 구성, 판단, 추리 등을 행하는 인간의 이성 작용.
□ 상충: 맞지 아니하고 서로 어긋남.

◐ 글의 주제
자신의 생각에 맞는 정보만 받아들이려고 하는 사고 경향의 문제점과 예방 방법

◐ 어휘로 지문 이해하기
이 지문의 주요 어휘인 '사고'나 '수용'은 낯선 어휘는 아니지만, 서로 비슷하거나 다른 여러 가지 뜻을 가지고 있어서 글의 흐름에 맞는 정확한 뜻을 파악하며 읽는 것이 중요하다. 또한, '사고'를 '생각', '수용'을 '받아들이다'처럼 더 쉬운 어휘로 바꾸어 읽어 보자. 비문학 독해가 훨씬 쉬워질 것이다.

16 ㉠은 '생각하고 궁리함.'이라는 뜻이다. ①은 '뜻밖에 일어난 불행한 일.'이라는 뜻으로 사용되었다.

17 ⓐ와 ⑤의 '빠지다'는 모두 '무엇에 정신이 아주 쏠리어 헤어나지 못하다.'라는 의미로 사용되었다.

4주차

19일 사회 분야의 글과 관련한 어휘 ❶ 127~129쪽

01 해설 참조	**02** 발행	**03** 주체
04 가계	**05** 분배	**06** 납부
07 유통	**08** ㉠	**09** ㉡
10 ㉢	**11** ⑤	**12** ②
13 ④		

01

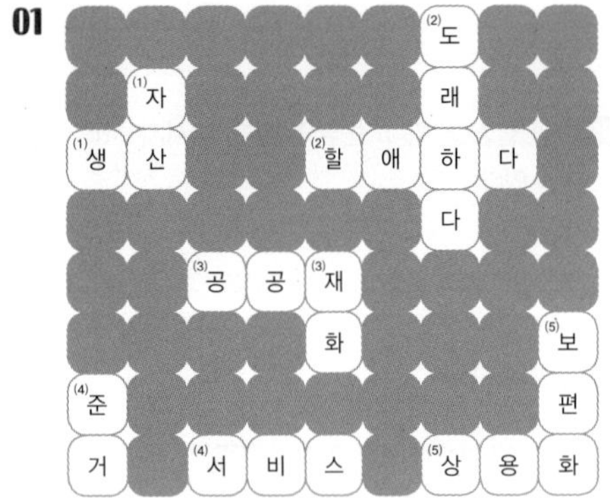

02 화폐가 시장에 유통되는 양을 조절한다는 의미가 되도록 '화폐, 증권, 증명서 등을 만들어 세상에 내놓아 널리 쓰도록 함.'이라는 뜻의 '발행'을 써야 한다.

03 우리가 소비의 중심이라는 의미가 되도록 '사물의 작용이나 어떤 행동의 중심이 되는 것.'이라는 뜻의 '주체'를 써야 한다.

04 채소를 소비하는 경제 주체인 가정을 뜻하므로 '경제 단위로서의 가정'이라는 뜻의 '가계'가 들어가는 것이 적절하다.

07 직거래는 살 사람과 팔 사람이 직접 거래하는 것이므로 중간 상인이 필요하지 않다. 따라서 '상품이 생산자에서 소비자에게 전달되기까지 여러 단계에서 거래되는 활동.'이라는 뜻의 '유통'이 들어가는 것이 적절하다.

11 스마트폰, 의료용 진단 키트, 미생물 연료 전지가 일상생활에서 널리 쓰인다는 뜻이 되도록 '일상적으로 쓰이게 됨. 또는 그렇게 되게 함.'이라는 뜻의 '상용화'가 들어가는 것이 적절하다.

12 글에 쓰인 '시장'은 가전제품 거래가 이루어지는 추상적인 영역을 말한다. 이와 같은 뜻으로 쓰인 것은 주식을 거래하는 추상적인 영역을 뜻하는 ②이다.

13 ㉠에는 '스마트폰에 입력된 신용 카드 등의 정보를 사용해 대금을 지불하는 방식.'을 뜻하는 '모바일 페이'가 들어가는 것이 적절하다. ㉡에는 시간을 내어 주지 않아도 된다는 의미가 될 수 있도록 '소중한 시간, 돈, 공간 등을 아깝게 여기지 않고 선뜻 내어 줌.'이라는 뜻의 '할애'가 들어가는 것이 적절하다.

20일 사회 분야의 글과 관련한 어휘 ❷ 133~135쪽

01 해설 참조	**02** 범칙금	**03** 재원
04 탈세	**05** 무상	**06** 누진
07 인지	**08** 법안	**09** 간접세
10 보행자	**11** 보험	**12** ㉢
13 ㉠	**14** ㉡	**15** ③
16 ④		

01

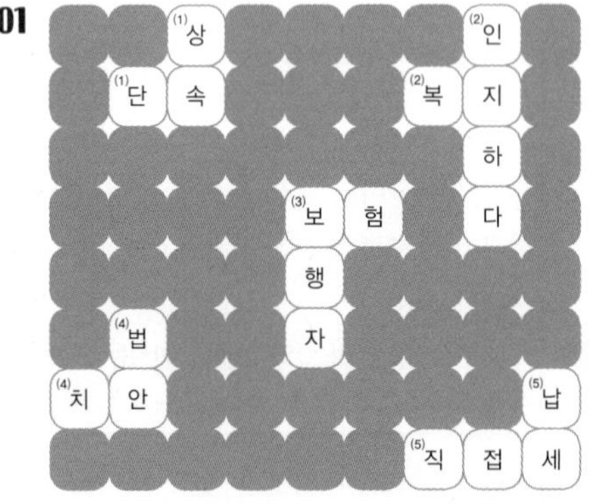

02 규정 속도를 위반하는 것은 도로 교통법을 위반한 것이므로 '도로 교통법, 경범죄 처벌법 등을 어긴 사람에게 내게 하는 벌금.'이라는 뜻의 '범칙금'이 들어가는 것이 적절하다.

03 사업을 하기 위한 자금을 확보해야 한다는 의미가 되도록 '재화나 자금이 나올 원천.'이라는 뜻의 '재원'을 써야 한다.

04 세금을 내지 않은 것이 발각되는 상황을 가정하도록 '납세자가 납세액의 전부 또는 일부를 내지 않는 일.'이라는 뜻의 '탈세'가 들어가야 한다.

05 학생들에게 대가나 보상 없이 급식을 지원한다는 의미가 되도록 '어떤 행위에 대하여 아무런 대가나 보상이 없음.'이라는 뜻의 '무상'을 써야 한다.

06 오래 주차할수록 시간당 주차비가 올라간다는 내용으로 보아 '가격, 수량 등이 더하여 감에 따라 상대적으로 그에 대한 비율이 점점 높아짐.'이라는 뜻의 '누진'을 써야 한다.

15 '치안'은 '사회의 안녕과 질서를 유지·보전함.'이라는 뜻이므로 치안 향상을 위해 할인 행사를 열었다는 내용은 적절하지 않다.

16 '어떤 사실을 확실히 그렇다고 여겨서 알다.'라는 뜻인 '인지하다(인지하고)'는 '사물을 분별하고 판단하여 알다.'라는 뜻의 '인식하다'와 바꿔 쓸 수 있다.

06 가격 인상을 피할 수 없다는 의미가 되도록 '불가피하다'를 써야 한다.

08 보험을 나쁘게 이용한다는 의미가 되도록, '알맞지 않게 쓰거나 나쁜 일에 쓰다.'라는 뜻의 '악용하다'를 써야 한다.

12 '특별히 정해지지 아니한 많은 수의 사람', '연령이나 성별 등이 특별히 정해지지 않은 소비자.'를 의미하므로 '특별히 정하지 아니함.'이라는 뜻의 '불특정'이 공통으로 공통으로 들어가기에 적절하다.

13 일상생활을 살아가거나 글을 쓸 때 지키는 규칙이라는 의미이므로 '인간이 행동하거나 판단할 때에 마땅히 따르고 지켜야 할 가치 판단의 기준.'이라는 뜻의 '규범'이 들어가는 것이 적절하다.

14 걷기의 장점을 세 가지로 나누어 설명하고 있으므로 (1)의 뜻이 적절하다.

21일 사회 분야의 글과 관련한 어휘 ❸ 139~141쪽

01 해설 참조	**02** 이주민	**03** 시스템
04 과의존	**05** 지원하다	**06** 불가피하다
07 탁월하다	**08** 악용하다	**09** ㉠
10 ㉢	**11** ㉡	**12** ⑤
13 ②	**14** (1) ○	

01

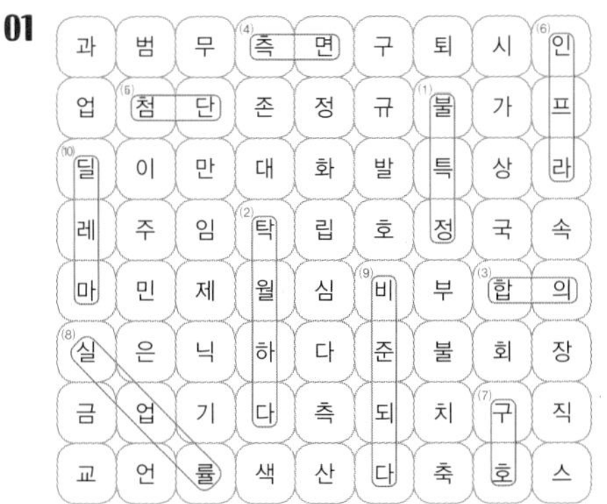

22일 사회 분야의 글과 관련한 어휘 ❹ 145~147쪽

01 해설 참조	**02** 축적하다	**03** 부합하다
04 절제하다	**05** 몰입하다	**06** 군림하다
07 교섭	**08** 맹목적	**09** 열망
10 충동적	**11** 탐닉하여	**12** 대여
13 ㉢	**14** ㉡	**15** ㉠
16 ③	**17** ⑤	**18** ④

01

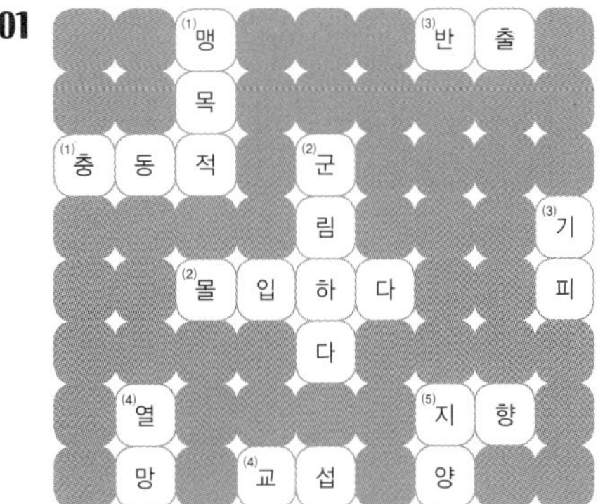

03 피해자의 이야기가 사실과 들어맞다는 의미이므로 '사물이나 현상이 서로 꼭 들어맞다.'라는 뜻의 '부합하다'가 적절하다.

05 스마트폰에 지나치게 빠지면 좋지 않다는 의미이므로 '깊이 파고들거나 빠지다.'라는 뜻의 '몰입하다'가 적절하다.

06 '그'가 육상 분야에서 남다른 실력으로 다른 선수들을 압도했다는 의미이므로 '어떤 분야에서 절대적인 세력을 가지고 남을 압도하다.'라는 뜻의 '군림하다'가 적절하다.

09 평화로운 삶을 바란다는 의미가 되도록 '열렬하게 바람.'을 뜻하는 '열망'을 써야 한다.

13 잘못 지급된 지원금을 거두어들였다는 의미이므로 '도로 거두어들임.'이라는 뜻의 '환수'가 적절하다.

14 오늘의 성공이 지난 도전과 노력에 의해 생겨난 것이라는 의미이므로 '어떤 것에 의하여 생겨나는 사물이나 현상을 비유적으로 이르는 말.'인 '산물'이 적절하다.

16 동생은 대화를 좋아한하다고 하였으므로 '성격이나 마음의 움직임이 안쪽으로 향하는. 또는 그런 것.'이라는 뜻의 '내향적'은 적절하지 않다. '마음의 움직임을 적극적으로 나타내는 것.'이라는 뜻의 '외향적'으로 고쳐 쓸 수 있다.

17 심리 치료를 통해 고통에서 해방된 일상을 추구한다는 뜻이므로 '어떤 목표로 뜻이 쏠리어 향함.'이라는 뜻의 '지향'이 들어가는 것이 적절하다.

오답 풀이 ② 기피: 꺼리거나 싫어하여 피함.

④ 지양: 더 높은 단계로 오르기 위하여 어떠한 것을 하지 아니함.

18 '축적하다(축적하게)'는 물건의 가치를 쌓아 둔다는 의미로 쓰였으므로 '모아서 쌓아 두다.'를 뜻하는 '적립하다'와 바꿔 쓸 수 있다.

오답 풀이 ① 열중하다: 한 가지 일에 정신을 쏟다.

② 일치하다: 비교되는 대상들이 서로 어긋나지 아니하고 같거나 들어맞다.

⑤ 조절하다: 균형이 맞게 바로잡다. 또는 적당하게 맞추어 나가다.

23일 예술 분야의 글과 관련한 어휘 151~153쪽

01 해설 참조	**02** 수월했다	**03** 지연했다
04 나열했다	**05** 찬미했다	**06** 구도
07 기점	**08** 단열재	**09** 관습
10 사조	**11** 공감각	**12** ⑤
13 ③	**14** ③	**15** (2) ○

01

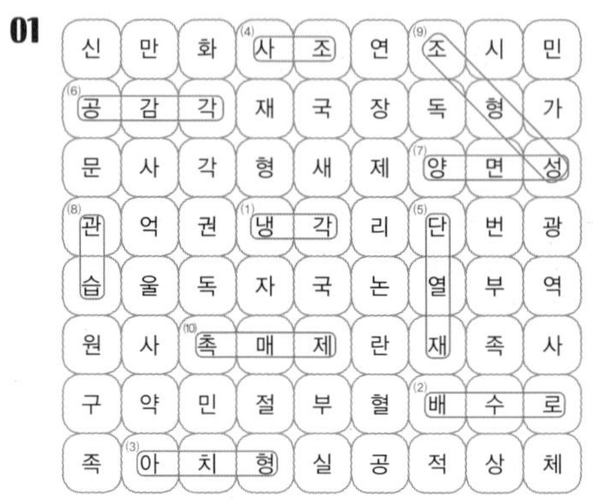

05 시인이 시를 통해 아름다운 자연을 칭송했다는 의미이므로 '아름답고 훌륭한 것이나 위대한 것 등을 기리어 칭송하다.'를 뜻하는 '찬미하다'를 활용한 '찬미했다'가 적절하다.

09 '어떤 사회에서 오랫동안 지켜 내려와 그 사회 성원들이 널리 인정하는 질서나 풍습.'이라는 뜻의 '관습'이 적절하다.

10 '고전주의'라는 예술 사상을 설명하고 있으므로 '어떤 시대의 전체에 걸쳐 나타난 사상의 흐름.'이라는 뜻의 '사조'가 적절하다.

13 '수월하다'는 '까다롭거나 힘들지 않아 하기가 쉽다.'라는 뜻이므로 '필요할 때 없거나 모자라서 안타깝고 만족스럽지 못하다. 또는 미련이 남아 서운하다.'라는 뜻의 '아쉽다'와 바꿔 쓸 수 없다.

14 '원래의 모양이나 형태를 바꿈.'이라는 뜻인 '탈바꿈'은 '모양이나 모습이 달라지거나 바뀜.'이라는 뜻인 '변모'와 바꿔 쓸 수 있다.

오답 풀이 ④ 변상: 빚을 갚음.

15 생명의 아름다움과 같은 개념을 표현한다는 의미이므로 (2)의 뜻이 적절하다.

24일 4주차 종합 문제 154~158쪽

01 (1) 재원 (2) 재화 (3) 공공재 **02** ⓜ
03 ⓒ **04** ⑤ **05** ①
06 ④ **07** (1) ○ **08** (2) ○
09 ④ **10** ② **11** ②
12 ③ **13** ②

어휘로 수능 연습하기 **14** ② **15** ⑤

02 '지구근접천체' 중 지름 140m 이상의 소행성은 아직 위험하지 않지만 지구에 추락할 경우 엄청난 피해를 줄 수 있다는 내용이 나타나 있으므로 '겉으로 드러나지 않고 숨은 상태로 존재하는. 또는 그런 것.'이라는 뜻의 '잠재적'이 들어가는 것이 적절하다.

03 일본에 빼앗긴 문화재를 돌려받았다는 내용이 나타나 있으므로 '도로 거두어들임.'이라는 뜻의 '환수'가 들어가는 것이 적절하다.

04 일주일에 3일의 시간을 쓸 여유가 없어 프로그램에서 하차한다는 내용이 나타나 있으므로 '소중한 시간, 돈, 공간 등을 아깝게 여기지 않고 선뜻 내어 줌.'이라는 뜻의 '할애'가 들어가는 것이 적절하다.

05 '한 집안의 살림을 꾸려 나가는 방법이나 형편.' 또는 '경제 단위로서의 가정.'이라는 뜻의 '가계'가 공통으로 들어가기에 적절하다.

06 이기적인 태도를 멀리하자는 의미이므로 '어떤 목표로 뜻이 쏠리어 향함. 또는 그 방향이나 그쪽으로 쏠리는 의지.'라는 뜻의 '지향'은 적절하지 않다.

09 '진퇴양난'은 '이러지도 저러지도 못하는 어려운 처지.'라는 뜻이므로 '딜레마'의 상황과 관련지을 수 있다.

10 '벌처럼 웅성거리는 별'은 별을 벌과 같은 살아 있는 것에 빗대어 표현한 것으로 청각적 심상만 나타나 있다.
오답 풀이 ① 시각적 심상이 미각적 심상을 불러일으킨다.
③ 청각적 심상이 후각적 심상을 불러일으킨다.
④ 시각적 심상이 후각적 심상을 불러일으킨다.
⑤ 후각적 심상이 촉각적 심상을 불러일으킨다.

11 '표준'과 '준거'는 '사물의 정도나 성격 등을 알기 위한 근거나 기준.'이라는 뜻으로 유의 관계이다. 이와 달리 '알맞지 않거나 나쁜 일에 쓰다.'라는 뜻의 '악용하다'와 '알맞게 쓰거나 좋은 일에 쓰다.'라는 뜻의 '선용하다'는 반의 관계이다.

12 '납세'와 '징세'는 각각 '세금을 냄.', '세금을 거두어들임.'이라는 뜻이므로 반의 관계이다. 이와 같은 의미 관계인 것은 '무상'과 '유상'이다.
오답 풀이 ①, ②, ④, ⑤ 유의 관계이다.

13 ㉠에는 '보행자'가, ㉡에는 '기점'이, ㉢에는 '상용화'가, ㉣에는 '양면성'이 들어가는 것이 적절하다. '식어서 차게 됨. 또는 식혀서 차게 함.'이라는 뜻의 '냉각'은 빈칸에 들어갈 수 없다.

어휘로 수능 연습하기

[14~15] 정의로운 사회에 대한 롤스의 입장과 이론적 중요성

◗ 어휘 체크
□ 보장: 잘못되는 일이 없도록 보증하거나 보호함.
□ 정의: 개인 간의 올바른 도리. 또는 사회를 구성하고 유지하는 공정한 도리.
□ 이윤: 장사 등을 하여 남은 돈.
□ 보완: 모자라거나 부족한 것을 보충하여 완전하게 함.
□ 권익: 권리와 그에 따르는 이익.

◐ 글의 주제
롤스의 정의관 – 정의로운 사회의 3가지 조건
◐ 어휘로 지문 이해하기
롤스, 노직과 같은 외국 학자의 이름을 보면 지레 겁을 먹기 쉽다. 하지만 문제에서 묻는 것은 제시된 단어의 문맥적 의미를 잘 파악했는지이다. 따라서 평소 사회 분야에서 빈도 높게 출제되는 어휘를 알아 둔다면 당황하지 않고 문제를 풀 수 있다.

14 '서로 의견이 일치함. 또는 그 의견.'이라는 뜻의 '합의'는 '의사나 의견을 같이 함.'이라는 뜻의 '동의'와 서로 바꿔 쓸 수 있다.

15 ⓐ는 불평등을 보완하고 평등의 이념을 확장하는 수단이므로 ⑤ '편안하고 행복하게 사는 삶.'이라는 뜻풀이가 적절하다.

5주차

25일 과학 분야의 글과 관련한 어휘 ❶ 165~167쪽

01 해설 참조	**02** 통각	**03** 섭취
04 열량	**05** 정제	**06** 노폐물
07 방역	**08** 진화	**09** 유해한
10 증진하기	**11** 증후군	**12** ㉡
13 ㉠	**14** ㉢	**15** ⑤
16 (2) ○	**17** (1) ○	

01

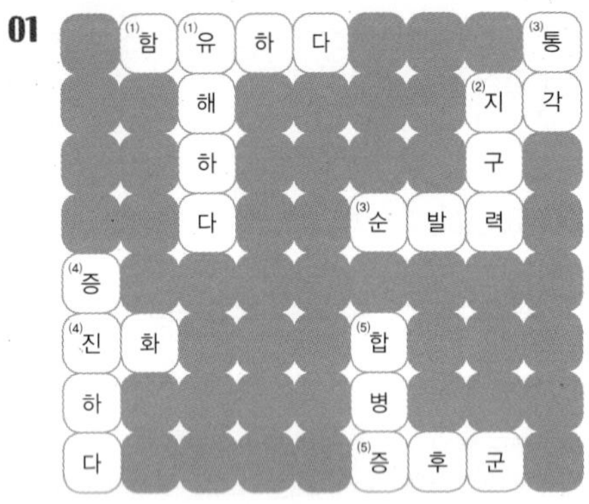

02 아픈 감각이라는 의미가 되도록 '고통스러운 감정이 따르는 감각.'이라는 뜻의 '통각'을 써야 한다.

08 핀치새의 부리 모양이 먹이에 맞게 여러 모양으로 변화하였다는 의미이므로 '생물이 생명의 기원 이후부터 점진적으로 변해가는 현상.'을 뜻하는 '진화'가 적절하다.

09 건강에 좋지 않은 식품 첨가물을 의미하도록 '해로움이 있다.'라는 뜻의 '유해하다(유해한)'를 써야 한다.

15 그가 나에게 길 건너편을 지시하며 같이 가자고 했다는 의미이므로 ⑤에서 '감각 기관을 통하여 대상을 인식함. 또는 그런 작용.'이라는 뜻의 '지각'은 적절하지 않다. '손가락 따위로 어떤 방향이나 대상을 집어서 보이거나 말하거나 알리다.'를 의미하는 '가리키다(가리키며)'로 쓸 수 있다.

16 식품에 유산균이 들어있다는 내용이 나타나 있으므로 (2)의 뜻이 적절하다.
오답 풀이 (1)은 '향유하다'의 뜻이다.

17 폐수를 흘려 내보낸다는 내용이 나타나 있으므로 (1)의 뜻이 적절하다.
오답 풀이 (2)는 '추출하다'의 뜻이다.

26일 과학 분야의 글과 관련한 어휘 ❷ 171~173쪽

01 해설 참조	**02** 멸종	**03** 자생
04 가속화	**05** 고갈	**06** 매장
07 산란	**08** 개체	**09** 외래종
10 박멸해	**11** 비옥한	**12** 밀렵
13 ㉢	**14** ㉡	**15** ㉠
16 ③	**17** (2) ○	**18** (1) ○

01

교	프	(1)박	멸	하	다	생	(6)희	네
저	(2)생	존	리	명	금	모	귀	확
촌	포	적	대	험	개	량	종	규
(9)고	갈	우	(10)멸	주	국	게	행	양
(7)근	담	로	종	태	만	(8)서	식	지
산	절	성	한	맥	요	(5)가	은	초
손	투	(4)외	래	종	기	속	재	(3)밀
자	건	해	미	수	전	화	복	렵

06 석유가 땅속에 묻혀 있다는 의미가 되도록 '지하자원 따위가 땅속에 묻히어 있음.'이라는 뜻의 '매장'을 쓰는 것이 적절하다.

10 작물을 병들게 하는 해충을 없앤다는 의미이므로 '모조리 잡아 없애다.'라는 뜻의 '박멸하다(박멸하게)'가 적절하다.

11 쌀알이 굵고 크다는 것으로 미루어 보아 '땅이 걸고 기름지다.'라는 뜻의 '비옥하다(비옥한)'가 적절하다.
오답 풀이 척박하다: 땅이 기름지지 못하고 몹시 메마르다.

12 야생 동물을 몰래 사냥한다는 의미가 되도록 '허가를 받지 않고 몰래 사냥함.'이라는 뜻의 '밀렵'을 쓰는 것이 적절하다.

16 장학금을 무상으로 지원한다는 의미이므로 '요구나 필요에 따라 물품을 제공함.'이라는 뜻의 '공급'은 적절하지 않다. '자선 사업이나 공공사업을 돕기 위하여 돈이나 물건 따위를 대가 없이 내놓음.'이라는 뜻의 '기부'로 고쳐 쓸 수 있다.

17 김장 재료가 생산되는 곳을 뜻하도록 '물건의 생산지.'라는 뜻의 '원산지'가 들어가는 것이 적절하다.
오답 풀이 (1) 소비지: 어떤 물품이 소비되는 곳.

18 완전히 없애 버린다는 의미가 되도록 '다시 살아날 수 없도록 아주 뿌리째 없애 버림.'이라는 뜻의 '근절'이 들어가는 것이 적절하다.
오답 풀이 (2) 단절: 유대나 연관 관계를 끊음.

27일 과학 분야의 글과 관련한 어휘 ❸ 177~179쪽

01 해설 참조	**02** ㉠	**03** ㉢
04 ㉡	**05** ㉣	**06** ㉤
07 방치	**08** 실효성	**09** 대류
10 부유	**11** 방류	**12** 폐기물
13 ㉢	**14** ㉡	**15** ㉠
16 ③	**17** (2) ○	**18** (2) ○

01

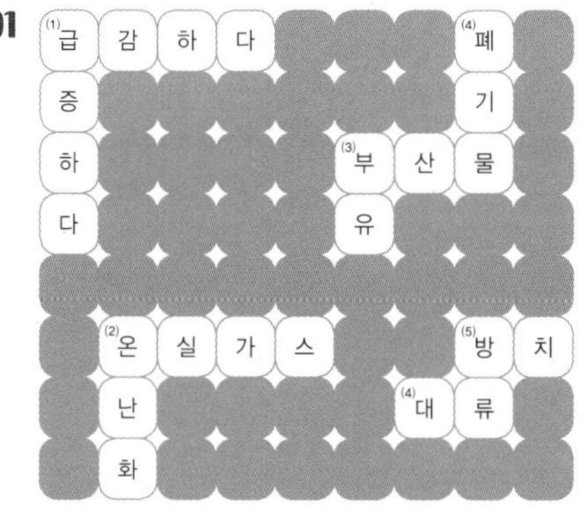

10 얼음 덩어리가 바다 위에 떠다닌다는 의미이므로 '물 위나 물속, 또는 공기 중에 떠다님.'을 뜻하는 '부유'가 적절하다.

11 댐의 수문을 열어 물을 흘려 보낸다는 의미이므로 '모아서 가두어 둔 물을 흘려 보냄.'을 뜻하는 '방류'가 적절하다.

12 산업 활동에서 버려지는 물건을 재활용하는 업체라는 의미이므로 '못 쓰게 되어 버리는 물건.'을 뜻하는 '폐기물'이 적절하다.
오답 풀이 주산물: 어떤 지역에서 가장 많이 나는 산물.

16 어린아이를 집에서 보살핀다는 의미이므로 '인격, 역량, 사상 등이 발전하도록 가르치고 키움.'이라는 뜻의 '배양'은 적절하지 않다.

17 바이러스 감염증 대유행과 같은 문제를 해결한다는 의미이므로 (2)의 뜻이 적절하다.
오답 풀이 (1)은 '타협하다'의 뜻풀이이다.

18 미역과 우뭇가사리가 해산물 채취로 인해 얻는 부수적인 것이라는 의미이므로 (2)의 뜻이 적절하다.
오답 풀이 (1)은 '특산물'의 뜻풀이이다.

28일 과학 분야의 글과 관련한 어휘 ❹ 183~185쪽

01 해설 참조	**02** 유빙	**03** 수심
04 해저	**05** 파식	**06** 해류
07 운석	**08** 경사면	**09** 조산대
10 면적	**11** 미지	**12** 퇴적물
13 ㉡	**14** ㉠	**15** ㉢
16 ⑤	**17** (2) ○	**18** (2) ○

01

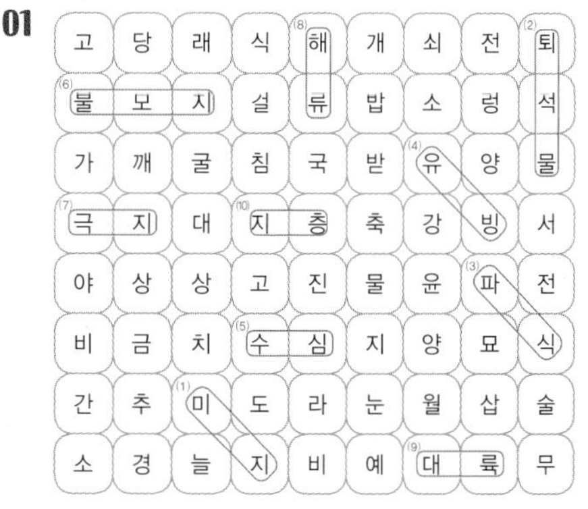

03 가뭄 때문에 호수의 깊이가 얕아졌다는 의미이므로 '강이나 바다, 호수 등의 물의 깊이.'를 뜻하는 '수심'을 써야 한다.

05 파도가 육지를 깎아서 해안의 모양이 변하고 있다는 내용이므로 '물결이 육지를 침식하는 일.'을 뜻하는 '파식'이 적절하다.

10 설계도를 보고 건물의 구조와 건물이 차지하는 공간의 넓이를 확인한다는 내용이므로 '일정한 면적이나 곡면이 차지하는 크기.'를 의미하는 '면적'이 적절하다.
오답 풀이 지질: 지각을 이루는 여러 가지 암석이나 지층의 성질 또는 상태.

11 그가 연구하는 생물들은 이제 막 발견된 것이므로 '아직 알지 못함.'을 뜻하는 '미지'가 적절하다.
오답 풀이 주지: 여러 사람이 두루 앎.

12 홍수를 대비하여 빗물받이에 쌓인 것을 제거한다는 의미이므로 '많이 덮쳐 쌓인 물건.'을 뜻하는 '퇴적물'이 적절하다.
오답 풀이 부산물: 주산물의 생산 과정에서 더불어 생기는 물건.

16 신체에 대한 설명이므로 '바닥이 평평하다.'라는 뜻의 '평탄하다.'는 적절하지 않다. '무르거나 느슨하지 않고 아주 야무지고 굳세다.'를 뜻하는 '탄탄하다.'로 쓸 수 있다.
오답 풀이 ①,④ '바닥이 평평하다.'라는 뜻으로 쓰였다.
② '일이 순조롭게 되어 가다.'라는 뜻으로 쓰였다.
③ '마음이 편하고 고요하다.'라는 뜻으로 쓰였다.

17 개도국 청년들의 고향은 의료 기술이 발달되어 있지 않아 우리나라에서 기초 의학을 공부했다는 내용이므로 '어떠한 사물이나 현상이 발달되어 있지 않은 곳.'이라는 뜻의 '불모지'가 적절하다.
오답 풀이 (1) 개발지: 새로 건물 따위를 건설하여 쓸모 있게 된 땅.

18 전 세계에 있는 바다 밑에 있는 땅의 모습을 조사하여 지도로 그렸다는 내용이므로 '땅의 생긴 모양이나 형세.'라는 뜻의 '지형'이 적절하다.
오답 풀이 (1)은 '지구의 바깥쪽을 차지하는 부분.'이라는 뜻이다.

29일 기술 분야의 글과 관련한 어휘 189~191쪽

01 해설 참조	**02** 음폭	**03** 발효
04 전압	**05** 전류	**06** 도체
07 접지	**08** 대역	**09** 미생물
10 우려낸	**11** 증식하여	**12** 방전되어
13 ㉡	**14** ㉠	**15** ③
16 (1) ○	**17** (2) ○	

01

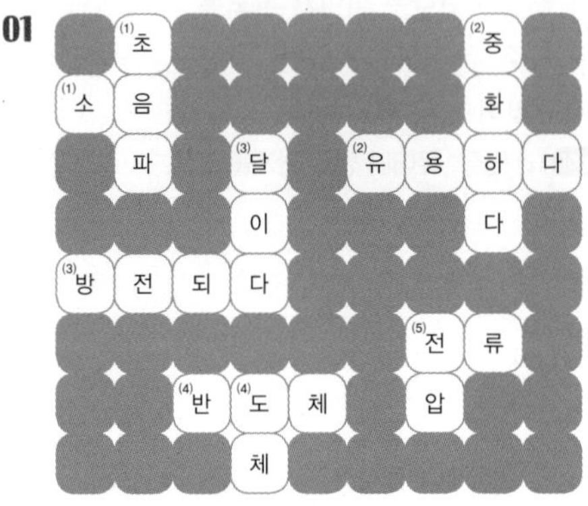

03 된장과 고추장과 같은 식품을 통틀어 이르는 말이므로 '효모나 세균 따위의 미생물이 탄소 화합물을 분해하여 알코올류, 이산화 탄소 따위를 생기게 하는 작용.'을 뜻하는 '발효'가 적절하다.

05 울타리에 전기가 흐르는 것을 가리키므로 '전하가 연속적으로 이동하며 전기가 흐르는 현상.'을 의미하는 '전류'가 적절하다.

07 안전을 위하여 전기를 땅으로 흐르게 한다는 의미가 되도록 '전기 회로를 구리선 따위의 도체로 땅과 연결함. 또는 그런 장치.'를 뜻하는 '접지'를 써야 한다.

10 다시마를 물에 담가 다시마의 맛이 나게 만든다는 의미가 되도록 '물체를 액체에 담가 성분, 맛, 빛깔 등이 배어들게 하다.'라는 뜻의 '우려내다(우려낸)'가 적절하다.

11 고온다습한 날씨에는 음식물 안의 세균의 수가 많아진다는 내용이므로 '늘어서 많아지다. 또는 늘려서 많게 하다.'라는 뜻의 '증식하다(증식하여)'가 적절하다.

12 배터리 안의 전기가 모두 흘러나가 없어진 상태가 되지 않게 하라는 내용이므로 '전지나 충전기 또는 전기를 띤 물체에서 전기가 외부로 흘러나오다.'라는 뜻의 '방전되다(방전되어)'가 적절하다.
오답 풀이 방류되다: 모아져 가두어진 물이 흘려 보내지다.

15 ①, ②, ④, ⑤의 '유용(有用)하다'는 '쓸모가 있다.'라는 뜻이지만, ③의 '유용(流用)하다'는 '남의 것이나 다른 곳에 쓰기로 되어 있는 것을 다른 데로 돌려쓰다.'라는 뜻이다.

16 인삼, 오미자 등의 약재를 끓인다는 의미이므로 (1)의 뜻이 적절하다.
오답 풀이 (2)는 '조리다'의 뜻풀이이다.

17 동영상을 방송한다는 의미이므로 (2)의 뜻이 적절하다.
오답 풀이 (1)은 '수신하다'의 뜻풀이이다.

30일 5주차 종합 문제 192~196쪽

01 (1) 전압 (2) 전류 (3) 전하
02 ⑤ **03** ⑤ **04** ⑤
05 ③ **06** ③ **07** (2) ○
08 (2) ○ **09** (1) ○ **10** ④
11 ③ **12** ⑤ **13** ③
14 ③

'어휘'로 수능 연습하기 **15** ④ **16** ⑤

02 강물의 깊이를 의미하도록 '강이나 바다, 호수 등의 물의 깊이.'를 뜻하는 '수심'을 써야 한다.

03 폐비닐 등 농사를 짓고 나서 버려지는 물건을 의미하므로 '못 쓰게 되어 버리는 물건.'이라는 뜻의 '폐기물'이 적절하다.

04 '어떤 물질이 액체 상태에서 기체 상태로 변하다.', '사람이나 물건이 갑자기 사라져 행방을 알지 못하게 되다.'라는 뜻의 '증발하다(증발해)'가 공통으로 들어가기에 적절하다.

05 '타개하다'는 '매우 어렵거나 막힌 일을 잘 처리하여 해결의 길을 열다.'라는 뜻이므로 근육의 긴장을 줄이거나 푼다는 의미로 사용하기에 적절하지 않다.
오답 풀이 ① 풀다: 긴장된 상태를 부드럽게 하다.
④ 해소하다: 어려운 일이나 문제가 되는 상태를 해결하여 없애 버리다.
⑤ 누그러뜨리다: 경직되고 흥분해 있던 마음이나 태도 등이 부드러워지거나 약해지게 하다.

06 ㉠에는 몸의 상태가 나빠져 식욕마저 줄어든다는 의미가 되도록 '기운이나 세력 따위가 줄어 쇠퇴함.'이라는 뜻의 '감퇴'가 들어가는 것이 적절하고, ㉡에는 몸의 상태가 좋아져 활력을 높일 수 있다는 의미가 되도록 '기운이나 세력 따위가 점점 더 늘어 가고 나아감.'이라는 뜻의 '증진'이 들어가는 것이 적절하다.

07 주어진 문장에서 '섭취'는 '생물체가 양분 따위를 몸속에 빨아들이는 일.'이라는 뜻으로 쓰였다. 이와 같은 뜻으로 쓰인 것은 고열량의 음식을 몸속에 빨아들인다는 의미의 (2)이다.

08 주어진 문장에서 '방류'는 '모아서 가두어 둔 물을 흘려 보냄.'이라는 뜻으로 쓰였다. 이와 같은 뜻으로 쓰인 것은 저수지에 모아 둔 물을 흘려 보낸다는 의미의 (2)이다.
오답 풀이 (1)은 '물고기를 기르기 위하여, 어린 새끼 고기를 강물에 놓아 보냄.'이라는 뜻이다.

09 주어진 문장에서 '우려내다(우려낸)'는 '물체를 액체에 담가 성분, 맛, 빛깔 등이 배어들게 하다.'라는 뜻으로 쓰였다. 이와 같은 뜻으로 쓰인 것은 멸치를 국물에 담가 맛이 배어들게 한다는 의미의 (1)이다.
오답 풀이 (3)은 '꾀거나 위협하거나 하여서 자신에게 필요한 돈이나 물품을 빼내다.'라는 뜻이다.

10 ④는 무기물인 기계가 녹이 스는 상황이므로 '부패'는 적절하지 않다. '금속이 산화 따위의 화학 작용에 의해 금속 화합물로 변화되는 현상.'이라는 뜻의 '부식'이 적절하다.

11 모기를 없앤다는 의미이므로 '허가를 받지 않고 몰래 사냥함.'이라는 뜻의 '밀렵'은 적절하지 않다. '모조리 잡아 없앰.'이라는 뜻의 '박멸'로 고쳐 쓸 수 있다.

12 '질환'과 '질병'은 모두 '몸의 온갖 병.'이라는 뜻이므로 서로 바꿔 쓸 수 있다.

13 '성인'과 '어른'은 '다 자란 사람.'이라는 뜻으로 유의 관계이다. '방치'와 '방관'은 각각 '내버려 둠.', '곁에서 보기만 함.'이라는 뜻으로 유의 관계이다.

14 '수신'과 '송신'은 각각 전신이나 전화, 방송 등의 신호를 받거나 보낸다는 뜻이므로 반의 관계이다. 이와 달리 '경사면'과 '비탈면'은 '비스듬히 기울어진 면.'이라는 뜻으로 유의 관계이다.
오답 풀이 ①, ②, ④, ⑤ 반의 관계이다.

어휘로 수능 연습하기

[15~16] 디지털 탄소에 관한 글

어휘 체크

- □ 기기: 기구나 기계를 통틀어 이르는 말.
- □ 유형: 성질이나 특징이 같은 것끼리 묶은 틀.
- □ 저장: 물건이나 재화 따위를 모아서 간수한다는 뜻으로, 데이터를 기록, 보존한다는 뜻도 있음.
- □ 전력: 전류가 단위 시간에 하는 일. 또는 단위 시간에 사용되는 에너지의 양.
- □ 송수신: 송신과 수신을 아울러 이르는 말로, 우편이나 신호가 아닌 정보를 보내고 받는 것도 포함함.
- □ 기여: 어떤 일을 이루는 데 보탬이 됨.

글의 주제

디지털 탄소가 발생하는 과정 및 이를 줄이는 방법

어휘로 지문 이해하기

과학 지문에는 낯선 용어가 많이 나오지만 아주 어렵거나 생소한 어휘는 지문 안에서 쉽게 풀이해 주므로 겁낼 필요 없다. 차근히 읽어 보면 데이터 센터의 정보를 '송수신'하는 것이 이산화 탄소를 많이 '배출'하므로, 데이터 '송수신'을 줄이는 방법을 실천하자는 글임을 알 수 있는데, 이처럼 '송수신', '배출'과 같은 일상에서 자주 쓰는 한자어의 뜻을 정확히 이해하고 있는 것이 지문 이해의 핵심이 되는 경우가 많다.

15 ④는 '재주가 아주 뛰어난 사람이 계속하여 나오다.'라는 뜻이므로, '안에서 밖으로 밀어 내보내다.'라는 뜻의 ㉠ '배출되다'와 의미가 다르다.

16 ⓔ는 '길이, 넓이, 부피 등을 작게 하다.'라는 뜻이므로 '시간이나 거리를 짧게 줄이다.'라는 뜻의 '단축하다'가 아니라 '양이나 수치가 줄다.'라는 뜻의 '감소하다(감소시키다)'와 바꿔 쓰는 것이 적절하다.

쪽지 시험 정답

1주차

01 (2) ○	02 (1) ○	03 (1) ○
04 ㉢	05 ㉠	06 ㉡
07 역설	08 상징	09 ㉡
10 ㉠	11 ㉢	12 탐관오리
13 망연자실	14 자화자찬	15 아전인수

2주차

01 ㉡	02 ㉢	03 ㉠
04 ㉡	05 ㉢	06 ㉠
07 ○	08 ×	09 (2) ○
10 (1) ○	11 하릴없이	12 알은체
13 서술자	14 희곡	15 모티프

3주차

01 (1) ○	02 (2) ○	03 (2) ○
04 외래어	05 사회성	06 어절
07 비언어적 표현	08 ㉡	09 ㉠
10 ㉢	11 ㉡	12 ㉠
13 방언	14 반포	15 익명성

4주차

01 ㉢	02 ㉠	03 ㉡
04 ㉡	05 ㉠	06 ㉢
07 맹목적	08 촉매제	09 ×
10 ○	11 찬미하는	12 할애할
13 군림할	14 (2) ○	15 (2) ○

5주차

01 (1) ○	02 (2) ○	03 (2) ○
04 ㉢	05 ㉠	06 ㉡
07 증식	08 박멸	09 정제
10 불모지	11 ㉢	12 ㉡
13 ㉠	14 (1) ○	15 (3) ○

www.mirae-n.com

학습하다가 이해되지 않는 부분이나 정오표 등의 궁금한 사항이 있나요?
미래엔 홈페이지에서 해결해 드립니다.

교재 내용 문의
나의 교재 문의 | 수학 과외쌤 | 자주하는 질문 | 기타 문의

교재 정답 및 정오표
정답과 해설 | 정오표

교재 학습 자료
개념 강의 | 문제 자료 | MP3 | 실험 영상

Contact Mirae-N
www.mirae-n.com
(우)06532 서울시 서초구 신반포로 321
1800-8890

수학 EASY 개념서

개념이 수학의 전부다! 술술 읽으며 개념 잡는 EASY 개념서

수학 0_초등 핵심 개념,
1_1(상), 2_1(하),
3_2(상), 4_2(하),
5_3(상), 6_3(하)

수학 필수 유형서

유형완성

체계적인 유형별 학습으로 실전에서 더욱 강력하게!

수학 1(상), 1(하), 2(상), 2(하), 3(상), 3(하)

미래엔 교과서 연계 도서

자습서

자습서

핵심 정리와 적중 문제로 완벽한 자율학습!

국어 1-1, 1-2, 2-1, 2-2, 3-1, 3-2
영어 1, 2, 3
수학 1, 2, 3
사회 ①, ②
역사 ①, ②
도덕 ①, ②
과학 1, 2, 3
기술・가정 ①, ②
생활 일본어, 생활 중국어, 한문

평가 문제집

평가 문제집

정확한 학습 포인트와 족집게 예상 문제로 완벽한 시험 대비!

국어 1-1, 1-2, 2-1, 2-2, 3-1, 3-2
영어 1-1, 1-2, 2-1, 2-2, 3-1, 3-2
사회 ①, ②
역사 ①, ②
도덕 ①, ②
과학 1, 2, 3

내신 대비 문제집

시험직보 문제집

내신 만점을 위한 시험 직전에 보는 문제집

국어 1-1, 1-2, 2-1, 2-2, 3-1, 3-2

예비 고1을 위한 고등 도서

룩 LOOK

이미지 연상으로 필수 개념을 쉽게 익히는
비주얼 개념서

국어 문법
영어 분석독해

손쉬운

작품 이해에서 문제 해결까지
손쉬운 비법을 담은 문학 입문서

현대 문학, 고전 문학

수학중심

개념과 유형을 한 번에 잡는
개념 기본서

고등 수학(상), 고등 수학(하),
수학 I, 수학 II, 확률과 통계, 미적분, 기하

유형중심

체계적인 유형별 학습으로
실전에서 더욱 강력한 문제 기본서

고등 수학(상), 고등 수학(하),
수학 I, 수학 II, 확률과 통계, 미적분

탄탄한 개념 설명, 자신있는 실전 문제

사회 통합사회, 한국사
과학 통합과학

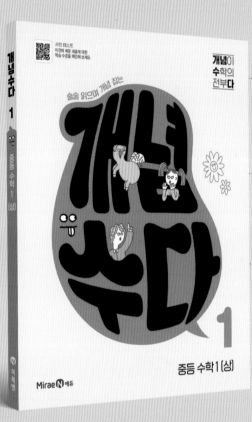